KB151405

아동학대 예방 및 대응의 이론과 실제

신재한 · 이재준 지음

박영story

머리말

　저출산율이 높아지고 복지에 대한 관심이 증가함에 따라 아동학대에 대한 관심도 사회적으로 증가하고 있다. 그러나 국가와 지자체, 교육청 등 다양한 기관에서 많은 노력을 함에도 불구하고, 여전히 아동학대는 끊임없이 반복되고 있다. '아동학대'란 보호자를 포함한 성인이 아동의 건강 또는 복지를 해치거나 정상적 발달을 저해할 수 있는 신체적·정신적·성적 폭력이나 가혹행위를 하는 것과 아동의 보호자가 아동을 유기하거나 방임하는 것을 말한다. 이러한 아동학대는 다양한 후유증이나 문제들을 초래하는 경우가 많으며, 단순 골절이나 타박상뿐만 아니라 심할 경우에는 사망, 뇌손상, 영구적 장애 등 치명적인 손상을 가져올 수 있다.

　따라서 아동학대가 발생한 결과를 대응하는 방법도 중요하지만, 아동학대가 발생하기 전에 예방하는 것이 매우 중요하다. 아동학대를 예방하기 위해서는 부모님이나 교사의 긍정훈육이 필요하다. 긍정훈육의 근본적인 목적은 자기훈육의 개발로 본다. 즉, 긍정훈육은 사회의 구성원으로 사회화해 나가도록 하는 과정이며, 자신의 책임을 다하고 스스로 문제를 해결할 뿐만 아니라, 다른 사람들과 협력하여 살아가는 방식을 스스로 알게 하는 데에 그 목적이 있다. 이러한 긍정훈육은 아동학대를 바라보는 철학 및 관점을 바꿀 수 있기 때문에, 아동학대를 예방하는 데 매우 중요하다는 점에서 의미가 있다.

　　본 저서는 1부 아동학대의 기초, 2부 아동학대 예방 및 법령, 3부 아동학대 예방 및 대응 매뉴얼, 4부 대상별 아동학대 예방프로그램, 5부 아동학대 예방을 위한 긍정 훈육방법 등 크게 5부로 구성되어 있다. 1부는 아동학대의 개념 및 특징, 아동학대 실태 및 현황, 아동학대의 발생원인 및 후유증, 아동학대와 두뇌의 관계로 구성되어 있고, 2부는 국내 및 외국의 아동학대 예방 및 대응정책, 아동학대 관련 법령 등으로 구성되어 있으며 3부에서는 아동학대 발견 및 신고, 아동학대 발견 및 초기대응, 아동학대 대응방법 등을 제시하고 있다. 또한 4부는 부모, 교사, 학생 대상 아동학대 예방프로그램 등으로 구성되어 있고, 5부는 훈육의 개념 및 역사, 긍정훈육의 특징 및 방법, 사례별 긍정훈육법 등으로 구성되어 있다. 부록은 아동학대 관련 서식, 아동복지법 등 아동학대 예방 및 대응을 위한 실무를 포함하고 있다.

　　본 저서는 아동학대 예방 및 대응을 위한 기본 실무 역량을 기를 수 있는 이론과 실제적인 내용으로 구성하였으므로, 상담사, 교사, 사회복지사 등 아동 및 청소년 관련 기관 종사자에게 매우 유용할 뿐만 아니라, 실제 사례를 중심으로 구성되어 있어 누구든지 쉽게 이해할 수 있다. 아무쪼록 본 저서가 아동학대의 이해와 예방 및 대응 방법을 실천하는 데 기초가 되는 기본 지침서가 되기를 바라는 마음이다. 끝으로 본서 출판에 도움을 주신 박영스토리 가족 여러분께 감사를 드린다.

2022년 5월

신 재 한

차 례

제3부　아동학대 예방 및 대응 매뉴얼

제4부　대상별 아동학대 예방프로그램

제1부

아동학대의 기초

CHILD ABUSE

I 아동학대의 개념 및 특징

1. 아동학대의 개념

아동학대는 최근에 발생되어지는 새로운 문제가 아니라 고대시대부터 존재해왔던 문제였다. 19세기 이전까지 아동은 부족 또는 국가의 종족 유지나 보호를 위한 수단으로 또는 부모의 소유물이나 자산으로 간주되었다. 고대사회에서는 영아를 살해하는 것이 수용되어서 식량 부족을 해결하기 위해 식구의 수를 줄이거나 허약하거나 기형아와 같은 신생아들을 살해하는 일도 많았다. 우리나라의 경우에도 전통적인 유교사상의 세습은 부모에 대한 효와 스승에 대한 존경을 강조하였고, 아동에 대한 부모와 스승의 체벌이 관심과 애정에서 비롯된 것이며, 아동을 올바른 길로 인도하는 교육적 방법으로 정당화되어졌다. 이렇듯 오랜 시간 동서고금을 막론하고 인류의 역사와 함께한 아동학대는 대부분 가정 안에 숨겨진 폭력이어서 사회문제가 되지 못하고 은폐되어지는 경우가 많았다.

그러다 1960년대 '피학대와 증후군(batterd-baby syndrome)'이라는 용어를 빌어 미국에서 최초로 아동학대에 대한 개념이 등장하였다. 당시 Kempe의 '피학대와 증후군(batterd-baby syndrome)'은 부모 혹은 양육의 책임이 있는 사람이 영아에게 가하는 신체적 학대에 국한된 협의의 개념인 한계를 가지고 있었으나, Kempe의 저서에서 기술된 '피학대와 증후군(batterd-baby syndrome)'의 등장은 아동학대에 대한 의학적 관심이 고조되며 아동학대에 대한 인식과 개념의 확대에 일조하였다. 그리고 현재에 이르기까지 아동학대의 개념에 대한 여러 학자들의 다양한 견해가 있었다.

아동학대 개념에 대한 정의는 학대의 범위를 어디까지 보느냐에 따라서, 학대의 유형, 가해자의 의도성 유무, 학대에 의한 손상 수준의 범위에 따라 협의의 개념과 광의의 개념으로 구분된다. 협의의 개념은 학대의 범위를 주로 신체적 학대에 한정하여 설명하는 개념이며, 이에 반해 광의의 개념은 신체적 학대, 정서적 학대, 성적 학대, 유기 및 방임을 모두 포함시키는 개념이다(이현순, 2013).

우리나라에서는 1979년 세계 아동의 해를 시작으로 아동에 대한 시각의 전환과 아동복지에 대해 관심이 높아지면서 아동학대고발센터가 발족되는 등 학대받는 아동에 대한 관심을 기울이기 시작했다(이현순, 2013). 그리고 2000년 1월에 공포된 개정 아동복지법에서는 긴급전화 및 아동보호전문기관 설치조항(아동복지법 제23조 및 제24조)을 신설함으로써 학대아동에 대한 정부차원의 실질적 개입이 이루어지게 되었다. 개정된 아동복지법 제2조 제7항에 보면 "아동학대라 함은 보호자를 포함한 성인에 의하여 아동의 건강·복지를 해치거나 정상적 발달을 저해할 수 있는 신체적, 정신적, 성적 폭력, 가혹행위 및 아동의 보호자에 의하여 이루어지는 유기와 방임을 말한다."라고 하여 포괄적으로 정의함으로써 아동학대에 대한 적극적 행위와 소극적 방임을 모두 포함한 광의의 개념에 가깝다고 하겠다(개정아동복지법, 2000).

이로써 우리나라는 '아동학대'에 관한 최소한의 행정적·법적체계를 갖추게 되었다. 하지만 지금도 체벌을 훈육의 명목으로 허용하고 있다는 점에서 아동학대의 범위에 포함되는 세밀한 행위에 대한 구체적인 정의가 되어지지 않았다. 아동학대 범위에 따른 상세한 정의는 아동학대 발생 시 적절하고 신속한 대응은 물론 가정에 대한 불필요한 개입을 방지할 수 있기 때문에 우리는 구체적이고 상세한 아동학대의 개념과 범위를 규정할 필요성이 있다.

| 표 Ⅰ-1 | 아동학대의 정의 |

연구자	정의
Kempe (1962)	피학대와 증후군(battered-baby syndrome)이라는 용어를 사용. 아동학대의 대상을 영아로 한정하고 학대의 유형도 신체적 구타만을 다룸.
Fontana (1970)	부적절한 아동취급 증후군(maltreatment syndrome)이라는 용어를 사용. 정서적 박탈, 방임, 영양 부족 등을 아동학대의 범위에 추가.
Gill(1975)	아동들의 동등한 권리나 자유를 박탈하거나, 학대 또는 방임 행위나 이유에 의해 아동들의 성장발달을 저해하는 개인, 시설 및 사회 일반에 의한 모든 작위 또는 부작위 행위.
Lau, Kosberg (1979)	신체적 학대(physicalabuse), 심리적학대 (psychologicalabuse), 물질적 학대(materialabuse) 그리고 권리의 침해 등으로 구분.
WHO (세계보건 기구)	아동의 양육에 책임을 지고 있거나 신뢰관계에 있거나 권위를 가진 사람에 의한 모든 형태의 신체적·정서적 가혹한 처사, 성학대, 방임 또는 보호의 태만 및 상업적이거나 다른 형태의 착취 결과 아동의 건강, 생존 발달 및 존엄성에 실제적인 해를 끼치거나 그러한 가능성을 초래하는 것.
미국NCCAN (아동 보호 서비스법 시안)	아동에 대한 학대(maltreatment)란 기본적인 욕구에 대한 두드러진 무관 심, 혹은 의도적인 행동, 또한 예견할 수 있으며 충분히 피할 수 있는 상처 나 상해의 원인이 되는 부모나 다른 양육자의 행위, 혹은 물리적인 지원을 불합리하게 연기하거나, 존재하는 상처를 악화시키는 것.
대만	부모 또는 아동의 보호자가 지속적으로 아동을 학대하거나 아동에게 신체, 정신적 상해를 입히는 행위.
한국 (아동복지법 제3조 제7항)	보호자를 포함한 성인에 의하여 아동의 건강과 복지를 해치거나 정상적 발 달을 저해할 수 있는 신체적, 정서적, 성적 폭력 또는 가혹행위 및 아동의 보호자에 의한 유기와 방임을 말함.

'아동학대'란 보호자를 포함한 성인이 아동의 건강 또는 복지를 해치거나 정상적 발달을 저해할 수 있는 신체적·정신적·성적 폭력이나 가혹행위를 하는 것과 아동의 보호자가 아동을 유기하거나 방임하는 것을 말한다(아동복지법 제3조 제7호).

용어정리

- **'아동'이란**

  18세 미만인 사람을 말한다. (아동복지법 제3조 제1호)

- **'보호자'란**

  친권자, 후견인, 아동을 보호·양육·교육하거나 그러한 의무가 있는 자 또는 업무·고용 등의 관계로 사실상 아동을 보호·감독하는 자를 말한다. (아동복지법 제3조 제3호)

- **'아동학대범죄'란**

  보호자에 의한 아동학대로서 다음 각 목의 어느 하나에 해당하는 죄를 말한다. (아동학대범죄의 처벌 등에 관한 특례법 제2조 제4호)

  ▷ 형법에 의한 죄

  상해, 폭행, 유기, 학대, 체포, 감금, 약취, 유인, 인신매매, 강간, 추행, 명예 훼손, 모욕, 강요, 공갈, 재물손괴 등

  ▷ 아동복지법에 의한 죄

  신체적 학대, 정서적 학대, 성적 학대, 유기, 방임 등

  ▷ 아동학대처벌법에 규정된 범죄

  아동학대 치사, 아동학대 중상해, 상습범

■ 아동학대와 아동학대범죄

아동복지법에서 규정하는 아동학대는 아동의 건강 또는 복지를 해치거나 정상적 발달을 저해할 수 있는 행위로서 광의적 개념이다. 아동학대범죄의 처벌 등에 관한 특례법에서 규정하는 아동학대범죄는 이러한 아동학대로 인하여 형법 등에서 규정한 소정의 죄에 해당하는 결과를 초래하여 형사처벌 또는 보안처분의 대상이 되는 행위를 말한다.

■ 아동학대와 학교폭력

학교폭력예방 및 대책에 관한 법률에서 규정하고 있는 학교폭력은 학교 내외에서 학생을 대상으로 발생한 상해, 폭행, 감금, 협박, 약취, 유인, 명예훼손, 모욕, 공갈, 강요, 강제적인 심부름, 성폭력, 따돌림, 사이버 따돌림, 정보통신망을 이용한 음란·폭력정보 등에 의하여 신체·정신 또는 재산상의 피해를 수반하는 행위를 말한다.

학교폭력은 가해의 주체로 학생, 보호자, 일반 성인 등을 모두 포함하여 가해 주체에 대한 제한이 없으므로 가해의 주체가 보호자로 제한되는 아동학대범죄와는 차이가 있다.

구분	아동학대	아동학대범죄	학교폭력
관련 법령	아동복지법	아동학대범죄의 처벌 등에 관한 특례법	학교폭력예방 및 대책에 관한 법률
가해의 주체	보호자를 비롯한 성인	보호자	제한이 없음
가해의 객체	직접적·간접적 피해아동 모두	직접적 피해아동	학생

2. 아동학대 유형별 특징

보건복지부 아동복지법 제3조에 따르면, 아동학대를 '보호자를 포함한 성인에 의하여 아동의 건강, 복지를 해치거나 정상적인 발달을 저해할 수 있는 신체적, 정신적, 성적 폭력, 가혹행위 및 아동의 보호자에 의하여 이루어지는 방임·유기'로 정의하였다. 이에 따라 아동학대의 유형을 신체학대, 정서학대, 성학대, 방임 등으로 구분하여 설명한다.

2017년 중앙아동보호 전문기관이 발간한 '전국아동학대 현황보고서'에 따르면, 2017년 아동학대 22,157건 중 17,421건인 78.6%가 학대아동의 가정에서 발생

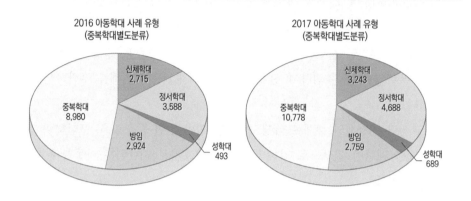

| 그림 I-1 | 아동학대 사례 유형 |

출처: 보건복지부 중앙아동보호 전문기관(2016, 2017).

했으며, 친부의 학대가 9,475건(42.8%), 친모의 학대가 6,775건(30.6%)을 차지한다. 학대의 유형별로는 중복학대가 10,778건(48.6%)으로 가장 많았고 정서학대 4,688 건(21.2%), 방임 2,759건(12.5%), 신체학대 3,243건(14.6%), 성학대 689건(3.1%)으로 나타났으며, 2016년과 비교 시 전체적으로 모든 학대의 유형이 증가하였다. 뿐만 아니라 '전국 아동학대 현황보고서'에 따르면 아동학대는 2013년 큰 폭으로 증가 하였고, 이후 매년 꾸준히 증가 추세를 보이고 있다. 그러나 자신을 변호할 능력 이 부족하다는 특성을 가지고 있다는 점에서 아동학대는 드러나지 않은 학대가 더 많을 것으로 예상된다.

가. 신체학대(Physical Abuse)

우리나라 「아동복지법」 제3조 제7호에서는 '보호자를 포함한 성인이 아동의 건강 또는 복지를 해치거나 정상적 발달을 저해할 수 있는 신체적 폭력이나 가혹 행위를 하는 것'으로 신체학대를 규정하고 있다. 즉, 신체학대는 보호자를 포함한 성인 및 양육자가 아동에게 우발적 사고가 아닌 상황에서 신체적 손상을 입히거 나 신체손상을 입도록 허용한 모든 행위이다(강문성, 2001; 최수진, 2005). 특히, 12개월 이하의 영아에게 가해진 체벌은 어떠한 상황일지라도 심각한 신체학대로 인정된다(보건복지부, 2004). 신체학대는 크게 두 가지로 구분할 수가 있는데, 그 첫째로 아동의 노동력을 착취하는 것이다. 아동의 연령에 맞지 않는 일이나 장시간 동안 아동에게 고의적으로 노동을 시켜 신체적인 혹사를 시키는 것을 의미한다(양미래, 2016).

두 번째로 아동의 신체에 상처를 입히는 것으로 정당한 이유 없이 또는 이유가 있다고 하더라도 지나치게 감정적으로 아동을 때리거나 벌하는 것이다. 아동을 회초리나 손 이외의 도구를 사용하거나 손바닥, 종아리, 엉덩이 등 이외의 다른 부위를 때리는 모든 행위와 그 외의 잔혹한 처벌이 신체적 학대에 포함된다. 구체적인 신체학대 행위로는 멍, 화상, 골절, 장기파열, 기능손상 등 구타나 폭력에 의해 생기는 모든 신체 손상이며, 물건을 던지는 행위, 떠밀고 움켜잡는 행위, 뺨을 대리는 행위, 물건을 사용하여 때리거나 위협하는 행위, 칼 등의 흉기로 위협하거나 저해하는 행위 등이다. 그러나 우리나라의 경우 훈육을 위한 체벌을 허용하는 문화적 영향으로 인하여 신체적 학대 수준을 결정하는 것이 어렵다는 문제점도 있다.

신체학대 행위

- 직접적으로 신체에 가해지는 행위(손, 발 등으로 때림, 꼬집고 물어뜯는 행위, 조르고 비트는 행위, 할퀴는 행위 등)
- 도구를 사용하여 신체를 가해하는 행위(도구로 때림, 흉기 및 뾰족한 도구로 찌름 등)
- 완력을 사용하여 신체를 위협하는 행위(강하게 흔듦, 신체 부위 묶음, 벽에 밀어붙임, 떠밀고 잡음, 아동 던짐, 거꾸로 매닮, 물에 빠트림 등)
- 신체에 유해한 물질로 신체에 가해지는 행위(화학물질 혹은 약물 등으로 신체에 상해를 입힘, 화상을 입힘 등)

숙제를 해오지 않았다며 학생들을 수백 대 때리고 성희롱까지 한 교사에게 벌금형이 내려졌다. 법원에서는 「아동학대 범죄의 처벌 등에 관한 특례법」 위반 혐의로 해당 교사에게 벌금 1,500만원과 아동학대 치료프로그램 40시간 이수를 명령했다.

- 문화일보 -

친부가 중학생인 자녀가 학원에 가지 않고 집에 늦게 귀가했다는 이유로 화가 나 플라스틱 빗자루로 아동의 머리와 양팔을 수회 때리고 수갑을 이용하여 아동의 발에 채운 후 움직이지 못하게 하는 등 가혹행위를 하여 징역 6월, 집행유예 2년을 선고받았다.

- 중앙아동보호전문기관 -

나. 정서학대(Emotional Abuse)

「아동복지법」 제3조 제7호에 의하면, 정서학대는 '보호자를 포함한 성인이 아동의 건강 또는 복지를 해치거나 정상적 발달을 저해할 수 있는 정신적 폭력이나 가혹행위를 하는 것'으로 보호자를 포함한 성인이 아동에게 행하는 언어적 모욕, 정서적 위협, 감금이나 억제, 기타 가학적인 행위를 말하며 언어적, 정신적, 심리적 학대라고도 한다.

구체적인 학대 행위의 예로, 원망적·거부적·적대적 또는 경멸적인 언어폭력이나 잠을 재우지 않으며, 벌거벗겨 내쫓는 행위, 형제나 친구 등과 비교, 차별, 편애하는 행위, 가족 내에서 왕따 시키는 행위, 아동이 가정폭력을 목격하도록 하는 행위, 아동을 시설 등에 버리겠다고 위협하거나 짐을 싸서 쫓아내는 행위, 미성년자 출입금지 업소에 아동을 데리고 다니는 행위, 아동의 정서 발달 및 연령상 감당하기 어려운 것을 강요하는 행위(감금, 약취 및 유인, 아동 노동 착취), 다른 아동을 학대하도록 강요하는 행위 등이 정서학대의 유형에 속한다.

정서학대는 당장 학대의 결과가 겉으로 들어나거나 눈에 두드러지게 보이는 것이 아니기 때문에 모르고 지나칠 수도 있기에 더욱 유의하여 살펴보아야 한다. 어떤 행위가 아동에 대한 정서학대에 해당하는지는 명확하게 입증할 만한 객관적 기준을 제시하기는 어렵다. 그렇기에 아동에게 의도적이고 반복적으로 행해지는지 여부와 훈육의 차원에서 간헐적으로 발생하는 것인지에 따라 학대 여부를 결정할 수 있을 것이다.

정서학대 행위

- 원망적/거부적/적대적 또는 경멸적인 언어폭력 등
- 잠을 재우지 않는 것
- 벌거벗겨 내쫓는 행위
- 형제나 친구 등과 비교, 차별, 편애하는 행위
- 가족 내에서 왕따 시키는 행위
- 아동이 가정폭력을 목격하도록 하는 행위
- 아동을 시설 등에 버리겠다고 위협하거나 짐을 싸서 쫓아내는 행위
- 미성년자 출입금지 업소에 아동을 데리고 다니는 행위
- 아동의 정서 발달 및 연령상 감당하기 어려운 것을 강요하는 행위(감금, 약취 및 유인, 아동 노동 착취)
- 다른 아동을 학대하도록 강요하는 행위

담임교사가 수업중 남학생 2명을 교실 앞으로 나오게 한 뒤 다른 아이들이 보는 앞에서 서로 욕을 하라고 지시, 아이들을 정서적으로 학대한 혐의로 신고되어 경찰이 수사에 착수했다.

- 경인일보 -

친부모가 싸우고 있다며 아동이 울며 112에 신고하여 경찰 출동한 결과, 친부가 친모를 때리면서 생긴 핏자국이 있었고 친부모가 마신 술병들이 놓여 있었다. 아동은 어린 동생 2명과 함께 극도로 불안해하고 있는 상태였으며 친부모 외에 보호자가 부재하여 보호시설로 인도되었다.

- 경기도아동보호전문기관 -

다. 성학대(Sexual Abuse)

성학대는 '보호자를 포함한 성인이 아동의 건강 또는 복지를 해치거나 정상적 발달을 저해할 수 있는 성적 폭력이나 가혹행위를 하는 것'으로, '보호자를 포함한 성인이 자신의 충족을 목적으로 18세 미만의 아동에게 행하는 모든 성적 행위'를 말한다.

아동의 성학대는 성인에 의해 의도적이고 계획된 범죄로 가족 및 친인척 사이에서 발생하는 가족 내 성학대와 안면이 있거나 혹은 낯선 사람으로부터 발생하는 가족 외부의 성학대가 있다(이슬, 2016). 성학대의 경우 강압적이고 물리적인 억압으로 아동에게 위협이나 공포를 조성하거나 놀이를 통해 발생되며 완전범죄로 끝나는 경우가 있다. 또한 앞서 언급한 정서학대와 마찬가지로 성학대의 경우 외부로 쉽게 드러나지 않는다는 특징이 있는데, 이것은 성에 대한 언급을 금기시하는 사회적 분위기와 피해아동과 가족들이 숨기려 하는 경향 때문에 높은 발생빈도에도 불구하고 방치 혹은 은폐되거나 조기 발견이 어렵다는 문제점이 있다. 구체적인 성학대 행위로는, 자신의 성적만족을 위해 아동을 관찰하거나 아동에게 성적인 노출을 하는 행위(옷을 벗기거나 벗겨서 관찰하는 등의 관음적 행위, 성관계 장면을 노출, 나체 및 성기 노출, 자위행위 노출 및 강요, 음란물을 노출하는 행위 등), 아동을 성적으로 추행하는 행위(구강추행, 성기추행, 항문추행, 기타 신체부위를 성적으로 추행하는 행위 등), 아동에게 유사성행위를 하는 행위(드라이성교 등), 성교를 하는 행위(성기삽입, 구강성교, 항문성교), 성매매를 시키거나 성매매를 매개하는 행위 등이 있다.

또 다른 성학대 유형으로는 인터넷상에서 매매되는 아동의 포르노그래피를 들 수 있다. 포르노그래피 제작자들은 아동의 통제력을 약화시키거나 아동을 교란시켜 매춘이나 포르노그래피에 쉽게 참여하도록 한다. 이는 일반대중들로 하여금 아동이 포르노그래피에 등장하는 것을 익숙하게 만들고 일반적으로 사이버 세계가 아닌 현실 상황에서 느꼈을 사회적 분노를 저감시켜 아동의 성을 착취하고 상품화한다는 점에서 심각한 사회문제인 동시에 아동에 대한 성학대의 문제로 이해할 수 있다(문진화 외, 2007).

성학대 행위

- 자신의 성적만족을 위해 아동을 관찰하거나 아동에게 성적인 노출을 하는 행위(옷을 벗기거나 벗겨서 관찰하는 등의 관음적 행위, 성관계 장면을 노출, 나체 및 성기 노출, 자위행위 노출 및 강요, 음란물을 노출하는 행위 등)
- 아동을 성적으로 추행하는 행위(구강추행, 성기추행, 항문추행, 기타 신체부위를 성적으로 추행하는 행위 등)
- 아동에게 유사성행위를 하는 행위(애무에 의한 성행위 등)
- 성교를 하는 행위(성기삽입, 구강성교, 항문성교)
- 성매매를 시키거나 성매매를 매개하는 행위

부모 집에서 수년간 함께 살며 억지로 성관계를 맺어 초등학생 소녀를 임신시킨 20대 지체장애인이 경찰에 구속됐다. 장애인 아들의 이런 성적학대를 방관한 남성의 부모도 검찰에 함께 송치됐다.

- 중앙일보 -

행위자는 도로에서 학원을 가고 있던 8세 여아를 발견하고 뒤따라가면서 자위행위를 하고 아동에게 성기를 만져보라고 말하는 등 성학대를 하였다. 이에 징역 1년, 집행유예 2년, 40시간의 성폭력 치료 수강을 명령받았다.

- 중앙아동보호전문기관 -

라. 방임(Neglect)

'아동의 보호자가 아동을 유기하거나 방임하는 것'으로 「아동복지법」에서는 정의하였고, 보호자가 아동에게 위험한 환경에 처하게 하거나 아동에게 필요한 의식주, 의무교육, 의료적 조치 등을 제공하지 않는 행위를 말하며, 유기란 보호자가 아동을 보호하지 않고 버리는 행위를 말한다.

보호자가 고의적이든 비고의적이든 아동에 대한 양육 및 보호를 소홀히 함으로 인하여 아동의 건강이나 복지를 해치거나 정상적 발달을 저해할 수 있는 모든 행위를 말한다.

겉으로 보기에 신체적 후유증을 남기지 않기 때문에 학대로 규정하기에 어려운 문제를 갖고 있어 학대 상황이 더욱 반복되는 악순환을 갖고 있기에 이러한 아동방임은 아동의 가출, 비행으로 연결되어 더욱 큰 사회문제를 야기한다는 것이 특징이다(양미례, 2016).

아동방임에는 방임의 정도에 따라 심각한 방임과 일반적인 방임으로 나눌 수 있다(한미현, 2006).

또 방임 내용에 따라 물리적 방임, 교육적 방임, 의료적 방임, 그리고 유기로 구분된다.

물리적 방임은 기본적인 의식주를 제공하지 않는 행위, 상해와 위험으로부터 아동을 보호하지 않는 행위를 말하며, 교육적 방임은 보호자가 아동을 학교(의무교육)에 보내지 않거나 아동의 무단결석을 허용하는 행위이다. 의료적 방임은 본아동에게 필요한 의료적 처치를 하지 않는 행위를 말하며, 마지막으로 유기는 아동을 보호하지 않고 버리는 행위와 아동을 병원에 입원시키고 사라진 경우 등을 말한다.

유기 또는 방임의 유형

- 물리적 방임
  기본적인 의식주를 제공하지 않는 행위
  불결한 환경이나 위험한 상태에 아동을 방치하는 행위
  아동의 출생신고를 하지 않는 행위, 보호자가 아동을 집에 두고 가출한 경우
  아동을 병원에 입원시키고 사라진 경우
- 교육적 방임
  보호자가 아동을 특별한 사유 없이 학교(의무교육)에 보내지 않거나 아동의 무단결석을 방치하는 행위
- 의료적 방임
  아동에게 필요한 의료적 처치 및 개입을 하지 않는 행위
- 유기
  보호자가 친족에게 연락하지 않고 무작정 아동을 친족 집 근처에 두고 사라진 경우
  보호자가 아동을 시설 근처에 두고 사라진 경우

아동을 보호하지 않고 버리는 행위
시설 근처에 버리고 가는 행위

다가구 주택 지하 단칸방에서 영양실조 상태의 세 자매가 발견되었다. 세 자매 모두 학교를 중퇴한 상태이며, 계모의 지시로 가스를 사용하지 않아 난방 없이 생활하였고 모두 영양실조 증세를 보였다. 둘째는 잦은 발작, 뼈에 염증, 막내는 하반신 마비 증세를 보였다.

- 경향신문 -

아동이 배변문제의 이유로 수년간 기저귀를 차고 생활을 하고 있으나 친모가 아동을 병원에 보내지 않는 등 의료적 방임행위를 하여 담임교사가 이를 경찰에 신고하였다. 아동은 입원치료를 통해 건강을 회복하였으며 친모에 대하여 아동보호전문기관에서 지속적으로 양육 상담 및 모니터링을 하였다.

- 경기도아동보호전문기관 -

아동학대 예방 및 대응의 이론과 실제

Ⅱ 아동학대의 실태 및 현황

1. 아동학대 신고접수

2016년 전국 아동보호전문기관에서 집계된 아동학대의심사례를 포함한 신고 접수 건수는 〈표 Ⅱ-1〉에서 보는 바와 같이 29,674건이며, 이 중 응급아동학대 의심사례 2,796건, 아동학대의심사례는 23,082건으로 전체 신고접수의 87.2%를 차지하였다. 동일한 신고는 전체의 0.6%에 해당하는 189건이었으며, 일반상담은 3,604건으로 12.1%에 해당하였다.

표 Ⅱ-1 신고접수 건수 (단위: 건, %)

아동학대의심사례			동일신고	일반상담	해외발생 사례	계
응급아동학대 의심사례	아동학대 의심사례	소계				
2,796 (9.4)	23,082 (77.8)	25,878 (87.2)	189 (0.6)	3,604 (12.1)	3 (0.0)	29,674 (100.0)

출처: 보건복지부 중앙아동보호 전문기관(2016).

그림 Ⅱ-1	신고접수 건수

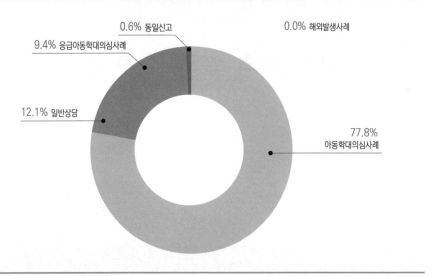

0.6% 동일신고

9.4% 응급아동학대의심사례

0.0% 해외발생사례

12.1% 일반상담

77.8%
아동학대의심사례

출처: 보건복지부 중앙아동보호 전문기관(2016).

　　또한 전국 아동보호전문기관에 신고접수된 사례는 이전 신고 여부에 따라 신규 및 재신고 사례로 구분된다. 이를 세부적으로 살펴보면 사례종결 후 재신고는 아동보호전문기관에서 개입 후 종결했던 사례 중 다시 신고접수된 사례이며, 사례진행 중 재신고는 사례 개입 중 추가적으로 신고접수되었거나 혹은 응급아동학대의심사례 및 아동학대의심사례 중 판단 이전에 또 동일한 학대행위의심자에 의한 학대가 의심되어 접수된 사례이며 일반상담 후 재신고는 일반상담으로 종결된 후 다시 신고접수된 사례를 말한다. 2016년에 신고접수된 29,674건 중 재신고 사례에 해당하는 건수는 3,095건(10.4%)이며, 이 외의 26,579건(89.6%)은 2016년에 최초로 신고접수된 사례이다. 재신고 사례유형에 따른 결과를 세부적으로 살펴보면, 사례종결 후 재신고 사례는 1,423건(4.8%)이었으며, 사례진행 중 재신고 사례와 일반상담 후 재신고 사례는 각각 1,436건(4.8%), 236건(0.8%)으로 집계되었다.

표 Ⅱ-2	재신고 및 신규신고접수 건수					(단위: 건, %)
재신고 사례				신규신고 사례	계	
사례종결 후 재신고	사례진행 중 재신고	일반상담 후 재신고	소계			
1,423 (4.8)	1,436 (4.8)	236 (0.8)	3,095 (10.4)	26,579 (89.6)	29,674 (100.0)	

출처: 보건복지부 중앙아동보호 전문기관(2016).

그림 Ⅱ-2　재신고 및 신규신고접수 건수

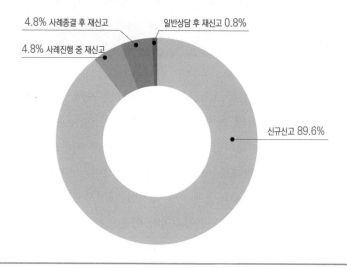

출처: 보건복지부 중앙아동보호 전문기관(2016).

가. 기관별 신고접수

기관별 신고접수 건수를 살펴본 결과, 안산시 아동보호전문기관이 1,021건 (3.4%)으로 가장 많았고, 서울특별시 동부아동보호전문기관이 1,011건(3.4%), 울산 광역시 아동보호전문기관이 952건(3.2%), 인천광역시 아동보호전문기관 901건 (3.0%), 대전광역시 아동보호전문기관 885건(3.0%) 순으로 높은 수치를 보였다.

나. 시군구별 신고접수

시군구별 신고접수 건수를 살펴본 결과, 경기 안산시 단원구 542건(2.1%), 인천 남동구 477건(1.8%), 안산시 상록구 399건(1.5%) 순으로 높은 수치를 보였다. 이와 달리 인천 옹진군이 0건(0.0%)으로 가장 낮았으며 다음으로 강원 양구군, 전북 고창군, 경남 하동군이 각각 2건(0.0%)으로 나타났다.

2. 신고자 유형

아동학대 신고자 유형은 신고의무자와 비신고의무자로 분류할 수 있으며, 신고의무자는 「아동학대 범죄의 처벌 등에 관한 특례법」(이하 아동학대처벌법) 제10조에서 규정하고 있다. 아동학대처벌법 시행(2014.9.29.) 이후 기존의 신고의무자 22개 직군에서 아이돌보미와 취약계층 아동에 대한 통합서비스 수행 인력이 추가되어 24개 직군으로 확대되었다. 2016년에 아동복지법 개정으로(2016.9.23.시행) 인해 아동보호전문기관이 아동복지시설로 편입되면서 아동보호전문기관장과 종사자가 신고의무자에 속하게 되었다. 하지만 이후 개정된 아동학대처벌법에서(2016.11.30. 시행) 아동보호전문기관 의장과 그 종사자는 제외한다는 내용이 추가되면서 신고의무자에서 제외되었다. 반면 성폭력피해자통합지원센터 종사자, 육아종합지원센터 종사자, 입양기관 종사자가 신고의무자에 추가되었다.

〈표 Ⅱ-3〉은 응급아동학대의심사례와 아동학대의심사례로 신고접수된 건에 대한 신고자 유형을 살펴본 것이다. 아동학대 신고의무자에 의한 신고는 8,288건(32.0%)이었다. 아동학대 신고의무자 유형별 신고접수 건수 분포를 세부적으로 살펴보면, 초·중·고교 직원이 3,978건(15.4%)으로 가장 높은 분포를 보였다. 다음으로 사회복지전담공무원 815건(3.1%), 아동보호전문기관상담원 695건(2.7%), 아동복지시설종사자 498건(1.9%) 순으로 다른 직군에 비해 높은 아동학대의심사례 신고율을 보였다. 비신고의무자에 의한 신고접수 건수는 17,590건(68.0%)으로 비신고의무자 중에서 부모가 4,619건(17.8%)으로 가장 높은 아동학대 신고율을 보였다. 다음으로 사회복지관련종사자 4,088건(15.8%), 아동 본인 2,322건(9.0%) 순으로 아동학대의심사례를 신고하는 것으로 나타났다.

표 Ⅱ-3   신고자 유형   (단위: 건, %)

신고의무자			비신고의무자		
초·중·고교 직원	3,978	(15.4)	아동본인	2,322	(9.0)
의료인	216	(0.8)	부모	4,619	(17.8)
아동복지시설 종사자	498	(1.9)	형제, 자매	341	(1.3)
장애인복지시설 종사자	27	(0.1)	친인척	657	(2.5)
보육교직원	286	(1.1)	이웃, 친구	1,858	(7.2)
유치원교직원, 강사	114	(0.4)	경찰	1,426	(5.5)
학원강사	24	(0.1)	종교인	40	(0.2)
소방구급대원	39	(0.2)	사회복지관련 종사자	4,088	(15.8)
성매매피해시설상담소 종사자	12	(0.0)	낯선 사람	649	(2.5)
한부모가족복지시설 종사자	11	(0.0)	아동보호전문 기관장과 종사자	619	(2.4)
가정폭력상담소보호시설 종사자	301	(1.2)	익명	244	(0.9)
사회복지전담공무원	815	(3.1)	기타	727	(2.8)
사회복시설종사자	312	(1.2)			
가정위탁지원센터 종사자	11	(0.0)			
아동복지전담공무원	98	(0.4)			

아동보호전문기관 종사자	695	(2.7)			
건강가정지원센터 종사자	44	(0.2)			
다문화가족지원센터 종사자	35	(0.1)			
정신보건센터종사자	51	(0.2)			
성폭력피해자보호시설 종사자	122	(0.5)			
응급구조사	2	(0.0)			
의료기사	2	(0.0)			
청소년시설, 단체종사자	223	(0.9)			
청소년보호센터, 청소년재활센터종사자	75	(0.3)			
아이돌보미	1	(0.0)			
취약계층아동 통합서비스 지원인력	296	(1.1)			
성폭력피해자 통합지원센터 종사자	0	(0.0)			
육아종합지원센터 종사자	0	(0.0)			
입양기관종사자	0	(0.0)			
소계	8,288	(32.0)	소계	17,590	(68.0)
계	25,878(100.0)				

출처: 보건복지부 중앙아동보호 전문기관(2016).

아동학대처벌법 시행(2014.9.29.)이후 112로 아동학대 신고전화가 통합되면서 112상황실에서는 아동학대 신고접수 후 신고내용을 아동보호전문기관에 통보하고 신고접수 당시 아동의 안전에 위험이 의심되는 응급아동학대 신고인 경우 동행 출동을 요청한다. 이에 따라 2016년에 경찰이 112 상황실에서 신고접수를 받거나 직무상 아동학대를 알게 되었을 때 관할 지역의 아동보호전문기관에 통보한

표 Ⅱ-4	경찰통보 건수								(단위: 건, %)
아동보호전문기관				112	119	129	1366	계
일반전화	인터넷	내방	소계					
714 (4.8)	18 (0.1)	39 (0.3)	771 (5.2)	13,991 (95.5)	34 (0.2)	4 (0.0)	9 (0.1)	14,809 (100.0)

출처: 보건복지부 중앙아동보호 전문기관(2016).

건수는 전체 14,809건으로 집계되었다. 전체 경찰 통보 건수 중 신고자가 112 또는 경찰서 내방 등의 방법으로 경찰에 신고하여 경찰이 아동보호전문기관에 통보한 경우가 13,991건(94.5%)으로 가장 많은 비중을 차지하였다. 다음으로 경찰이 수사과정 등에서 아동학대사실을 알게 되어 아동보호전문기관으로 통보한 경우는 771건(5.2%)으로 나타났다. 〈표 Ⅱ-4〉는 경찰통보 건수를 살펴본 것이다.

3. 신고접수 경로

아동학대 신고의 주요 경로는 전화라 할 수 있다. 전화를 통한 신고는 범죄신고 전화 112, 129, 여성긴급상담전화 1366 그리고 119 안전신고센터가 있다. 아동학대처벌법 시행(2014.9.29.)과 동시에 아동학대 신고전화가 112로 통합이 되었고, 기존에 운영하던 15771391은 폐지되었다. 2016년 아동보호전문기관을 통하여 신고접수된 비율은 전체 신고의 52.1%으로 총 15,454건으로 나타났다. 이 중 아동보호전문기관 일반전화로 신고접수된 건수는 14,919건(50.3%), 인터넷을 통한 신고는 39건(0.1%), 아동보호전문기관으로 내방하여 신고한 건수는 496건(1.7%)이었다. 그리고 112로 아동학대 신고번호가 통합이 되면서 112를 통한 신고는 총 13,991건으로 전체의 47.1%에 해당하였다. 112를 통합 신고건수가 작년에 비해

| 표 Ⅱ-5 | 신고접수 경로 유형 | | | | | | | | (단위: 건, %) |

아동보호전문기관				112	119	129	1366	계
일반 전화	인터넷	내방	소계					
14,919 (50.3)	39 (0.1)	496 (1.7)	15,454 (52.1)	13,991 (47.1)	37 (0.1)	51 (0.2)	141 (0.5)	29,674 (100.0)

출처: 보건복지부 중앙아동보호 전문기관(2016).

6.6%가 상승하여 아동보호전문기관을 통한 신고건수와 불과 5% 차이를 보였다. 이외에 여성긴급상담전화 1366을 통한 신고는 141건(0.5%), 보건복지콜센터에서 운영하는 129를 통한 신고는 51건(0.2%), 119를 통한 신고는 37건(0.1%) 순으로 나타났다.

| 그림 Ⅱ-3 | 신고접수 경로 유형 |

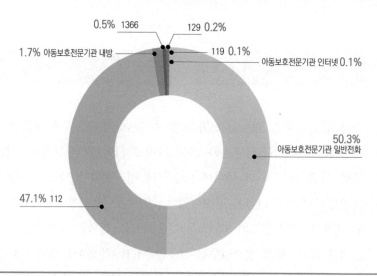

출처: 보건복지부 중앙아동보호 전문기관(2016).

4. 피해아동 발견율

　　피해아동 발견률이란 아동인구 1,000명 대비 아동학대로 판단된 피해아동 수를 의미하며, 2016년 통계청에서 집계한 「연령별(시도)추계아동인구」 자료를 기준으로 아동인구 1,000명당 피해아동 발견율을 산출하였다. 본 보고서에 제시된 피해아동 발견율의 경우, 지역아동보호전문기관에 신고접수되어 아동학대 혐의 있음으로 판단된 사례를 기반으로 하였기 때문에 아동학대의 실제 발생률과는 다소 상이할 수 있다. 따라서 피해아동 발견율의 개념은 아동학대를 발견하여 보호한 수치로 보는 것이 더 적합하다. 전국 평균 피해아동 발견율은 2.15%로 나타났으며, 작년의 1.32%에 대비하여 약 0.83%가량 상승하였다. 지역별로 살펴보면 전라북도 4.66%, 전라남도 4.23%, 강원도 4.01% 순으로 높게 나타났다. 반면에 광주광역시 1.17%, 대전광역시 1.26% 순으로 낮게 나타났다. 외국의 피해아동 발견율을 살펴보면 미국이 9.2%, 호주가 8.5%로 우리나라보다 약 4배 높은 수치를 보이고 있다. 각 지역별 아동 인구 및 아동보호전문기관의 개소 수, 피해아동 보호 간의 관계 양상 및 정도에 대해 보다 객관적으로 파악하기 위하여 기관당 아동 수와 피해아동 발견율 간에 상관관계 분석을 실시하였다. 상관관계 분석이란 변인 간의 밀접한 정도를 분석하는 통계적 기법으로 −1에서 1의 값을 가지며, −1이나 1에 가까울수록 변수 간 상관정보가 밀접하다고 할 수 있다. −1에 가까울수록 한 변인이 증가할 때 다른 변인의 값이 적어진다는 것을 의미하며, 1에 가까울수록 한 변인이 증가할 때 다른 변인의 값도 증가한다는 것을 의미한다.

　　이에 기관당 아동 수와 피해아동 발견율 간의 상관계수를 분석한 결과, −0.56로 도출되었다. 이는 아동보호전문기관이 관할하는 행정구역 내에 아동 인구가 적을수록 피해아동 발견율이 높아지는 것에 대해 상관관계가 있음을 의미한다. 각 지역의 아동 인구에 대비하여 아동보호전문기관의 수가 충분히 설치될 경우, 피해아동 및 관련인들에 대한 접근성이 높아지기 때문에 피해아동에 대한 발견 및 보호를 극대화시킬 수 있을 것이다. 따라서 각 지역의 아동인구와 관할 면

| 표 II-6 | 피해아동 발견율 | | | | (단위: 명, 개소, 명, 건, %) |

지역	추계아동 인구 (만 0~17세)	아동보호 전문기관 설치수	기관당 아동수	아동학대 사례	피해아동 발견율 (인구 천 명당)
서울특별시	1,467,622	8	183,453	2,268	1.55
부산광역시	500,213	4	125,053	880	1.76
대구광역시	414,695	3	138,232	836	1.77
인천광역시	512,829	3	170,943	1,190	2.32
광주광역시	295,555	2	147,778	346	1.17
대전광역시	283,823	1	283,823	359	1.26
울산광역시	215,287	1	215,287	685	3.18
경기도	2,349,095	12	195,758	4,353	1.85
강원도	244,801	4	61,200	981	4.01
충청북도	270,895	3	90,298	948	3.50
충청남도	417,139	3	139,046	824	1.98
전라북도	310,488	3	103,496	1,446	4.66
전라남도	290,340	3	96,780	1,229	4.23
경상북도	414,161	4	103,540	1,040	2.51
경상남도	590,162	3	196,721	1,139	1.93
제주특별자치도	117,848	2	58,924	276	2.34
계	8,694,953	59	147,372	18,700	2.15

출처: 보건복지부 중앙아동보호 전문기관(2016).

적, 사례당 평균 이동소요시간, 아동학대 신고접수 건수 등 다양한 특성을 고려한 아동보호전문기관의 확대 설치가 필요하다고 할 수 있다.

5. 아동학대 사례 유형

가. 아동학대 사례 유형별 피해아동 성별

아동학대 유형별로 피해아동 성별을 〈표 Ⅱ-7〉와 같이 살펴보면 신체학대와 방임 사례에서 남아가 여아보다 약 5.2% 높았다. 반면 정서학대에서는 여아가 남아보다 약 1.4% 더 높게 나타났다.

성학대의 경우 여아가 87.8%로 압도적인 비율을 보였으며, 남아에 비해 약 7.2배 높은 수치를 나타냈다.

표 Ⅱ-7   아동학대 사례 유형별 피해아동 성별

학대유형 \ 성별	남	여	계
신체학대	5,718	5,157	10,875
	52.6	47.4	100.0
정서학대	6,048	6,214	12,262
	49.3	50.7	100.0
성학대	92	661	753
	12.2	87.8	100.0
방임	2,416	2,176	4,592
	52.6	47.4	100.0
계	14,274	14,208	28,482
	0.1	49.9	100.0

출처: 보건복지부 중앙아동보호 전문기관(2016).

나. 아동학대 사례 유형별 피해아동 연령

각 아동학대 유형별로 나누어 피해아동의 연령 현황을 〈표 Ⅱ-8〉과 같이 살펴본 결과, 신체학대와 정서학대의 연령 분포를 보면 전체 피해아동의 연령 현황과 다소 유사하게 도출되었다. 학령기인 만 13~15세, 만 10~12세와 만 7세~9세 구간에 피해아동이 집중되어 있는 것을 볼 수 있으며, 만 16~17세를 제외하고는 연령이 낮아질수록 피해아동의 발견 수치가 감소하는 것으로 나타났다.

또한 1세 미만의 아동과 같은 경우는 총 518건의 아동학대 사례 중 방임 사례가 256건으로 약 49.4%로 거의 과반수에 해당이 된다. 영아를 대상으로 발생하는 방임의 경우, 가시적으로 드러나는 상흔은 없으나 낮은 연령으로 인해 자신의 의사를 표현하기에는 한계가 있기 때문에 아동의 성장 및 발달에 있어 매우 치명적일 수 있다.

따라서 아동학대 조기발견을 위해 학대 고위험 가정을 사전에 발굴하여 위기가정에 맞춤형 통합서비스를 제공하여 아동학대 발생 요인을 감소시키는 것이 필요하다.

또한 취약가정에 찾아가는 부모교육 및 양육상담의 활성화를 통해서 양육에

표 Ⅱ-8 아동학대 사례 유형별 피해아동 연령

연령(만) \ 학대유형	1세 미만	1~3세	4~6세	7~9세	10~12세	13~15세	16~17세	계
신체학대	101	796	1,219	2,093	2,369	2,834	1,463	10,875
	0.9	7.3	11.2	19.2	21.8	26.1	13.5	100
정서학대	161	1,153	1,617	2,273	2,587	2,991	1,480	12,262
	1.3	9.4	13.2	18.5	21.1	24.4	12.1	100.0
성학대	0	15	66	95	161	262	154	753
	0.0	2.0	8.8	12.6	21.4	34.8	20.5	100.0
방임	256	789	868	961	852	622	244	4,592
	5.6	17.2	18.9	20.9	18.6	13.5	5.3	100.0
계	518	2,753	3,770	5,422	5,969	6,709	3,341	28,482
	1.8	9.7	13.2	19.0	21.0	23.6	11.7	100.0

출처: 보건복지부 중앙아동보호 전문기관(2016).

대한 부담과 어려움을 해소하고 영유아 건강검진·타 진료기록·예방접종 기록이 없는 영·유아 또는 양육수당·보육료 등을 신청하지 않은 가정에 대한 상시적 양육환경 점검 등 아동학대 조기발견을 위한 체계가 구축되어야 한다.

다. 아동학대 사례 유형별 피해아동 특성

각 아동학대 유형별로 나누어 피해아동의 특성을 분석한 결과, 신체학대, 정서학대, 성학대의 경우 반항·충동·공격성, 거짓말, 약물·흡연·음주, 가출 등과 같은 적응·행동 특성이 가장 높게 나타났으며, 다음으로 정서·정신건강 특성, 특성 없음, 발달·신체건강 특성, 장애의 순으로 나타났다. 그러나 방임의 경우 불안, 주의산만 등과 같은 정서·정신건강 특성이 가장 높게 나타났으며, 다음으로 발달·신체건강 특성, 적응·행동 특성, 특성 없음, 장애 순으로 나타났다.

하위 피해아동 특성을 유형별로 세부적으로 살펴보면, 성학대에서 장애특성이 5.8%로 다른 학대유형에 비해 높은 분포를 보였다.

선행연구에 따르면 성학대의 위험요인 중 하나가 아동의 장애로 나타났는데, 이는 우리나라와도 같은 결이다. 또한 정서·정신건강 특성의 경우 정서학대에서 30.6%로 다른 학대유형에 비해 높은 비율을 보였고, 특히 불안이 9.0%로 가장 높았다. 이는 아동기의 학대경험이 우울과 불안을 발생시킨다는 선행연구와 일치하며 아동의 인지적 손상, 학업성취, 타인과의 관계에도 부정적인 영향을 미칠 수 있다. 적응·행동 특성의 경우 신체학대가 39.5%로 높은 비율을 보였다. 적응·행동의 상세 항목을 살펴보면 반항·충동·공격성(6.4%)과 거짓말(5.0%)이 높은 분포를 보였으며, 성학대에서는 성문제(6.6%)와 약물·흡연·음주(4.6%)가 높은 분포를 보였다. 발달·신체 건강 특성의 경우 방임에서 23.0%의 높은 분포가 나타났다.

| 표 II-9 | 아동학대 사례 유형별 학대행위자와 피해아동과의 관계 | | | | | (단위: 건, %) | |

관계 학대유형	부모	친인척	대리 양육자	타인	기타	파악 안 됨	계
신체학대	8875	502	1265	44	182	7	10,875
	81.6	4.6	11.6	0.4	1.7	0.1	100.0
정서학대	10117	488	1429	46	174	8	12,262
	82.5	4.0	11.7	0.4	1.4	0.1	100.0
성학대	292	74	150	146	82	9	753
	38.8	9.8	19.9	19.4	10.9	1.2	100.0
방임	3969	151	297	4	160	11	4,592
	86.4	3.3	6.5	0.1	3.5	0.2	100.0
계	23253	1215	3141	240	598	35	28,482
	81.6	4.3	11.0	0.8	2.1	0.1	100.0

출처: 보건복지부 중앙아동보호 전문기관(2016).

라. 아동학대 사례 유형별 학대행위자와 피해아동과의 관계

위 〈표 II-9〉와 같이 분석한 결과, 성학대를 제외한 모든 학대 유형에서 부모에 의한 학대는 80% 이상의 높은 분포를 보였다. 그리고 신체학대와 정서학대의 관계별 비율 분포는 비슷한 양상을 보이고 있으며 방임 사례의 경우는 부모에게서 발생하는 비율이 86.4%로 압도적인 수치이다. 성학대의 경우에는 학대행위자가 부모인 경우가 38.8%이며, 대리양육자(19.9%), 타인(19.4%), 기타(10.9%) 순으로 나타났다.

마. 아동학대 사례 유형별 학대행위자 특성

아동학대 사례 유형별 학대행위자 특성을 〈표 II-10〉과 같이 분석하였다. 모든 학대유형에서 학대행위자의 양육태도 및 방법 부족이 가장 높은 비중을 나

타내었다. 이는 학대행위자의 양육태도와 양육기술의 부족이 아동학대의 발생에
부정적인 영향을 줄 수 있음을 의미하여, 올바른 양육태도와 양육기술 습득을 위한
실효성 있는 부모교육프로그램이 부모들에게 제공될 필요가 있다는 것을 보여준다.

다음으로 성학대를 제외한 모든 학대유형에서 사회·경제적 스트레스와 부부
및 가족 갈등의 순서로 높은 비중을 나타냈다. 성학대에서는 성문제가 양육태도
및 방법 부족 다음으로 가장 높은 분포를 보였다.

표 II-10 아동학대 사례 유형별 학대행위자 특성   (단위: 건, %)

	신체학대		정서학대		성학대		방임		계	
신체장애	179	0.7	223	0.7	8	0.6	124	1.0	534	0.7
정신적 장애	103	0.4	130	0,4	17	1.2	137	1.1	387	0.5
장애의심	194	0.7	292	0.9	24	1.7	253	2.0	763	1.0
양육태도 및 방법부족	10645	39.4	11713	35.2	377	26.0	4285	34.2	27020	36.4
중독문제	1541	5.7	2352	7.1	80	5.5	584	4.7	4557	6.1
질환문제	384	1.4	518	1.6	26	1.8	207	1.7	1135	1.5
성격 및 기질문제	1852	6.9	2381	7.1	69	4.8	515	4.1	4817	6.5
위생문제	111	0.4	168	0.5	8	0.6	589	4.7	876	1.2
나태 및 무기력	169	0.6	274	0.8	3	0.2	370	3.0	816	1.1
난독해, 난작문	12	0.0	716	0.0	1	0.1	13	0.1	42	0.1
사회·경제적 스트레스 및 고립	4636	17.2	5724	17.2	98	6.8	2695	21.5	13153	17.7
어릴적 학대 경험	479	1.8	553	1.7	9	0.6	120	1.0	1161	1.6

폭력성	1235	4.6	2034	6.1	52	3.6	308	2.5	3629	4.9
전과력	121	0.4	178	0.5	33	2.3	62	0.5	394	0.5
성문제	111	0.4	175	0.5	288	19.9	70	0.6	644	0.9
원치 않는 아동	128	0.5	178	0.5	4	0.3	101	0.8	411	0.6
부부 및 가족 갈등	2565	9.5	3999	12.0	77	5.3	1051	8.4	7692	10.4
종교 문제	49	0.2	75	0.2	5	0.3	67	0.5	196	0.3
특성 없음	2169	8.0	2026	6.1	162	11.2	890	7.1	5247	7.1
파악 안 됨	315	1.2	294	0.9	109	7.5	100	0.8	818	1.1
계	26,683	98.8.0	33,709	100.0	1,341	100.0	12,441	99.5	73,474	99.1

출처: 보건복지부 중앙아동보호 전문기관(2016).

6. 아동학대 피해아동 결과

피해아동을 대상으로 하는 조치 결과에는 원가정보호, 분리보호, 가정복귀, 사망으로 나누어 살펴볼 수 있다.

가. 아동학대 피해아동 초기 조치 결과

피해아동을 대상으로 이루어진 초기 조치 결과를 살펴보면 아동이 주양육자에 의해 계속적으로 보호를 받는 유형인 원가정보호에 해당하는 사례가 전체의 77.9%인 14,563건으로 가장 많았다.

이와 같이 피해아동에 대한 원가정보호 비율이 상당히 높은 이유는 아동학대 예방사업의 궁극적인 목적이 가족 보존의 가치에 기반을 두었기 때문이다. 비록 가정 내에서 학대가 발생했다고 하더라도 학대의 위험도가 심각한 수준이 아니며,

보호자의 의지가 있어 학대 재발 위험이 낮다고 판단되는 경우 학대 피해를 최소화시켜 가족 기능을 회복시키고자 한다.

다음으로 분리보호의 경우 피해아동의 보호자가 아동을 보호할 능력이나 의지가 없어 재학대 발생위험이 있거나, 재학대 위험이 높은 학대행위자를 가정에서 분리하지 못하는 경우 등에 취해지고 있다. 피해아동이 분리보호된 경우는 전체의 21.9%인 4,095건이며, 이 중 일시보호 2,325건(12.4%), 친족(친인척)보호 1,179건(6.3%), 장기보호 322건(1.7%), 연고자에 의한 보호 158건(0.8%), 병원입원 104건(0.6%), 가정 위탁 7건(0.0%) 순으로 나타났다.

초기 조치에서 분리보호된 아동 중에는 친족(친인척)에 의해 보호된 경우가 1,179건(6.3%)이고, 위탁가정에 의해 보호되고 있는 경우는 7건(0.0%)에 불과한 것으로 나타나 가정위탁 조치가 적극적으로 이루어지지 않은 것으로 나타났다. 피해아동의 학대 후유증 최소화 및 건강한 성장 지원을 위해서는 가정과 유사한 환경인 1:1 또는 소규모 양육이 가능한 전문가정위탁제도를 도입·확대하여 개별 피해아동의 욕구를 반영한 맞춤형 치료·보호가 가능하도록 전문가정위탁부모의 양성 및 관리가 필요하다.

2016년 아동보호전문기관에 신고접수되어 초기에 조치된 결과가 분리보호인 4,095건의 사례 중 초기 분리보호 후에 가정으로 복귀된 사례는 1,184건으로 전체 분리보호 사례 수의 약 28.9%에 해당하는 수치이다. 이는 분리보호된 아동 10명 중 거의 3명은 원가정에 복귀된다고 볼 수 있다. 초기에 분리보호 후 가정복귀

표 II-11 피해아동 초기 조치 결과   (단위: 건, %)

원가정 보호	분리보호								사망	계
	친족(친인척) 보호	연고자에 의한 보호	가정 위탁	일시 보호	장기 보호	병원 입원	소계			
14,563 (77.9)	1,179 (6.3)	158 (0.8)	7 (0.0)	2,325 (12.4)	322 (1.7)	104 (0.6)	4,095 (21.9)		42 (0.2)	18,700 (100.0)

출처: 보건복지부 중앙아동보호 전문기관(2016).

는 학대 재발의 가능성이 적어야 하며, 지역사회의 자원의 활용 및 지원이 가능할 때 이루어지고 있다. 초기 분리보호 후에 분리보호가 지속되거나 가정복귀가 진행되지 않은 경우는 피해아동이 사망한 경우이며 5건이 이에 해당한다. 아동학대로 초기 분리보호 되었다가 가정에 다시 복귀하는 아동의 수가 분리보호를 지속하는 수에 비해 적은 이유는 초기 조치 이후에도 가정 내에 학대유발요인 및 재학대 위험성이 감소하지 않기 때문이다.

따라서 아동학대 발생한 가족의 기능을 회복하고 아동이 안전하게 보호받을 수 있는 환경을 조성하기 위해 지역사회의 자원을 연계하여 학대 유발요인 및 위기를 감소시킬 수 있는 다각적이고 통합적인 서비스 제공이 이루어져야 할 필요성이 있다.

또한 아동학대처벌법에 따라 조건부기소유예, 임시조치, 보호처분 등을 통해 학대행위자에 대한 상담 및 교육프로그램이 적극적으로 적용될 필요성이 있다. 구체적으로 상담 및 프로그램은 학대행위자의 개인적인 특성 및 상황에 대한 이해를 바탕으로 제공되어야 보다 더 효율적인 변화를 이끌어 낼 수 있을 것이다. 구속이나 수사 대상이 아닌 경미한 학대의 경우에도 학대행위자와 비가해보호자에 대한 아동보호전문기관의 상담·교육 및 심리치료 등의 의무를 부과할 수 있도록 법·제도적 보완이 필요해 보인다.

또한 분리보호 후에 가정으로 복귀된 아동의 경우 아동의 안전이 보장되고 안정된 양육환경에서 성장할 수 있도록 지역사회의 서비스 제공 기관과의 연결망이 구축되어 지속적인 모니터링이 이루어질 수 있는 환경 조성이 필요하다.

나. 피해아동 최종 조치 결과

아동학대 사례의 피해아동 최종 조치 결과는 2016년에 아동학대로 판단된 사례 중 종결 여부에 관계없이 2016년에 취한 마지막 차수의 조치 결과를 뜻한다. 사례 종결 여부를 각 기관별로 살펴보면 사례 종결 비중은 0%~46.3%의 분포를 보이고 있고, 진행 중인 사례의 경우 53.7%~100.0%의 분포를 보였다. 2016년 아동학대 사례 18,700건 중 당해에 종결된 사례 수는 3041건으로 전체의 16.3%를 차지하였으며, 계속해서 서비스 지원 등의 개입을 진행하는 사례는 15,659건 (83.7%)이었다. 즉, 아동보호전문기관에서 개입하는 사례 10건 중 8건이 당해 연도에 종결되지 않고 장기적인 사례관리로 이어지고 있음을 알 수 있다.

2016년에 발생한 아동학대 사례 18,700건의 피해아동 최종 조치 결과를 살펴보았다. 원가정에 보호되는 사례는 13,573(72.6%)을 기록하였는데, 최종 조치 시 원가정에 보호된 아동이 77.9%인 것을 감안할 때 다소 낮아진 수치다. 다음으로는 분리보호된 사례가 3,730건(19.9%)으로 나타났으며, 세부유형으로 살펴보면 친족(친인척) 보호 1,336건(7.1%), 일시보호 1.113건(6.0%), 장기보호 1.085건(5.8%), 연고자에 의한 보호 102건(0.5%), 병원입원 61건(0.3%), 가정위탁 33건(0.2%) 순으로 나타났다. 또한 초기에 분리보호된 이후, 학대 발생가능성이 없다고 판단될 때 피해아동을 다시 가정으로 복귀시키는데 이는 1,347건(7.2%)에 해당하며, 사망한 경우는 50건(0.3%)이었다.

다음으로 피해아동의 최종 조치 결과를 진행 중인 사례와 종결된 사례로 나누어 보면 진행 중인 사례 중 원가정에 보호된 사례는 74.1%였고, 종결 사례에서는 다소 감소된 64.9%의 분포를 보였다. 그리고 진행 중인 사례 중 분리보호된 사례는 19.0%에 해당하고, 반면 종결된 사례에서 분리보호된 사례는 진행 중인 사례보다 약 5.7% 포인트가 상승한 24.7%로 나타났다. 분리보호조치 중에서 진행 중 사례와 종결 사례의 가장 큰 비율 차이를 보이는 것은 장기보호였으며 종결 사례가 약 5% 정도 높은 것으로 나타났다. 종결 사례가 상대적으로 장기보호 비율이 높은 것은 아동을 학대행위자로부터 장기적으로 분리한 이후 위험요인이 감소하여 안전이 확보된 것으로 판단되었기 때문에 사례를 종결한 것으로 추측할 수 있다.

표 Ⅱ-12	사례종결 여부별 피해아동 최종 조치 결과		(단위: 건, %)

조치 결과 \ 종결여부		진행 중 사례	종결사례	계
원가정보호		11,599 (74.1)	1,974 (64.9)	13,573 (72.6)
분리 보호	친족(친인척) 보호	1,072 (6.8)	264 (8.7)	1,336 (7.1%)
	연고자에 의한 보호	82 (0.5)	20 (0.77)	102 (0.5)
	가정위탁	29 (0.2)	4 (0.1)	33 (0.2)
	일시보호	959 (6.1)	154 (5.1)	1,113 (6.0)
	장기보호	781 (5.0)	304 (10.0)	1,085 (5.8)
	병원입원	55 (0.4)	6 (0.2)	61 (0.3)
사망		11 (0.1)	39 (1.3)	50 (0.3)
가정복귀		1,071 (6.8)	276 (9.1)	1,347 (7.2)
계		15,659 (100.0)	3,041 (100.0)	18,700 (100.0)

출처: 보건복지부 중앙아동보호 전문기관(2016).

　　아동학대 사례 유형에 따른 피해아동의 최종 조치 결과는 〈표 Ⅱ-13〉과 같이 모든 사례 유형에서 피해아동을 원가정 보호하는 조치가 50% 이상을 차지하며 가장 높은 비중을 보였다. 사례 유형 특성상 성학대 사례는 분리보호율이 34.8%로 가장 높았으며, 그중에서도 일시보호 조치가 12.2%로 많은 비중을 차지하였다.

　　또한 방임 사례에서는 분리보호 유형 중 다른 유형보다 장기보호가 가장 비율이 높았다.

| 표 Ⅱ-13 | 아동학대 사례 유형별 피해아동 최종 조치 결과 | | | | (단위: 건, %) |

조치 결과 \ 학대유형		신체 학대	정서 학대	성학대	방임	계
원가정보호		7,921 (72.8)	8,849 (72.2)	422 (56.0)	2,918 (63.5)	20,110 (70.6)
분리보호	친족보호	867 (8.0)	997 (8.1)	73 (9.7)	285 (6.2)	2,222 (7.8)
	연고자에 의한 보호	70 (0.6)	67 (0.5)	12 (1.6)	20 (0.4)	169 (0.6)
	가정위탁	17 (0.2)	18 (0.1)	2 (0.3)	13 (0.3)	50 (0.2)
	일시보호	609 (5.6)	712 (5.8)	92 (12.2)	394 (8.6)	1,807 (6.3)
	장기보호	510 (4.7)	604 (4.9)	76 (10.1)	555 (12.1)	1,745 (6.1)
	병원입원	32 (0.3)	30 (0.2)	7 (0.9)	25 (0.5)	94 (0.3)
	소계	9,994 (19.4)	11,247 (19.8)	677	4,185 (28.1)	26,103
사망		37 (0.3)	14 (0.1)	0 (0.0)	23 (0.5)	74 (0.3)
가정복귀		812 (7.5)	971 (7.9)	69 (9.2)	359 (7.8)	2,211 (7.8)
계		10,875 (100.0)	12,262 (100.0)	753 (100.0)	4,592 (100.0)	28,482 (100.0)

출처: 보건복지부 중앙아동보호 전문기관(2016).

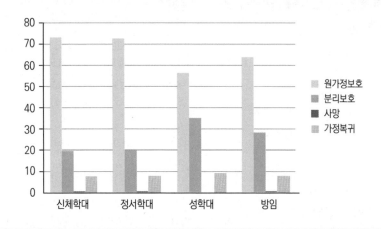

그림 Ⅱ-4 아동학대 사례 유형별 피해아동 최종 조치 결과

출처: 보건복지부 중앙아동보호 전문기관(2016).

7. 학대행위자 최종 조치 결과

　　학대행위자의 최종 조치 결과를 〈표 Ⅱ-14〉와 같이 살펴보았다. 최종 조치 결과란 피해아동 최종 조치 결과와 마찬가지로 2016년 아동학대 사례의 학대행위자에게 취해진 조치 중 당해 연도 가장 마지막 차수에 해당하는 결과를 의미한다.

　　학대행위자를 대상으로 취한 조치 중 가장 비중이 높은 것은 지속관찰로 총

표 Ⅱ-14 학대행위자 최종 조치 결과　　　　　　　　　　　　　　　(단위: 건, %)

지속관찰	아동과의 분리	고소·고발· 사건 처리	만나지 못함	계
11,733 (72.7)	560 (3.0)	6,018 (32.2)	389 (2.1)	18,700 (100.0)

출처: 보건복지부 중앙아동보호 전문기관(2016).

11,733건(62.7%)이었다. 지속관찰은 학대행위자가 아동보호전문기관 및 연계기관과 협조적 관계에 있으며 서비스를 제공받고 있거나 아동의 안전 확보 및 재학대 발생 여부 확인을 위해 주기적으로 모니터링을 실시하는 경우에 해당한다.

다음으로 고소·고발·사건 처리는 고소 및 고발과 수사의뢰, 응급조치에 따른 수사개시 등 사법철차가 진행된 경우에 해당하는 조치로 6,018건(32.2%)이었다. 고소·고발·사건 처리에서 고소·고발 조치된 경우는 4,276건 이었으며 응급조치에 따른 수사개시 등 사법 절차가 진행된 경우는 1,742건으로 나타났다. 이외에 학대행위자가 아동과 분리된 사례는 560건(3.0%)으로 나타났다. 학대행위자를 만나지 못한 사례는 389건(2.1%)으로 행방불명, 수감, 개입거부, 사망 등으로 만나지 못하는 경우에 해당된다.

〈표 Ⅱ-15〉는 아동학대 사례 유형별 학대행위자 최종 조치 결과이다. 신체학대, 정서학대 그리고 방임 사례에 대한 학대행위자의 최종 조치로 지속관찰이 60% 이상인 반면, 성학대 사례의 경우 학대행위자에게 취해진 조치로 고소·고발·사건 처리가 80.2%로 가장 높았다.

또한 고소·고발·사건 처리는 신체학대에서 34.7%, 정서학대에서 30.6%, 방

표 Ⅱ-15	아동학대 사례 유형별 학대행위자 최종 조치 결과				(단위: 건, %)
학대유형 조치 결과	신체학대	정서학대	성학대	방임	계
지속관찰	6,626 (60.9)	7,848 (64.0)	108 (14.3)	2,934 (63.9)	17,516 (61.5)
고소·고발· 사건 처리	3,777 (34.7)	3,754 (30.6)	604 (80.2)	1,409 (30.7)	9,544 (33.5)
아동과의 분리	288 (2.6)	433 (3.5)	18 (2.4)	113 (2.5)	852 (3.0)
만나지 못함	184 (1.7)	227 (1.9)	23 (3.1)	136 (3.0)	570 (2.0)
계	10,691 (100.0)	12,035 (100.0)	730 (100.0)	4,456 (100.0)	27,912 (100.0)

출처: 보건복지부 중앙아동보호 전문기관(2016).

임에서 30.7%였으며 2014년에 순서대로 949건(16.7%), 866건(14.0%), 311건(9.9%)에 불과하던 비율이 약 두 배 이상씩 상승하였다.

특히 2014년과 비교했을 때 학대유형 중 고소·고발·사건처리 비율의 증가율이 가장 높은 유형은 방임이었다. 이는 신체적 가해에 집중되어 있던 학대의 의미에서 아동을 위험한 환경에 노출시키거나 아동에게 필요한 조치를 제공하지 않아 아동을 제대로 보호하지 않는 것도 심각한 학대에 속한다는 인식의 수준이 높아졌다고 유추할 수 있는 결과이다.

Ⅲ 아동학대의 발생원인 및 후유증

1. 아동학대의 발생원인

아동학대의 발생원인에 대한 논쟁은 다양하지만 일반적으로 아동학대의 요인으로는 아동과 부모의 개인적 요인과 가족적인 요인 및 사회적 요인에 의해 발생되어진다.

아동학대의 원인은 다양하며 하나의 원인이 또 다른 원인을 야기시키고 서로 영향을 미치는 특성이 있다(박숙인, 2007). 이런 아동학대의 여러 발생원인을 보는 관점에는 개인의 특성을 강조하는 정신 병리학적 관점 및 발달론적 관점, 부모와 아동을 둘러싼 환경과 사회의 특성을 강조하는 사회심리학적 관점, 생태학적 관점 등 네 가지 관점으로 구분한다. 이 유형들은 최근 들어 서로 결점을 보완하며 통합적 접근이 시도되고 있으며 여러 요인 간의 복합적인 문제가 다양한 위험 요인들을 발생시키고 있는 아동학대의 발생원인을 좀 더 체계적으로 분석하는 데 유용한 접근 방법이기도 하다.

가. 정신병리학적 관점

정신병리학적 관점은 아동학대의 발생원인을 부모의 요인으로 두는 것으로, 아동학대를 하는 부모의 개인적 특성에서 특이점이 있을 것이라고 바라보는 관점이다.

개인의 특성을 강조하는 정신병리학적 관점에서 학대부모는 어린 시절에 신체적, 정서적, 성적인 학대받은 경험이 있거나 심리적 유기 경험이 있는 경우가 많다. 그래서 아동학대자는 병리적 성격을 소유하거나 자기중심적, 충동적, 의존적, 공격적, 온정결핍, 합리성 부족 등의 심리적 성격적 특성을 소유하였을 것으로 가정한다.

이는 학대부모의 건강하지 못한 성격 혹은 병리적 특성이 아동을 학대하게 된다고 보는 입장으로, 학대를 하는 부모는 다른 부모들과 구별되는 심리적 특서 및 성격 구조상의 결함을 가지고 있으며 그 밖의 경제적·사회적·인구학적 특성은 학대 행위를 촉진하는 요소에 불과하여 직접적 원인은 되지 않는다는 관점이다.

아동학대 원인이 되는 부모요인을 살펴보면 다음과 같다.

표 Ⅲ-1   아동학대의 부모요인

구분	세부 요인
부모의 미성숙	나이가 어리고 안정되지 못한 부모들은 아동의 행동이나 욕구를 이해하지 못하여 아동학대를 쉽게 행하고 건전한 가족관계의 형성에도 어려움을 겪게 된다.
아동양육에 대한 지식부족	다양한 아동발달에 대한 지식의 부족은 어떻게 아동을 키울 것인가를 잘 모르거나 건전한 가족 관계가 어떤 것인지 잘 알지 못하는 경우이다.
지나친 기대	부모들은 종종 자신의 자녀가 가진 능력 이상으로 부모의 기대수준에 맞게 행동해 주기를 원하는데, 이처럼 높은 기대는 아동학대의 가능성을 높이는 원인이 된다.
잦은 가정의 위기	경제적 어려움, 실직, 잦은 병치레, 가정불화 등 가정 내 위기요인으로 인해 부모들이 자녀를 학대하는 경우가 있다.
정서적 욕구불만	부모들은 자신의 욕구가 충족되지 못하거나 스트레스를 받을 때 아동에게 그 불만을 터뜨리게 된다.

사회적 고립	아동양육의 부담을 도와줄 수 있는 친척이나 친구, 이웃이 주위에 아무도 없는 경우에 아동을 학대하기도 한다.
어릴 적 학대받은 경험	아동을 학대하는 부모들 중 30~60% 정도는 자신들이 어릴 때 부모로부터 학대 받은 경험이 있다.
알코올 중독· 약물 중독	알코올 중독 약물 중독에 빠진 부모들은 자신을 잘 통제하지 못하고 아동을 학대하기도 한다.
부모의 그릇된 아동관 및 양육관	아동을 소유물로 생각하며, 아동에 대한 권리의식에 대한 이해가 부족하다. 또한, 체벌과 훈육을 혼동한다.
부모의 낮은 자아존중감, 낮은 감성, 의기소침	
부모의 분노, 좌절 혹은 성적욕구와 같은 충동과 감정조절의 무능력	
원치 않는 아동	
부모의 불안, 우울증, 기타 정신질환	

학대를 하는 부모들은 대부분 성장과정에서 자신의 부모로부터 심한 신체적 혹은 정서적 학대를 받은 경험을 가지고 있으며 성장과정에서 학대를 경험한 부모들은 그렇지 않은 부모보다 아동의 정서적 욕구를 알아차리지 못하거나 좀 더 둔감하며, 적절한 반응을 하지 못 하는 등 병리적 성격특성을 보이기도 한다.

Steel과 Pollok에 의하면 학대하는 부모는 광범위한 양상과 정서적 혼란을 가지고 있으며 이러한 양상으로 히스테리, 히스테리성 정신증, 강박 신경증, 불안상태, 우울증, 정신분열증 특성, 정신분열증, 성격 신경증 등의 양상이 나타나고 있다고 하였다(이슬, 2016). 또 학대부모의 성격적 특성으로 충동성, 미성숙, 우울, 의존적, 이기적, 자아도취적, 요구성, 가학적, 불안정을 지적하기도 한다(신연호, 1994).

이런 학대하는 부모들의 병리적 성격특성은 학대 부모 자신의 성장과정에서 형성된다고 볼 수 있다. 자녀를 학대하는 부모들 중 대부분이 자신의 부모로부터 어릴 적 학대받은 경험이 있음을 기존 여러 연구를 통해 확인되었다(이슬. 2016). 이렇게 아동학대는 학대당하는 아동의 현재 문제뿐 아니라 세대 간 폭력의 전이를 통해 다음 세대로까지 심각한 사회문제를 야기한다(한미현, 2006).

나. 발달론적 관점

발달론적 관점은 정신병리학적 관점과 같이 아동학대의 원인을 개인적 요인인 아동의 특성에 있음을 강조하는 관점이다. 학대를 유발하는 개인적 특성은 문화와 환경에 따라 차이가 있을 수 있겠으나, 일반적으로 양육 부담을 가중시키고 아동과 보호자와의 극단적인 갈등 등에서 보호자의 심리적 문제를 초래하는 등의 요인으로 학대가 유발된다고 본다.

특히 발달론적 관점은 아동학대의 주요한 원인을 아동 자신의 인격과 특성에 두어 아동학대가 아동의 성별과는 관계없이 모든 발달단계에서 일어난다고 본다. 즉, 아동학대는 발달단계별 학대의 양상과 원인이 다르다고 보는 것인데, 유아기나 걸음마 시기에는 양육자와의 애착 형성 실패가 중요한 영향을 미치며, 학령기 아동의 경우에는 자신감 결여, 적대적인 행위, 지나친 경계심, 충동성, 의기소침, 고집, 무반응, 소심, 둔감, 언어장애 등의 특성과 청소년기에는 과도한 자기주장과 극단적인 반항 행동 등이 학대 발생과 관련된다고 한다.

학대 대상이 되어 온 아동은 미숙아, 정신지체아동, 장기간 투병생활을 하는 아동, 언어장애 아동, 기형아, 미혼모 아동, 입양아, 다자녀 가정의 아동, 출산전후 가정여건이 나빠진 상태에 있는 자녀, 원치 않은 성별의 자녀, 까다로운 기질 등이 이에 해당된다.

이와 같이 앞서 언급되었던 학대의 원인인 아동요인을 정리하면 다음과 같다.

- 미숙아, 기형아
- 만성 혹은 급성질환아
- 신체적·정신적·기질적으로 특이하거나 장애를 가진 아동
- 운동 및 언어 등 발달이 늦은 아동
- 심하게 보채거나 밤에 잘 자지 않는 아동
- 문제 행동을 보이는 아동
- 음식을 먹거나 잠을 자는 데 어려움을 나타내는 아동

- 사회적 반응의 결핍, 고집스런 울음과 외모
- 수유의 어려움
- 분리 불안의 결함
- 자신감 결여, 지나친 경계, 무반응, 겁이 많음
- 적대적 행위, 충동적 특성, 폭력적 행동, 고집이 셈
- 대인 관계에 둔감하고 매력이 없음, 운동 조절 결함

표 Ⅲ-2	아동학대의 관계 및 구조적 요인
구분	세부 요인
가족관계의 문제	가족 구성원 간에 갈등이 존재하거나 가족상호작용이 약하여 아동학대가 발생한다.
가족구조의 문제	미성년가족, 한부모가족, 이혼가족, 재혼가족 등 가족구조의 특성이 아동학대의 원인이 될 수 있다. 이는 양육에 대한 지식의 부족, 높은 스트레스, 가족간의 긴밀한 상호작용의 결여 등에 기인하는 것으로 보인다.
	사회적 고립 및 사회적 지지체계가 결여
	신체적인 체벌에 대해 허용적인 문화
	아동을 존중하지 않는 문화/자녀에 대한 소유 의식
폭력에 대한 가치와 규범	체벌이나 훈육의 의미가 포함된 폭력은 필요하고 정당하다는 관념이 존재한다.

발달론적 관점은 학대 행동이 병리적 원인에서 기인하는 것이 아니라 아동의 발달 수준의 정도에 따라 나타난다고 보며, 아동 행동이 주변 환경에 의해 영향을 받을 수 있기 때문에 사회심리학적 관점과 관련하여 아동학대를 설명하기도 한다 (김현식, 2017).

다. 사회심리학적 관점

사회심리학적 접근은 가정의 여러 특성이 이를 둘러싸고 있는 사회의 구조 및 문화적인 여러 측면이 아동학대와 관련된다고 보고 있다. 즉, 아동학대의 중요

한 원인으로 부모의 양육태도, 경제수준, 가정환경 등 사회문화적 특성에 초점을
둔 이론이다. 이 관점의 예로서는 부모의 자녀양육 거부 및 포기, 부모의 양육에
대한 지식 부족, 자녀양육 능력 부족, 정서적·심리적 불안, 부모의 사회적 고립,
부부갈등 또는 별거, 이혼, 낮은 경제수준, 무직, 실직 상태와 그로 인한 무력감,
스트레스, 체벌에 대한 사회적 용인, 아동을 소유물로 인식 등이 있다(김현식, 2017).
특히 학대부모의 사회적 고립과 대인관계에 있어서 결함이 있는 부모의 경우 쉽
게 좌절하고 화를 내며 공격적인 유형으로 그들의 좌절함을 표현한다(김영석, 2015).
또 안일한 양육태도는 방임으로 이어지는 경향이 있는데, 주로 맞벌이 가정에서
많이 발생하며 이외 가족의 크기, 자녀수, 가족구조, 이혼가족, 한부모가족, 재혼
가족 등도 가정환경변인에 포함될 수 있다(이슬, 2016).

　　이렇듯 사회심리학적 관점에서는 아동학대의 원인을 가정의 경제적 수준이나
부모의 양육태도 등과 같은 가정환경의 특성으로 설명한다.

　　최근 들어 아동에게 체벌 및 물리적 힘을 사용하는 것을 허용하는 사회적 분
위기와 더불어 아동을 자신의 부모의 소유물로 간주하는 태도에 대하여 우려의
목소리가 점차 제기되고 있다. 부모가 아동을 자신의 소유물로 간주하거나 혹은
아동에게 훈육이라는 명목 아래 자녀를 구타 또는 교육적인 체벌이라 말하는 것
이 결국은 부모들 자신들의 분노를 발산하기 위하여 자녀들을 구타하게 되는 것
이라 보기 때문이다.

라. 생태학적 관점

　　생태학적 접근은 아동학대의 주요한 원인을 앞에서 제시한 정신병리학적 관
점, 발달론적 관점, 사회심리학적 관점 등 3가지 접근을 체계적으로 분석 통합한
것이다. 즉, 아동학대는 부모나 아동의 개인적인 발달적 특성과 가족 및 사회문화
적 환경 특성이 상호작용한 결과라고 본다(김현식, 2017).

　　Belsky에 의하면 생태학적 관점은 아동학대를 사회적, 심리적 현상으로 보았
고 이는 가족차원, 아동차원, 사회공동체적 차원의 영향력에 의해서 결정된다고

개념화하였다(송성자, 1993). 이 관점은 아동학대의 원인을 설명하는 데 여러 관점을 체계적으로 통합하고 있으며, 아동 자신의 개인적 특성은 물론, 아동이 속한 가족 체계, 나아가 사회의 제도나 가치관, 신념과 같은 사회문화적 체계 등 여러 생태학적 체계 간 상호작용 혹은 조건의 결핍에 의해 아동학대가 발생한다고 본다(이슬, 2016). Belsky는 개체발생적 요인, 미시체계, 외부체계, 거시체계의 4요소 간 상호작용을 통해 아동학대가 발생한다고 보았는데(김성준, 2006), 각 요소와 관련된 국내외 연구들을 정리하면 다음과 같다.

표 Ⅲ-3　체계에 따른 국내·외 연구

개체발생적 체계	• 학대가해자의 특성이나 개인적인 과거경험 같은 개체발생적인 요인에 의해 학대가 일어날 수 있음. • 학대 가해자들은 아동기 때 학대 경험이 많으며, 학대 경험이 없는 사람들에 비해 우울증, 조증, 조현병 등 정신병리를 가지고 있을 비율이 높음. • 반면 학대 가해부모의 정신병리로 인해 학대가 발생되어진다는 주장.
미시체계	• 아동학대의 발생에 영향을 주는 아동의 주위환경으로 부부간의 갈등, 가족 내의 권력구조, 부모와 형제자매와의 상호작용, 가족크기 등이 포함.
외부체계	• 직업·이웃·사회적 네트워크 등과 같은 공식적·비공식적 사회구조를 말하며 사회계층, 빈곤, 실업, 지역사회로부터의 고립 등을 말함.
거시체계	• 다른 하위체계에 영향을 주는 체계로 사회제도나 사회의 가치관, 신념, 제약 등을 말한다. • 학대를 유발하는 문화적 가치나 신념체계 등. • 예를 들어, '때려서 키워야 나중에 부모에게 효도한다', '사랑의 매'와 같은 교육의 일환으로 관대하게 받아들여지는 사회적 통념들임.

예컨대, 아동에 대한 신체학대는 가족수준에서 가족의 가치와 아동 양육 상황, 지역사회수준에서는 보건, 복지, 긴급전화, 아동보육프로그램, 하위규범이나 범죄수준, 사회문화적 수준에서는 폭력을 허용하는 분위기나 아동과 가족 등이 아동학대에 영향을 주는 요인이 된다는 것이다(한미현, 2006: 43).

첫째, 가족차원에서 영향력을 미치는 요소는 아동 양육방법, 가족 상호작용의 유형, 경제 수준, 부모의 스트레스와 좌절감 수준, 부모의 병리적 특성, 부모의 교육과 직업수준 등이 있다.

둘째, 아동차원에서는 아동의 개인적 특성인 미숙아, 정신지체아, 미혼모 아동, 장애아, 입양아 등과 공격적 행위, 도벽, 무단결석, 무반응, 고집, 충동성과 같은 문제행동을 말할 수 있다.

셋째, 사회문화적 차원에서 공식·비공식 체계에서의 소외, 부의 실직, 신체적 학대의 용인 및 수용자세, 아동 및 부모의 권리에 대한 태도(아동을 소유물로 인정) 등이 있다(김민경, 2010). 이 관점은 아동학대 문제의 복잡성과 다양한 상호작용적 요인을 통합적으로 설명하는 데 유용하며 아동학대에 대한 개입에도 이러한 생태학적 관점이 장려되고 있다(김현식, 2017). 각 요소와 관련된 국내외 연구들을 정리하면 다음과 같다.

표 Ⅲ-4 개인, 가족, 사회에 따른 국내·외 연구

구분	요인	결과
개인	• 정신장애/과거 학대경험/약물중독/자녀에 대한 비현실적 기대/충동/부모역할에 대한 지식부족 등	• 학대로 인한 사망 • 아동에게 깊은 상처를 줌 • 아동 자신을 무가치하게 느낌 • 아동의 신뢰가 파괴됨
가족	• 빈곤, 실업/사회적지지 체계 부족/원만하지 못한 부부관계/가정폭력/부모·자녀 간 애착부족 등	• 다른 가족의 죄책감, 외상후 스트레스 장애 • 부모의 자녀 양육 기능 저하 • 부모 및 형제와의 다툼 증가 • 가출
사회	• 자녀를 부모의 소유물로 여김 • 체벌의 수용 • 피해아동에 대한 법적인 보호 부재 및 미비 등	• 아동학대의 세대 간 전이 • 학교폭력, 비행, 자살이 증가 • 약물 남용 및 중독 • 성매매 등 각종 범죄가 증가

이렇듯 아동학대의 발생요인은 보는 시각에 따라 다양하게 해석되며 아동학대를 발생시키는 원인과 관련 변인에 관한 이론과 관점 또한 다양하다. 왜냐하면 인간의 동기와 연관된 문화적 차이는 각자의 문화마다 일정한 방향성을 가지고 있으며 각기 문화적 가치 또한 다르다는 점과 아동학대의 원인을 어떤 특정한 요인만을 가지고 설명할 수 없기 때문이다. 게다가 이 요인들은 각각 한계를 가지고 있기에 각각의 관점을 보완하여 아동학대의 현 상황을 이해하고 접근해야 한다.

| 표 Ⅲ-5 | 아동학대의 발생원인과 해결방안 |

원인	사례	해결방안
양육자의 문제· 기본정보부족 및 교육장면	• 유아에 대한 근본적인 인식 부족 • 양육방식에 대한 이해 부족 • 지나친 음식 제공 혹은 조용하게 하기 • 교육적 방임이 생길 가능성이 많음 • 주변에 정보를 제공해주는 사람이 없거나 잘못된 방식으로 양육 • 교육 시 단순히 타인과의 비교를 통하여 아동의 이해력이 부족하다고 지나친 벌을 세울 수 있음 • 다른 아이들에 비하여 늦고 다그치거나 체벌, 정서적 학대가 발생할 수 있음 • 또래관계 문제를 아이에게 책임을 씌워 훈육한다고 학대하게 함 • 사랑의 매, 훈육의 범위에 대한 사고의 차이 등으로 학대가 발생할 가능성이 있음	※ 아이의 신체적 능력 및 생물학적 요구에 대한 적절한 대응책에 관한 사전교육 필요 • 100일 전: 24시간 항상 함께 있기 • 가급적 2세까지: 아이의 요구에 즉각 대응 • 3세 이전: 3시간 이상 떨어지는 것은 장기적으로 후유증을 남길 수 있음 • 2세 이전: TV를 시청하게 하지 말 것 • 엄마의 욕심인지, 아동의 지적 능력 등을 감안하여 적절한 교육 실시 • 심리검사 등을 통해 아동의 능력파악이 우선
양육자의 정서적 문제	• 산후 우울증 • 시댁 혹은 남편과의 스트레스로 인한 정서적 불안, 우울 발생 • 임신 전 정신병적 증상이 있는 경우	• 엄마의 치료가 우선 • 아이를 어떻게 대처해야 하는지에 대한 적절한 판단력 상실 • 아이에게 스트레스를 해소하거나 방임하게 됨 • 다른 보호자의 도움이 절실하게 필요함, 양육자 교체 등을 고려해야 함
부모 아닌 양육자 문제	• 보모들이 귀찮아하고 돌보기 싫어 방임하는 경우가 많음 • 보모의 정서적·경제적 문제 등	• CCTV 혹은 아이의 사소한 변화에도 부모가 민감하게 반응해야 함
아동의 문제	• 반항적, 충동적, 말을 듣지 않는 아이 • 밤에 잠을 못 자거나 너무 예민한 아이 • 기질이 너무 예민한 경우 • 거짓말을 하는 아이	• 전문가에게 도움을 요청 • 부모가 지치고 피곤하여 방치하거나 반사적으로 때릴 수 있음 • 전문가와 상의 • 전문가와 상의하여 그 이유를 밝혀야 함

2. 아동학대의 후유증

    피해아동의 특성을 장애, 정서·정신건강, 적응·행동, 발달·신체건강, 특성 없음 및 기타항목으로 구분하였으며, 해당되는 경우에 중복적으로 응답하였다. 〈표 Ⅲ-6〉에 나타난 피해아동의 특성의 대부분이 아동학대의 행동적 징후에 속하고 있는 만큼 아동이 이러한 특성을 가지고 있을 경우 주의 깊게 살필 필요성이 있다.

표 Ⅲ-6	피해아동 특성		(단위: 건, %)
특성		건수	비율
장애	신체적 장애	205	0.6
	정신적 장애	534	1.5
	장애의심	510	1.5
	소계	1,249	3.6
정서·정신건강	주의산만	1,550	4.4
	과잉행동	792	2.3
	인터넷(게임)중독	469	1.3
	불안	2,593	7.4
	애착문제	777	2.2
	무력감	685	2.0
	우울	1,084	3.1
	낮은 자아존중감	813	2.3
	성격 및 기질 문제	797	2.3
	탐식 및 결식	254	0.7
	소계	9,814	28.1
적응·행동	반항·충동·공격성	1,814	5.2
	거짓말	1,320	3.8
	도벽	862	2.5
	가출	852	2.4

	약물·흡연·음주	1,138	3.3
	성문제	313	0.9
	학교 부적응	1,077	3.1
	잦은 결석, 무단결과	733	2.1
	늦은 귀가	849	2.4
	학습문제	863	2.5
	폭력행동	567	1.6
	비행집단활동	297	0.9
	불건전한 또래 관계	399	1.1
	대인관계 기피	250	0.7
	소계	11,334	32.5
발달·신체건강	신체발달지연	315	0.9
	언어문제	974	2.8
	영양결핍	145	0.4
	대소변문제	191	0.5
	위생문제	1,050	3.0
	틱(음성·신체·뚜렛)	105	0.3
	잦은 병치레, 허약	185	0.5
	주요병력	454	1.3
	소계	3,419	9.8
특성 없음		7,732	22.2
기타		1,340	3.8
계		34,888	100.0

※ 중복 포함.
출처: 2016 전국아동학대 현황보고서.

　　피해아동의 주된 특성은 반항·충동·공격성, 거짓말, 도벽 등과 같은 적응·
행동으로 전체의 32.5%에 해당하는 11,334건이었다. 다음으로는 정서·정신건강
이 9,814건(28.1%), 특성 없음이 7,732건(22.2%), 발달·신체건강이 3,419건(9.8%),
장애가 1,249건(3.6%), 기타가 1,340건(3.8%)이었다. 여기서 피해아동에게 뚜렷한
특성이 없는 경우가 전체의 22.2%를 차지하는데, 이는 아동의 특성이 없는 상황
에서도 학대가 일어날 수 있음을 알 수 있다.

항목별로 세부적으로 살펴보면, 적응·행동 중에서는 반항·충동·공격성이 1,814건(5.2%)으로 가장 많은 비중을 차지하였고, 그 다음은 거짓말 1,320건(3.8%), 약물·흡연·음주가 1,138건(3.3%), 학교부적응이 1.077건(3.1%)으로 나타났다. 정서·정신건강 중에서는 불안이 2,593건(7.4%)으로 가장 높았으며, 주의산만이 1,550건(4.4%), 우울이 1,084건(3.1%) 순으로 높게 나타났다. 발달·신체건강 중에서는 위생문제가 1,050건(3.0%)으로 가장 높게 집계되었는데 이는 대체로 학대행위자가 행한 방임의 결과 중 하나로 볼 수 있다. 장애의 경우, 15가지의 장애 유형을 신체 및 정신적 장애로 나누었으며 그 외에 공식적인 장애 진단을 받지는 않았으나 아동이 장애가 의심되는 경우 또한 분류하여 살펴보았다. 정신적 장애가 534건(1,5%)로 가장 높았으며, 장애가 의심되는 경우가 510건(1.5%), 신체적 장애가 205건(0.6%) 순으로 나타났다.

이러한 피해아동의 특성을 학대유발요인을 볼 수 있지만, 이는 학대로 인한 후유증의 결과로도 볼 수 있다.

 그림 Ⅲ-1   피해아동 특성

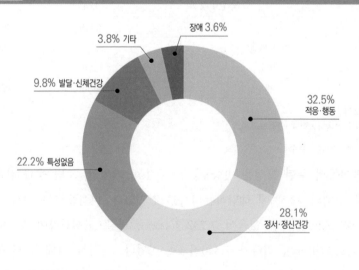

장애 3.6%
3.8% 기타
9.8% 발달·신체건강
22.2% 특성없음
32.5% 적응·행동
28.1% 정서·정신건강

출처: 2016 전국아동학대 현황보고서.

따라서 피해아동의 위험요인 감소를 위해 피해아동의 다양한 특성을 고려한 상담 및 심리치료, 의료적 지원 등 전문적이고 종합적인 서비스가 제공되어야 한다.

가. 아동학대의 후유증

아동학대는 다양한 후유증이나 문제들을 초래하는 경우가 많으며, 단순 골절이나 타박상뿐만 아니라 심할 경우에는 사망, 뇌손상, 영구적 장애 등 치명적인 손상을 가져올 수 있다. 또한 학대를 받은 아동들은 각종 사회문제들과 연루되는 경향이 많은데 이는 학대받은 아동의 부정적인 심리적 반응이 공격성이나 반사회적 행동으로 진행될 수 있다는 점에서 문제의 심각성이 있다고 하겠다(한명숙, 2003). 신체학대의 경우에는 단 한 번의 학대에 의해 목숨까지 잃을 수 있다. 또 성적학대, 정서학대, 방임의 경우는 학대의 결과가 즉시 나타나지 않을 수 있지만 학대로 인한 누적 효과는 신체 학대 못지않게 미치는 영향력이 매우 크다. 몸에 난 상처는 짧은 시간에 치유될 수 있으나, 마음에 입은 상처는 오랜 기간 동안 아동의 전반적인 삶에 심한 영향을 미치는 것이다.

구체적으로 아동학대 후유증에 대해 살펴보면 다음과 같다.

1) 신체적 학대를 받은 후유증

- 아동학대의 결과는 단순한 타박상, 골절 등에 그치지 않고 정상적인 생활을 유지할 수 없을 정도의 심각한 후유증을 남기기도 한다.
- 심리적으로 집에 들어가기 싫어하고 살기가 싫다고 한다.
- 화가 나서 물건을 부수거나 누군가를 때려주고 싶은 욕구가 솟구친다.
- 등교거부, 학습부진 등의 행동 장애를 보이기도 한다.
- 두통, 식욕부진, 호흡곤란, 말더듬 등이 나타난다.
- 더 나아가 심할 경우에는 우울증, 자살행동 및 공포 증상을 보이기도 한다.
- 신체학대 후유증은 신체발달 저하는 물론 낮은 자아존중감과 대인관계에서 부적응 행동이나 고립 등으로 사회에서 잠재적 위험구능로 분류될 가능성이 높다(오현주, 2006).

2) 정신적으로 학대를 받은 후유증

- 낮은 자존감, 발달지체, 자살행동 등을 보이기도 한다.
- 도덕발달의 결함을 보이거나 수동적이면서도 공격적이고 도전적인 행동을 보인다.
- 언제나 생활할 때에 거의 웃지 아니하며 놀지도 않고 깊이 잠들지도 못하는 경우가 발생한다.
- 다른 사람들에게 깊은 관심을 끌려고 하며 항상 뭔가 더 필요하고 부족하다고 느낌을 보이는 경우가 많이 발생한다.

3) 성적 학대를 받은 후유증

- 성적학대는 아동학대의 여러 유형들 중 가장 심각한 정신적 후유증을 남기게 된다는 점에서 매우 심각한 후유증을 유발한다.
- 특히, 신체적 상해 외에 심한 정신적 충격과 함께 지나친 성적인 자극을 아동에게 주게 되어 다양한 정신적 문제를 우발한다.
- 성적학대로 인한 후유증은 시간 경과에 따라 달라지며, 학대지속기간, 만성화정도, 학대 당시의 연령, 학대 이후 주변의 반응(특히 가족의 태도) 학대의 심각성 및 폭력성 등 여러 가지 요소에 의해 그 정도가 달라진다.
- 성적학대 지속기간 및 만성화 정도에 따른 후유증으로 무기력, 대인기피증, 해리 증상이 주로 나타나며 일회성으로 끝나는 경우 과도한 놀람 반응과 불안 등의 증상이 나타난다.

4) 방임 학대를 받은 후유증

- 영양불량 상태로 신체가 허약하며 몸이나 옷이 더럽고 머리 모양이 단정치 못하고 계절이나 날씨에 맞지 않은 옷을 입고 다닌다.
- 언제나 불안하고 안정적인 삶을 살지 못하며 대인기피 현상이 자주 나타난다. 상처를 치료하지 않은 채 등교하기도 한다. 지각을 자주 하며 아무 연락 없이 결석을 하며 준비물 등을 자주 가져오지 않고 방과 후에도 집으로 가지 않고 서성거린다.

5) 피해아동 연령에 따른 후유증 양상

- 5세 이하의 아동: 분리불안, 수면장애, 비현실적 두려움, 제한된 감정 표현, 자위행위, 배변훈련 불가능 등의 증상이 주로 나타난다.
- 학령기 아동: 사건과 관련된 이야기나 놀이를 많이 하거나 신체적 안전에 대한 지나친 염려, 공격적 행동, 지나치게 예민하고 타인에 대한 의심 증가, 집중력이나 기억력의 어려움 호소, 우울감, 기분의 변화, 등교거부 등의 증상을 주로 보이게 된다.

• 사춘기 청소년: 어른과 증상이 유사해지면서 사회적 고립, 우울증, 신체화증상 등이 주로 나타나거나 반항적 행동, 비행, 약물 남용들과 같은 문제를 일으키기도 한다.

나. 학대받은 아동의 특징

국내외의 많은 연구들이 가정이나 학교에서 일어나는 아동학대의 부정적 결과에 대하여 밝히고 있다. 학대가 아동에게 다양한 악영향을 끼치며 비슷한 수준의 학대와 외상을 경험하여도 개인에 따라 미치는 영향도 다르다. 또한 학대받은 아동은 스스로를 무력하고 나쁜 아이로 인식하며, 타인으로부터 사랑받을 가치가 없는 사람으로 생각할 수 있으며(노충래 역, 2002), 인지나 신념을 비롯하여 그릇된 대처행동으로 인해 자살과 자해행동으로 이어질 위험이 있다.

1) 인지적·언어적 발달의 장애

• 학대받은 아동들 중에서 정상적인 아동들에 비해 지적인 능력이 뒤처지는 경향.
• 학습장애를 보이는 정도가 나이가 들수록 점진적으로 심해지는 사례.
• 정서적 학대와 방임을 당한 아동의 경우에 지적발달에 지장을 보이는 경우.
• 학대받은 아동은 언어의 지체를 보이는 경우.
• 바로 지금 여기를 벗어난 상황과 경험에 대해 표현하거나 자신의 내면상태에 대하여 생각과 감정을 살펴 이야기하는 면에서 다른 아동들보다 많은 어려움을 나타내는 경향이 있다.

2) 정서적 발달의 장애

• 아동을 학대하는 장본인이 바로 그 아동을 보호하고 사랑해야 하는 존재임에도 그들로 인해 학대받은 아동은 불안정하고 혼란스러운 애착 관계를 이루게 될 가능성이 매우 높다.
• 아동에게 중요한 성인과의 이러한 불안정한 관계는 그 자체로서도 아동에

게 매우 해롭지만 다른 중요한 관계에도 악영향을 미친다.
- 불안, 우울, 외상 후 불안장애, 알코올 및 약물남용, 각종 정신과적 질환등도 아동학대의 결과로 보고되고 있다.

3) 행동상의 문제

- 학대받은 아동은 행동상의 문제를 나타낸다고 부모나 교사에게 인식되는 경우가 학대받지 않은 아동보다 훨씬 많다.
- 부모나 교사가 아동을 학대하는 행동을 합리화하기 위한 하나의 방편 구실을 할 수도 있지만, 객관적인 관찰의 결과도 학대받은 아동이 신체적인 공격행동이나 언어적 폭력 등의 문제를 더 많이 나타낸다.
- 신체적 학대와 언어적 학대를 많이 경험한 아동일수록 공격성과 과잉활동이 증가한다.
- 신체적 체벌을 많이 경험할수록 비행 경험이 더 많은 것으로 보고되고 있다.
- 매를 맞고 자란 학생이 폭력학생이 되고 폭력학생을 체벌로 다스리면 이는 또 다른 학생 폭력을 증가시킬 수 있다.
- 억압받고 학대받으면서 자란 성인이 나중에 아동을 학대하는 비율이 높은 것도 폭력의 악순환을 말해준다.

4) 자아기능 손실

- 가장 흔하며 전반적인 자아기능의 손상을 보인다.
- 과잉운동, 충동성을 보이고 언어발달의 장애가 온다.
- 발달 지연과 중추신경계 장애, 정신지체 등을 보인다.

5) 급성 불안 반응

- 신체적, 심리적 충격으로 소명 또는 유기당할 위험을 느낀다.
- 심한 공항상태에 빠지며 충격 상황을 이야기하는 것만으로도 불안상태가 온다.

- 치료 시에도 나쁜 아이의 역할을 하고 벌을 받으려 한다.
- 충격에 대한 고착은 일종의 방어로서 능동적으로 고통스런 감정과 재현하여 지배하려는 노력으로 평가된다.

6) 충동조절 능력상실

- 집, 학교에서 공격적, 파괴적 행동을 보이게 된다.
- 어린 아동은 불안정하고 과잉 운동을 보이나 사춘기에 접어든 아동이나 청소년은 반사회적 행동 및 비행을 보인다.
- 폭력부모와 동일화하여 과도한 공격적 행동을 나타내는 것은 아주 전형적인 현상이다.

7) 자아개념의 손상

- 슬프고 낙심하여 모욕을 느낀다.
- 부모가 그랬듯이 자신을 싫어한다.
- 자신을 경멸하며 실제로는 그렇지 않은데도 자신의 잘못이라고 생각한다.
- 과대망상이나 전지전능의 공상으로 위장하기도 한다.

8) 자학적·파괴적 행동

- 자살 기도나 위협 그리고 여러 형태의 자학행위가 흔히 나타난다.
- 40%가 직접적 형태로 자기파괴 행동을 하는데 이는 폭력 이후 부모와 떨어지거나 그 위협을 받음으로써 유발된다.
- 아동이 파괴되거나 사라지기를 바라는 부모의 소원에 순응하는 것이다.
- 인지발달 장애로 대상의 항상성이 결여되어 부모와 떨어지는 것이 어렵다.

9) 학교 적응의 어려움

- 집중력장애, 과잉운동, 인지손상 등으로 학업성취가 어렵다.
- 공격적인 행동이나 학습부진으로 학교에 불려가고 그러고 나면 더욱 학대

받게 된다.

- 부모에 대한 분노가 선생님에게 옮겨가 수업중의 처벌로 나타나 악순환이
  되기도 한다.

3. 아동학대 피해학생을 위한 학교의 역할

표 Ⅲ-7   아동학대 피해학생에 대한 학교의 대응 절차

대응 절차	학교의 역할
평상시	• 매일 학생의 건강과 안전을 확인 • 보호자 동의서(무단결석 시 가정방문)를 사전에 받아둠(유치원의 경우)
징후 발견	• 아동학대 징후 체크리스트를 활용하여 신고여부 판단 • 아동학대 의심 여부에 대해 아동보호전문기관과 상담
응급상황 시	• 위험 상황으로부터 아동 분리 • 긴박한 상황인 경우 학생을 병원에 데려간 이후 신고
아동학대 신고 ☎ 112	• 신고 후 학대 증거 확보 및 신고내용 비밀 엄수
현장 조사	• 학생조사 시 학교 내 독립된 장소 제공 협조 • 피해학생에 관한 관련자료 제공 등 조사 협조
조치 결정	• 피해학생의 학적 처리 협조 • 가해자로부터 피해자의 신변보호와 비밀 보장 • 신고 전과 후, 동일한 태도로 피해학생을 대해야 함 • 피해학생에 대한 지속적 관찰을 통해 상태 확인 • 다른 학생에게 관련 사실에 대한 비밀 보장
사후 관리	• 피해학생 및 신고자에 대한 비밀 엄수 • 피해아동에 대한 재 학대 여부 지속 관찰 • 의심스러운 상황 시 신속하게 아동보호전문기관에 연락 • 피해아동에 대한 상담 보호 심리 치료 지원

가. 피해학생 보호를 위한 비밀엄수

- 피해아동의 교육 또는 보육을 담당하는 학교의 교직원 또는 보육교직원은 정당한 사유가 없으면 해당 아동의 취학, 진학, 전학 또는 입소(그 변경을 포함한다)의 사실을 아동학대행위자인 친권자를 포함하여 누구에게든지 누설하여서는 아니된다.

  (아동학대범죄 등에 관한 특례법 제35조 제3항)

- 비밀엄수의무를 위반한 교직원은 3년 이하의 징역이나 5년 이하의 자격정지 또는 3천만원이하의 벌금에 처한다.

  (아동학대범죄 등에 관한 특례법 제62조 제1항)

- 공공기관이 보유·관리하는 정보는 공개대상이 된다. 다만, 다음의 정보는 공개하지 아니할수 있다.

1. 다른 법률 또는 법률에서 위임한 명령에 따라 비밀이나 비공개 사항으로 규정된 정보
2. 공개될 경우 국민의 생명·신체 및 재산의 보호에 현저한 지장을 초래할 우려가 있다고 인정되는 정보

  (공공기관의 정보공개에 관한 법률 제9조 제1항 제1호 및 제3호)

- 교직원은 피해아동의 신변보호 및 재학대 방지를 위해 비밀엄수
- 직무상 알게 된 비밀을 누설할 경우 형사처벌을 받을 수 있음
- 학교와 교육(지원)청은 피해아동에 관한 일체 자료를 비공개로 처리
- ※ 특히, 아동학대행위자가 부모인 경우('15. 79.8%)가 대부분이므로 친권자라도 피해아동의 취학관련 사실을 알리지 않도록 유의해야 함

- 자녀에게 성폭력과 협박 등 폭력을 행사하는 가해자(아버지)가 자녀가 다녔던 전 학교를 찾아가 자신이 보호자라며 관련 서류를 제시하여 비밀전학 간 초등학교를 알아낸 후, 배정받은 중학교를 알아내어 찾아왔다. 당시 해당 학생의 어머니는 남편을 자녀에 대한 폭력으로 고소한 상황이었는데 가해자인 아버지가 쉼터까지 알아내어 찾아와서 쉼터 입소자 모두가 불안에 떨어야 했으며, 입소자 모두가 다른 곳으로 피신해야 했다.

  - 중앙아동보호전문기관 -

나. 피해학생의 취학 지원 및 학적 처리

■ 피해학생 비밀전학

① 국가와 지방자치단체의 장은 교육감, 교육장 또는 「초·중등교육법」 제2조 각 호의 학교에 재학 중인 피해아동 및 피해아동의 가족이 주소지 외의 지역에서 취학(입학·재입학·전학·편입학을 포함한다.)할 필요가 있을 때에는 그 취학이 원활하게 이루어질 수 있도록 지원하여야 한다.
② 제1항에 따라 요청을 받은 교육감, 교육장 또는 「초·중등교육법」 제2조에 따른 학교의 장은 피해아동 및 그 가족이 보호받고 있는 거주지 근처의 학교에 우선적으로 취학할 수 있도록 고려하여야 한다.

(아동복지법 시행령 제26조의3)

▸ **비밀전학의 요청**
- 아동보호전문기관장 등 전문기관이 피해학생을 학대행위자로부터 보호하기 위해 해당학교에 비밀전학을 요청하면 학교는 적극 협조해야 한다.

▸ **비밀전학 협조 방법**
- 아동학대 피해학생이 주소지외 지역에 취학(입학, 재입학 및 편입학 포함)할 경우 우선적으로 취학을 지원한다.
- 학교와 교육(지원)청은 피해학생 및 그 가족이 전학한 학교명 등 취학관련 일체 자료를 비공개로 처리하여야 한다.
- 아동학대행위자가 정보제공을 요청할 경우, 그 사실을 즉시 피해아동 및 아동보호전문기관에 통보하여야 한다.

▸ **학교급에 따른 비밀전학(초·중등교육법 시행령 제21조, 제73조, 제89조)**
- 초등학교의 장은 학대의 피해로 인해 학생의 교육환경을 바꾸어 줄 필요가 있다고 인정하는 때에는 학생 보호자 1인의 동의를 얻어 교육장에게 해당 학생의 전학을 추천할 수 있으며, 교육장은 전학할 학교를 지정하여 전학할 수 있다.
- 보호자 동의를 얻어 전학시키는 것이 곤란하다고 인정하는 경우, 학교 의무

교육관리위원회 심의를 거쳐 교육장에게 해당학생의 전학을 추천한다.
- 중(고등)학교의 장은 학생의 교육상 교육환경을 바꾸어 줄 필요가 있다고 인정하여 다른 학교로 전학, 재취학 또는 편입학할 수 있도록 추천할 수 있으며, 이 경우 교육장(감)은 학교를 지정하여 배정할 수 있다.

- 서울 지역 중학교에서 비밀전학 제도에 대한 이해부족으로 폭력피해학생을 받을 수 없다고 인근지역 4군데 학교에서 거절하였다.
- 피해사실확인서를 첨부하여 비공개전학을 요청하였으나 해당학교에서 친권자인 아버지 동의서와 가족관계증명서를 직접 가지고 오라고 요구하여 피해학생과 어머니가 매우 불안해하였다.

- 중앙아동보호전문기관 -

■ 위탁교육
▸ 피해학생의 위탁교육
- 피해학생을 관련기관에서 일시보호하는 기간이 장기화되면, 피해학생의 학습권을 보장해 주기 위해 위탁교육(학교 간 교류학습)을 할 수 있다.
- 위탁교육은 전학 없이 피해학생의 현 거주지 근처 학교로 등교하고, 학적이 등록되어 있는(원 거주지 소재) 학교에서 출석을 인정받는 것이다.

▸ 위탁교육 협조 방법
- 전문기관에서 학적이 등록된 학교와 학교 간 교류학습(위탁 교육)을 실시할 학교로 협조요청 공문을 발송하면 관련 학교장과 상호 협의하여 승인한다.
- 위탁교육의 기간은 각 시·도 및 시·군·구의 학교 간 교류 학습 운영 계획을 통해 확인 가능하며, 대개 1개월 이내이다.
- 위탁교육 기간 연장 여부에 대해서는 해당 담당자와 상의 및 협조할 수 있다.

■ 피해학생의 학적처리(출석인정)
▸ 관련근거
- 아동복지법 제 45조, 46조(아동보호전문기관의 설치 및 업무)

- 학교생활기록 작성 및 관리 지침(교육부 훈령 제169호) [별지 8] 출결상황 관리
  - 기타 부득이한 사유로 출석하지 못한 경우 출석으로 처리한다.
- ‣ 학교에서 학적처리(출석인정) 협조방법
- 피해학생을 아동보호전문기관에서 보호하고 있는 경우, 아동보호전문기관
  에서 해당학교에 출석인정을 위한 협조 공문을 보내면 해당학교에서는 피
  해학생이 불이익을 받지 않도록 적극 협조해야 한다.

Ⅳ 아동학대와 두뇌의 관계

1. 아동학대와 두뇌의 관계

가. 아동학대로 인한 두뇌의 변화

1) 간질 증상 발생

가) 측두엽 간질 증상 수치 증가

일반적으로 측두엽 간질 증상은 무의식 상태에서 입 주위를 핥거나 손을 가만히 두지 못하고 무언가를 더듬거나 헛손질을 하는 경우가 많다. 또한, 전조 증상으로 발작이 있었다는 것을 지각할 수 있으나 발작의 내용은 전혀 기억하지 못하는 경우가 많다. 이러한 측두엽 간질 증상은 해마와 편도체 기능 장애로 인해 일어난다(De Lanerolle, 1989). 이러한 측두엽 간질 증상이 아동학대 경험이 있는 사람에게 자주 나타난다는 점에 주목하여 Teicher 등(1993)은 아동학대 경험과 변연계의 기능 장애의 관계를 밝히기 위해 아동학대 경험이 있는 사람과 아동학대 경험이 없는 사람을 대상으로 측두엽 간질 증상의 수치를 측정한 결과, 신체적 학대와 성적 학대를 경험한 사람은 아동학대 경험이 전혀 없는 사람에 비해 평균

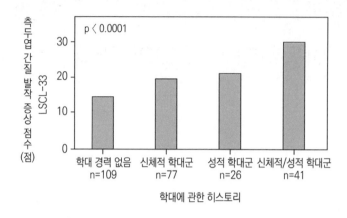

그림 Ⅳ-1 아동학대 경험과 측두엽 간질 발작 증상 수치의 관계

113%나 높게 나타났다. 따라서, 신체적 학대와 성적 학대를 경험한 사람은 아동학대 경험이 전혀 없는 사람보다 변연계의 장애 정도가 크다는 것을 간접적으로 알 수 있다.

나) 가성간질 증상 발생 빈도 증가

성적 학대는 주위 관심이나 돌봄에 대한 의식적이거나 무의식적인 욕망에 의해 발생하는 가성간질 증상을 유발할 수 있다(Betts, Boden, 1992). 이는 가성간질로 확정받은 사람 중에서 약 88%가 트라우마 증상이 있고 성적 학대 경험이 있는 사람은 77%, 신체적 학대 경험이 있는 사람은 70%를 차지한다는 연구 결과(Bowman, 1993)에서도 뒷받침하고 있다. 이러한 결과를 통해서 아동학대 경험은 가성간질을 일으키는 중요한 위험 요인이라는 것을 알 수 있다.

2) 변연계의 형태적 변화

가) 해마 크기 축소

아동학대 경험이 있는 사람의 좌뇌 해마는 아동학대 경험이 없는 사람에 비해 평균 12% 정도 작은 것으로 나타났으며 아동학대 기간과 해마의 크기는 반비

례하는 것으로 나타났다(Bremner et al, 1997). 또한, 성적 학대로 인해 외상 후 스트레스 장애(PTSD)나 해리성 정체성 장애(DID) 증상을 보이는 사람은 우뇌의 해마는 정상인데 반해, 좌뇌의 해마가 이상이 있는 것으로 나타났다(Stein et al, 1997). 이 외에도 아동학대 경험이 있는 성인 여성들의 해마 크기는 정상보다 16% 작은 것으로 나타났다(Driessen et al, 2000). 특히, 아동학대 경험이 있는 사람을 대상으로 고통스러운 기억을 재생하게 하여 PET(positron emission tomography)를 촬영한 결과, 좌뇌의 해마 혈류량이 극도로 떨어지는 것으로 나타났다(Bremner et al, 2003). 이러한 결과를 통해서 아동학대 경험이 있는 사람은 좌뇌 해마의 크기가 작은 것으로 보아 아동학대 경험이 없는 사람에 비해 기억력이 낮다는 것을 알 수 있다. 이는 성적 학대 경험이 있는 대학생의 기억 평가 척도(MAS)를 측정한 결과, 성적 학대 경험이 없는 대학생보다 시각기억력(visual memory)이 낮다고 보고한 연구 결과(Teicher et al, 2004)에서도 뒷받침할 수 있다.

나) 편도체 크기 축소

편도체는 인간의 감정을 조절하고, 공포에 대한 학습 및 기억에 중요한 역할(LeDoux, 2000)을 하는 것은 물론, 마주하는 상대가 자신에게 유리한지와 불리한지 또는 좋은지 싫은지를 판단하는 중추(Tomoda, 2012)라고 할 수 있다. 특히, 아동학대 경험이 있는 성인 여성의 편도체 크기는 아동학대 경험이 없는 성인 여성에 비해, 8% 정도 작은 것으로 나타났다(Driessen et al, 2000).

지금까지 살펴본 바와 같이, 편도체 및 해마는 얼굴 표정을 통해서 타인의 감정을 알아챌 수 있을 뿐만 아니라, 자신의 정서를 조절하는 능력과 매우 밀접하게 관련되어 있다(Ochsner & Gross, 2007; Goleman, 2006). 이러한 변연계의 편도체 및 해마 기능 이상으로 인해 타인에 대한 정서 인지 능력 및 자신의 정서 조절 능력의 저하를 가져올 수 있다. 따라서, 아동학대 경험은 하나의 방아쇠가 되어 변연계의 이상 증상이 나타날 수 있다(Tomoda, 2012).

3) 전두엽의 변화

가) 전두엽의 형태적 변화

일반적으로 전두엽은 들어오는 모든 정보에 대해서 종합적으로 판단하고 의사결정을 내리는 역할을 하기 때문에(조주연, 1998), 변연계에서 일어난 부정적인 감정은 전두엽을 통해서 억제하고 통제할 수 있다. 그러나 가정폭력 피해 여성은 전두엽 손상으로 인해 학대관계를 유지하거나 학대관계를 벗어나기 위해 선택할 경우 합리적인 의사결정을 하지 못한다(Fennema – Notestine et al, 2002). 또한, 가정폭력 피해 경험이 있는 여성은 가정폭력 피해 경험이 없는 여성에 비해, 전두엽과 관련된 작업기억이나 실행기능이 현저하게 저조해 두뇌의 인지적 손상이 나타났다(Aupperle et al, 2012; Seedat et al, 2005; Campell, 2002), 이 외에도 어린 시절 성적 학대를 경험한 사람을 대상으로 작업 기억을 분석한 결과, 학대 기간과 기억력 장애에 밀접한 관련이 있는 것으로 보아 성적 학대 경험자의 정보처리능력이나 인지 능력도 낮은 것으로 나타났다(Navalta et al, 2006; Tomoda, 2012).

나) 전두엽과 변연계의 정보 교환 이상

인간의 뇌는 대뇌피질 – 변연계 – 뇌간 등이 서로 연계된 삼위일체 뇌로서 작용할 때 정상적인 뇌의 활동이 일어나 긍정적인 정서 및 감정을 유도할 수 있다(MacLean, 1990). 즉, 변연계에서 일어난 부정적인 감정은 전두엽을 통해서 억제하고 통제할 수 있다. 그러나, 전두엽과 변연계의 원활하지 못한 정보교환으로 인해 감정을 제대로 조절하지 못할 수 있다(Davidson et al, 2000).

대표적인 사례로서, 가정폭력 피해 여성들은 가정폭력 경험이 없는 여성에 비해 부정적인 사진 자극을 예측할 때 편도체 활성화가 증가한 반면에, 전두엽 활성화는 감소한 것으로 나타났다(Aupperle et al, 2012). 또한, 가정폭력을 경험하고 외상후 스트레스 장애(PTSD)로 진단받은 사람은 가정폭력을 경험하지 않은 사람에 비해 편도체의 활성화가 증가하였고, 전측 뇌섬과, 편도체, 전측 대상 피질 간의 연결성이 감소한 것으로 나타났다(Fonzo et al, 2010). 이는 심한 정신적 외상 경험이 편도체 반응을 증가시키고 환경으로부터 반응을 조절하는 데 관여하는 전두엽이 편도체의 반응을 억제시키지 못한다고 보고한 Ganzel 등(2008)의 연구 결과와 일맥상통한다. 따라서, 아동학대 경험을 받은 사람도 심한 정신적 외상 경험을 받은 사람과 유사하게 편도체의 활성화가 높은 반면에, 전두엽의 활성화는 낮다고 예측할 수 있다.

4) 좌뇌와 우뇌의 불균형

가) 좌뇌의 발달 지체

좌뇌는 순차적, 논리적, 분석적 사고의 특징을 가지는 반면에, 우뇌는 종합적, 전체적, 직관적 사고의 특징을 가진다. 인간의 신체와 두뇌는 반대로 발달하기 때문에, 오른손잡이는 좌뇌가 발달하는 반면에, 왼손잡이는 우뇌가 발달한다. 그러나, 신체적 학대나 성적 학대를 경험한 사람은 실험 대상 전원이 오른손잡이였음에도 불구하고, 신체적 학대나 성적 학대 경험이 없는 사람에 비해 우뇌가 좌뇌보다 상대적으로 크고 좌뇌가 비정상적으로 늦게 발달한 것으로 나타났다(Tomoda, 2012).

나) 우뇌의 비정상적 활성화

우측 전두엽이 활성화되면 부정적인 성향이 강한 반면, 좌측 전두엽이 활성화되면 긍정적인 성향이 강하다(Henriques & Davidson, 1991; 정철우, 2014; 임현순, 2011). 아동학대 경험이 있는 사람을 대상으로 즐겁지도 우울하지도 않은 중립적인 기억을 재생했을 경우와 어린 시절 아동학대 경험의 괴롭고 싫은 기억을 재생했을 경우 fMRI를 촬영한 결과, 중립적 기억을 재생하였을 경우에는 좌뇌가 활성화된 반면에, 괴롭고 싫은 기억을 재생하였을 경우에는 우뇌가 활성되었다(Teicher, 1995). 따라서, 아동학대 경험이 있는 사람은 좌뇌보다 우뇌가 비정상적으로 활성화되기 때문에, 부정적인 기억을 저장하고 인출한다는 것을 알 수 있다.

다) 뇌량의 크기 감소

좌뇌와 우뇌는 뇌량을 통해서 각 반구에서 받아들인 정보를 서로 교환함으로써 통합적인 뇌를 형성하고 전뇌(全腦)교육을 실시할 수 있다(김순화·송기상, 2011; 백중열, 2001). 따라서, 뇌량이 제대로 발달하지 못하거나 활성화되지 않을 경우에는 이성적인 좌뇌와 감성적인 우뇌가 균형 있게 발달하지 못할 수 있다. 아동학대를 경험한 사람의 뇌량을 분석한 결과, 뇌량의 중앙부가 아동학대를 경험하지 않은 사람에 비해 상대적으로 작은 것으로 나타났고 아동학대 유형 중에서도 남자는 방임이 뇌량의 크기 감소에 영향을 주는 반면에, 여자는 성적 학대가 뇌량 크기 감소에 영향을 주는 것으로 나타났다(Teicher et al, 2004).

표 IV-1   학대 및 방임 유무에 따른 아동학대 남자들의 뇌량 크기 비교

뇌량의 부의	학대/방임군	정신질환+비학대군	대조군	차이
1. 뇌량부리	0.306	0.109	0.128	0.1000
2. 뇌량무릎	0.761	0.900	0.864	0.1300
3. 뇌량부리체	0.463	0.615	0.606	0.0020
4. 뇌량 앞 가운데 동통	0.361	0.486	0.523	0.0001
5 뇌량 뒤 가운데 동통	0.331	0.416	0.429	0.0055
6. 뇌량협부	0.889	1.100	1.152	0.0043
7. 뇌량팽대부	0.403	0.466	0.496	0.0545
인원수	13	13	61	

표 IV-2   아동학대 유형에 따른 아동학대 남자들의 뇌량 크기 비교

뇌량의 부위	학대/방임군	성학대군	방임군	연령	PTSD
1. 뇌량부리	–	–	-41.7%	7.4	–
2. 뇌량무릎	–	–	-29.2%	–	–
3. 뇌량부리체	–	–	-33.2%		
4. 뇌량 앞 가운데 동통	-9.6%	–	-30.7%	–	–
5 뇌량 뒤 가운데 동통	–	–	-40.2%	1.5%	–
6. 뇌량협부	–	–	-45.7%		
7. 뇌량팽대부	–	-18.3%	-24.2%	–	–

5) 소뇌의 변화

가) 소뇌의 충부 이상

소뇌는 감각 인지의 통합과 운동근육의 조절에서 중요한 역할을 수행할 뿐만 아니라, 주의, 언어와 같은 인지 기능과 두려움 조절, 쾌락 반응 등에 관련되어 있다. 특히, 소뇌의 충부(중앙부)는 변연계의 전기적 활성을 조정하는 것을 돕기 때문에, 해마나 편도체의 발작을 억제할 수 있다(Tomoda, 2012). 이는 봉제원숭이를 엄마로 여기며 성장한 새끼 원숭이와 진짜 어미 원숭이에게 양육된 새끼 원숭이의 소뇌 중앙부를 비교한 연구(Heath, 1973)에서 뒷받침하고 있다. 즉, 봉제원숭이를 엄마로 여기고 양육된 원숭이는 소뇌의 실정핵이 이상이 있는 것으로 보아, 아동학대가 소뇌의 충부 이상을 초래한다는 것을 알 수 있다.

나) 소뇌 충부의 혈류량 감소

일반적으로 두뇌가 휴식하고 있을 경우에는 두뇌 영역의 신경활동과 그 활동을 지속시키기 위해 받아들이는 뇌 혈류의 사이에 적당한 균형이 존재한다(Tomoda, 2012). 어릴 때 성적 학대를 경험한 사람은 소뇌의 충부 혈류량이 감소한 것으로 나타났고 변연계 이상으로 발생하는 측두엽 간질 증상 수치가 높게 나타났다(Anderson, et al, 2002). 따라서, 소뇌의 충부 혈류량이 감소한 것으로 보아 소뇌의 기능을 제대로 하지 못할 뿐만 아니라, 변연계도 제대로 조절하지 못한다는 것을 알 수 있다.

6) 뇌파 이상

가) 뇌파 동시성(EEG Coherence) 증가

뇌파 동시성은 배선이나 회로를 명확히 하여 뇌의 미세한 구조를 조사할 수 있기 때문에, 대뇌피질에 있는 신경회로망에서의 신호 전달의 정도를 수치화할 수 있다(Tomoda, 2012). 신체적 학대나 성적 학대 경험이 있는 사람은 신체적 학대나 성적 학대 경험이 없는 사람보다 뇌파 동시성이 매우 높게 나타났다(Teicher et al,

1997; Ito et al, 1998). 신체적 학대나 성적 학대 경험이 있는 사람이 상대적으로 뇌파 동시성이 높게 나타난 것은 신경 간의 신호 전달이 미숙하다는 증거가 될 수 있다 (Tomoda, 2012).

나) 전두엽과 측두엽의 뇌파 이상

아동학대 경험과 뇌파 이상과 관련성을 알아보기 위해 아동학대 경험이 있는 사람을 대상으로 변연계의 흥분을 직접 측정할 수 있는 뇌전도 검사를 실시한 결과, 신체적 학대나 성적 학대를 경험한 사람 중에서 약 72%가 전두엽과 측두엽의 뇌파가 이상한 것으로 나타났으며 우뇌에서는 뇌파 이상이 없는 반면, 좌뇌에서만 뇌파 이상이 있는 것으로 나타났다(Ito et al, 1993). 아동학대가 없어지고 강한 스트레스가 사라졌음에도 불구하고 뇌파 이상이 나타나는 이유는 편도체의 과도한 흥분이 지속되어 편도체의 이상 활동이 뇌파 이상으로 발현된 것으로 추측할 수 있다(Tomoda, 2012).

그림 Ⅳ-2   아동학대 경험과 뇌파 이상의 관계

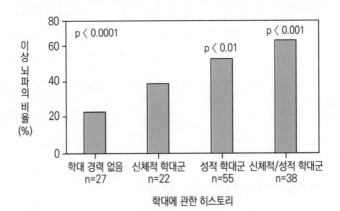

2. 아동학대 경험 연령에 따른 뇌 발달 손상 부위의 차이

아동의 뉴런들은 어른들보다 더 많은 연결고리를 만든다. 특히, 환경이 좋을 수록 더 많은 연결고리를 만들어 학습이 더 빨리 일어나고 더 많은 의미를 가진다. 그러나 청소년이 되는 사춘기 시절의 뇌는 경험을 토대로 연결고리를 선택적으로 강화하거나 제거함에 따라 유용한 연결고리는 영원히 유지되고, 그렇지 않은 것은 소멸되는 아포토시스(apoptosis) 과정이 일어난다(Sousa, 2011). 이러한 과정에서 뇌가 신경연결망을 형성하거나 공고화하기 위해 특정한 투입 정보에 반응하는 중요한 결정적 시기를 기회의 창(Windows of Opportunity)이라고 한다. 이러한 기회의 창이 닫히면 해당 과제에 할당된 뇌세포들은 제거되거나 다른 과제를 해결하기 위해 배정된다(Diamond & Hopson, 1998).

특히, 아동학대 경험 연령에 따라 두뇌 발달의 손상 부위가 다른 것으로 나타났다. 즉, 아동학대 유형 중에서 성적 학대를 경험한 연령에 따른 해마, 뇌량, 전두엽의 용적 변화를 비교한 결과, 성적 학대를 경험한 연령 중 3세~5세는 해마의

그림 IV-3   아동학대 경험 연령과 해마 용적 변화의 관계

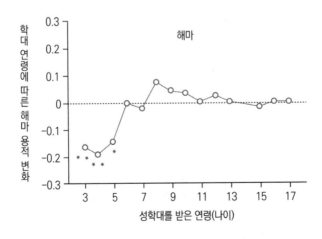

용적이 8.1%, 9~10세는 뇌량의 용적이 22.4%, 14~16세는 전두엽의 용적이 5.8% 감소한 것으로 나타났다(Andersen et al, 2008). 이러한 결과를 통해서 성적 학대를 받은 연령에 따라 두뇌 발달의 손상에 큰 영향을 미치는 부위도 다르다는 것을 알 수 있다.

그림 Ⅳ-4 아동학대 경험 연령과 뇌량 용적 변화의 관계

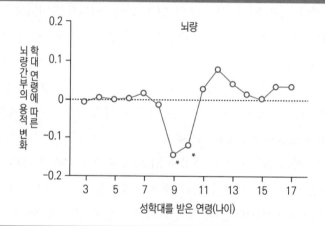

그림 Ⅳ-5 아동학대 경험 연령과 전두엽 용적 변화의 관계

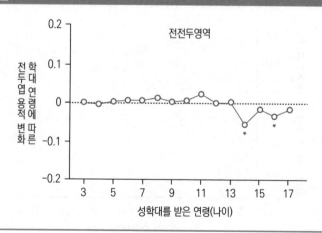

3. 정서적 학대로 인한 두뇌 손상

1) 부모의 언어폭력

부모의 언어폭력은 가장 일반적인 정서적 학대이다. 미국 부모의 63%가 자녀에게 언어폭력을 실시하여 불안감, 우울, 따돌림, 학교 부적응 등 다양한 문제들이 나타나고 있다(Vissing et al, 1991; Ney et al, 1994). 부모에게 성적 학대나 신체적 학대를 받은 경험은 없지만, 언어폭력을 받은 경험이 있는 사람과 어떤 아동학대도 받지 않은 사람의 두뇌 회백질 용적을 비교한 결과, 언어폭력을 받은 경험이 있는

| 그림 IV-6 | 부모의 폭언 경험과 두뇌 회백질 용적의 관계 |

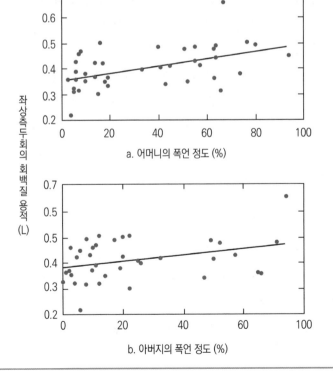

사람은 좌뇌의 상측두회 회백질 용적이 14.1%가 증가한 것으로 나타났다(Tomoda, 2012). 일반적으로 회백질 부피의 증가는 신경세포의 크기 증가나 뇌신경 발달상 (neurodevelopmental)의 적절한 가지치기 과정(pruning process)의 이상, 또는 다른 병태생리적 변화를 반영하는 것으로 볼 수 있다(최정석 외, 2009). 따라서, 아동학대 유형 중에서 신체적 학대, 성적 학대 못지않게, 언어폭력도 두뇌 발달에 영향을 미친다는 것을 알 수 있다. 이는 어릴 때 정서적 학대를 경험한 사람의 뇌에서 전두엽의 용적 감소가 일어난다고 보고한 Van Harmelen 등(2010)의 연구에서 뒷받침하고 있다.

2) 가정폭력 목격

가정폭력을 목격하고 자란 사람은 가정폭력이 없는 가정에서 자란 사람보다 뇌의 일부가 작은 것으로 나타났다. 즉, 아버지나 어머니가 서로 때리거나 발로 차는 폭력 행위를 목격했던 사람과 폭력이 없는 가정에서 자란 사람의 뇌를 MRI 영상으로 비교한 결과, 가정폭력을 목격한 경험이 있는 사람은 목격하지 않았던 사람에 비해 뇌의 시각영역이 20.5% 작은 것으로 나타났다(Tomoda, 2012). 또한, 가정폭력을 목격한 사람은 후두엽의 수초화(Mylineated) 장애가 있는 것으로 나타났다 (Choi et al, 2012). 수초화는 미엘린(myelin) 수초가 뉴런의 축삭돌기에 감기어, 자극의 전달 속도를 더욱 빠르게 하는 현상으로서, 수초화 장애가 나타나면 학습, 기억, 습관 형성에도 영향을 줄 수 있다. 따라서, 가정폭력을 목격하는 것은 아동학대 유형 중에서 정서적 학대에 해당한다고 볼 수 있다.

3) 언어폭력과 가정폭력 목격 병행

일반적으로 해리 증상은 그동안 지니고 있던 불안과 죄책감 등에서 벗어나기 위해 자신의 기억을 아예 잃어버리거나 성격을 아예 다른 방향으로 바꿈으로써 스트레스나 불안을 주는 사건으로부터 자신을 보호하기 위해 일어날 수 있다. 즉 정신적으로 안정을 찾기 위해 기억을 지우거나 새로운 나만의 공간을 만드는 것으로 볼 수 있다.

특히, 가정폭력 목격과 언어폭력을 동시에 받은 아동학대 경험자는 신체적 학대, 정서적 학대(방임 등)를 받은 아동학대 경험자보다 변연계의 이상 증상과 무의식중에 그 갈등에 관련되는 관념, 감정 등이 나머지 정신으로부터 분리되는 해리(dissociation) 증상이 훨씬 더 심하였다(Tomoda et al, 2011). 이러한 결과에서 알 수 있듯이, 가정폭력을 목격하고 언어폭력을 동시에 받은 아동학대 경험자는 그 외의 다른 종류의 아동학대 경험자보다 트라우마 반응이 훨씬 더 쉽게 일어날 수 있다(Tomoda, 2012).

그림 Ⅳ-7   학대의 종류에 따른 대뇌변연계 및 해리의 증상 정도

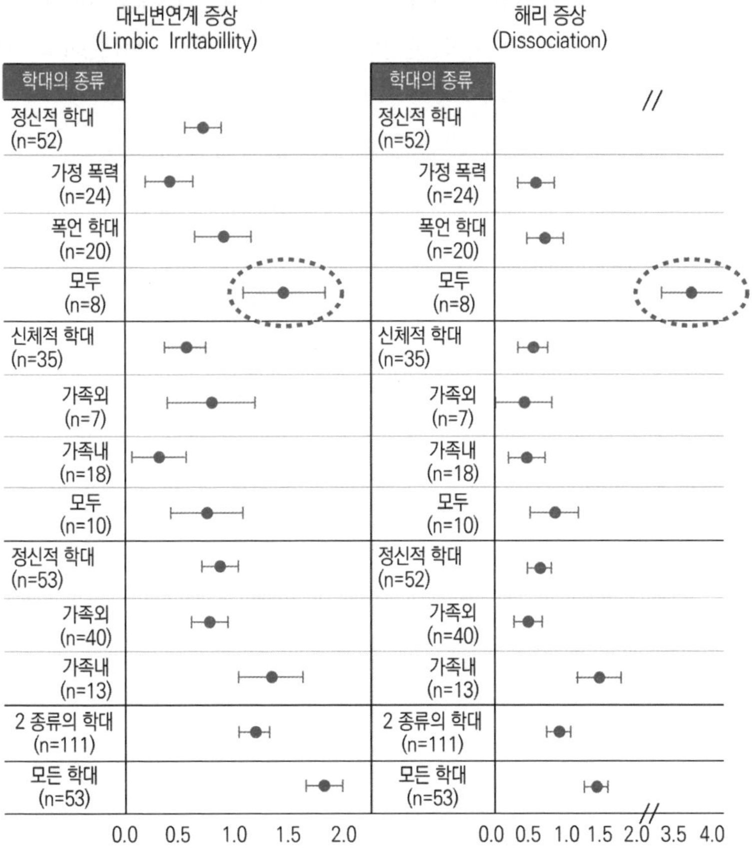

따라서, 가정폭력을 목격하고 언어폭력을 받은 아동학대 경험자는 아동학대 유형 중에서 정서적 학대 경험자로서, 두뇌에 치명적인 영향을 미친다는 것을 알 수 있다.

아동학대 발생장소를 살펴본 결과 가정 내에서 발생한 사례가 전체 아동학대 사례의 82.2%에 해당하는 15,371건으로 압도적인 수치를 보였고, 그 외에 어린이집, 학교, 유치원 사례는 각각 601건(3.2%), 609건(3.3%), 247건(1.3%)으로 전체 사례 중 7.8%에 해당하고, 복지시설은 아동복지시설 287건(1.5%), 기타복지시설 24건(0.1%)로 1.7%에 해당한다.

거의 매일 학대가 발생한 경우는 전체의 23.3%인 4,364건이었으며, 2~3일에 한 번 발생한 경우는 2,384건(12.7%), 일주일에 한 번인 경우가 2,260건(12.1%)으로 나타난다. 즉, 일주일에 한 번 이상 빈번하게 학대를 경험한 아동은 48.1%로 전체 사례의 절반 정도를 차지한다.

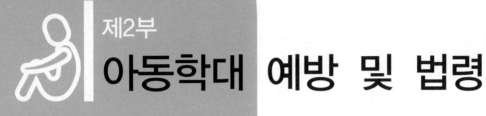

제2부
아동학대 예방 및 법령

CHILD ABUSE

Ⅰ 국내외 아동학대 예방 및 대응정책

1. 한국의 아동학대 관련 정책

가. 한국의 아동학대 예방·지원 정책 역사(정윤숙, 2017)

우리나라는 1960년대 초 '아동복리법'이 제정되면서 보호 아동에 대한 국가의 책임 원칙을 최초로 법제화하여 이에 기초한 국가의 아동보호 개입이 시작되었다. 이 법은 가족이 붕괴되거나 부양능력이 없는 가정이나 아동에 대해서만 국가가 지원을 하는 선별주의 원칙을 따르고 있었다. 그러나 '아동복리법'은 1981년에 '아동복지법'으로 명칭을 변경하고 전문을 개정하면서 요보호 아동뿐만 아니라 전체 아동을 대상으로 하는 보편주의에 입각한 아동복지서비스로 복지의 국가책임을 강조하고 아동복지 서비스의 전문화와 다양화를 지향하였다(오정수 외, 2014).

우리나라는 1989년 한국복지재단에서 국제연합아동기금과 보건복지부의 후원으로 민간단체인 '한국아동예방협회'의 설립을 시작하여 1996년 한국이웃사랑회과 16개소의 '아동학대신고센터'를 설립하였다. 1999년에 한국복지재단은 24시간 아동학대 신고와 상담전화를 개설하고 학대피해아동의 일시보호시설을 설치 및 운영하기 시작하였다. 이 기관들은 아동학대에 관해 조사와 연구를 하고, 아동학대예방 및 치료 프로그램을 개발하여 예방 교육을 실시하였으며 보호체계의 구축과 함께 후원 사업을 진행하였다. 이렇게 민간단체가 개입하던 아동학대문제는 1998년대 후반 심각한 아동학대 사례가 발견되면서 사회적으로 큰 관심을 받게 되었고 이 사건을 계기로 국가차원의 학대피해아동에 대한 개입과 보호 서비스의 필요성이 논의되었다(노혜련 외, 2015).

　　우리나라의 학대피해아동보호서비스는 주요 외국에 비해 상대적으로 늦은 2000년 1월 '아동복지법'의 전부개정을 통해 이루어졌다. 개정된 '아동복지법'은 아동학대 신고의무 규정과 아동학대를 전문적으로 다루는 '아동보호전문기관'의 설치를 명시하면서 아동학대예방사업에 있어 국가의 공적 개입체계의 기틀이 마련되었다. 이에 따라 2000년 10월부터 전국 16개 시·도에 17개소의 아동보호전문기관을 설치하여 아동학대에 대한 신고 및 접수, 학대피해아동에 대한 보호와 치료 서비스를 제공하였다(노혜련 외, 2015). 또한, 2001년 9월 보건복지부가 사회복지법인 굿네이버스에 중앙아동학대예방센터를 위탁하면서 10월에 중앙아동학대예방센터가 설립되었다. 이후 2006년 4월 '중앙아동보호전문기관'으로 명칭을 변경하고 아동학대에 대한 조사와 연구, 프로그램 개발과 보급 등의 사업을 전국 규모로 전개하고 학대피해아동쉼터를 설치 및 운영하고 있다. 2015년 3월 27일 일부 개정된 '아동복지법'은 보호자에게 아동에 대해 신체적·정신적 고통을 주는 행위를 금지하도록 함으로써 이전의 훈육이란 명분으로 행해지던 아동학대가 중대한 범죄로 인식하게 되었고, 국가가 아동학대 문제에 적극적으로 개입하게 되었다.

　　우리나라는 아동학대예방 사업에 대해 2015년부터 예산의 50%를 국고보조사업으로 지역아동보호전문기관에 지원하고 있다. 그 재원은 보건복지부의 일반회계에 포함되지 못하고 법무부의 범죄피해자보호기금과 복권기금 등의 전체 기금에서 성폭력 등 다른 범죄를 방지하기 위한 기금으로 지원되고 있다.

| 그림 Ⅰ-1 | 아동학대 예방·지원 정책 |

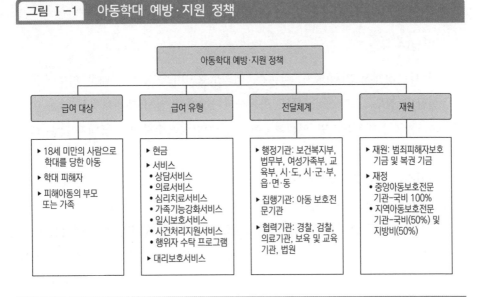

※ 전국아동학대현황보고서(2015). 보건복지부 중앙아동보호전문기관.

나. 한국의 아동학대 예방·지원 정책

한국의 아동학대 예방·지원 정책은 [그림 Ⅰ-1]과 같다.

1) 급여 대상

급여 대상은 선별주의의 원리에 따라, 18세 미만의 사람으로 학대를 당한 아동뿐만 아니라 학대행위자, 학대 피해아동의 비학대부모 또는 가족에 대한 서비스까지 포함시킨다.

'보호대상아동'이란 보호자가 없거나 보호자로부터 이탈된 아동 또는 보호자가 아동을 학대하는 경우 등 보호자의 양육 능력이 없을 경우 내몰리게 된 아동을 말한다(아동복지법 제3조 4항). 또한, '지원대상아동'이란 아동이 조화롭고 건강하게 성장하는 데 필요한 기초적인 조건이 갖추어지지 않아서 지원이 필요한 아동을 말한다(아동복지법 제3조 5항). 따라서 현재의 급여 정책은 예방보다는 학대피해아동을 위한 정책으로 보이는 한계점이 있다.

2) 급여 유형

급여는 경제적 지원(현금), 서비스, 대리보호서비스 등의 형태로 이루어진다.

현금의 경우, 위탁가정, 시설, 공동생활가정에서 일시 대리보호될 때는 아동에 대한 현금이 지원되지만 피해아동이 복귀하면 양육수당이 지급되지 않는 한계점이 있다.

서비스는 〈표 Ⅰ-1〉과 같이 상담서비스, 의료서비스, 심리치료서비스, 가족기능강화서비스, 시설보호서비스, 사건처리지원으로 제공되고 있다.

대리보호서비스는 우리나라 아동보호를 위해 '아동복지법'에서 명시한 아동복지시설의 대부분은 주로 문제가 있는 아동과 가족을 대상으로 선별적 서비스를 제공하는 기관이다. 이 중 아동양육시설, 아동일시보호시설, 아동보호치료시설, 공동생활가정, 자립지원시설 등은 일시 대리보호서비스 기관에 해당하고, 아동상담소, 아동전용시설, 지역아동센터는 가정에서 보호받는 아동에게 상담과 보호, 교육 등을 제공하는 서비스기관이다(노혜련 외, 2015).

표 Ⅰ-1   지역아동보호전문기관의 서비스 유형

서비스 종류	상세 내용
상담서비스	개별상담, 집단상담, 기관상담, 주변인 상담
의료서비스	검진, 검사, 입원치료, 통원치료
심리치료서비스	심리검사, 심리치료
가족기능강화서비스	가정지원서비스, 사회복지서비스기관연결
시설보호서비스	학대피해아동쉼터 등 보호시설을 통한 보호
사건처리지원서비스	응급조치, 피해아동보호명령, 고소·고발 등

3) 전달체계

아동학대예방·지원 정책의 전달체계는 행정기관, 집행기관, 협력기관으로 나누어진다. 행정기관은 보건복지부, 법무부, 여성가족부, 교육부 등이며 집행기관은 아동보호전문기관이다. 협력기관은 경찰, 검찰, 의료기관, 법원 등이다(정윤숙, 2017).

4) 재원

중앙아동보호전문기관은 국비 100%, 지역아동보호전문기관은 국비 50% 및 지방비 50%로 지정되어 있다.

| 그림 Ⅰ-2 | 아동학대예방 협력 체계도 |

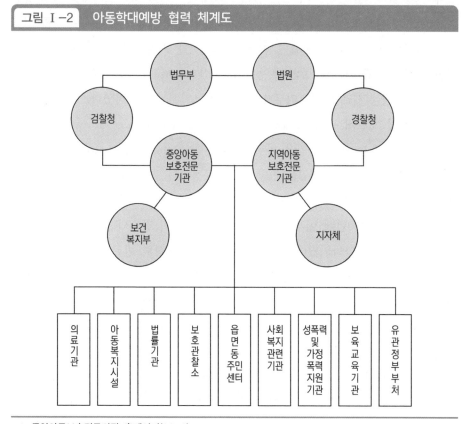

※ 중앙아동보호전문기관 홈페이지(2016).

2. 미국의 아동학대 관련 정책

가. 미국의 아동학대 예방·지원 정책 역사

1874년, 미국의 아동보호시스템은 부모에 의한 자녀학대사안인 '메리 엘렌사건'을 발단으로 뉴욕에서 처음 시작되었다. 이후, 1875년에 세계 최초의 아동보호기관인 '아동학대방지를 위한 뉴욕협회'(New York Society for the Prevention of Cruelty to Children: NYSPCC)가 설립되었고 이를 계기로 아동보호관련법들이 제정되기 시작되었다(장희승, 2002). 1899년 이후 소년법원은 학대에 의한 아동보호사례를 가정 중요한 업무로 처리하였으며 의회와 각 주들 역시 아동의 학대와 방임에 주의를 기울이게 되었다(정윤숙, 2017). 1961년, 미국은 아동학대 사례의 발견과 학대행위자의 처벌을 위한 아동학대방지법의 초안을 만들었다. 1967년, 모든 주가 아동학대와 방임이 의심되는 사례의 신고의무자에 의사를 포함시키도록 하였다. 1974년, 아동학대 예방 및 치료에 관련 법(Child Abuse Prevention and Treatment Act: CAPTA)을 제정하면서 아동보호의 법적 근간을 마련하였다(문영희, 2010). 아동보호서비스는 주 정부 차원에서 제공하지만 책임을 연방법으로 규정하여 책임성을 강조한다. 각 주는 1976년부터 아동학대신고법을 제정하거나 아동보호법안의 법적 근거를 마련하였다(정윤숙, 2017). 1980년대 이후, 연방정부의 복지재정이 감축되면서 아동복지에 대한 국가적 지원이 약화되었다. 따라서 아동정책은 대상의 범위가 축소되었다(김미숙 외, 2012). 1990년대부터 아동권리 운동과 함께 아동복지의 대상이 요보호아동에서 일반아동까지 확대되는 보편주의적 아동정책이 도입된다. 1993년 가족보존 및 가족지원법(Family Preservation and Support Act)의 제정으로 지역사회기반의 가족 지원 서비스를 제공하며 국가에서 재원을 부담해야 함을 명시하였다(노혜련 외, 2015).

2003년 제정된 아동 및 가족의 안전에 관한 법은 아동학대 방지를 위한 프로그램의 개선과 아동학대의 관련 정보 관리를 위한 각 기관의 임무 강화 등에 대해 규정한다(정윤숙, 2017). 아동학대는 신고 후 24시간 이내 조사하는 것을 원칙으로 한다. 아동보호서비스과로 이전된 사례에는 각각의 아동보호 담당 사회복지사를 배정하며 종결 시까지 서비스를 담당한다(노혜련 외, 2015). 미국법원의 경우 소송후견인 제도가 있는데 소년법원 혹은 가정법원 판사의 임명을 통해 소송후견인의 권한이 부여된다(원혜욱, 2015).

아동학대 사례에서 아동보호서비스는 아동학대의 예방, 발견, 일시적 보호, 최종적·계속적 보호 등의 과정을 거치게 된다. 그리고 법원의 판결에 의한 강제적인 친권개입, 시설에서의 보호, 학대행위자인 부모의 처벌강화 등과 같은 강력한 조치보다는 대체가정에서의 보호를 우선시하는 특징을 갖는다. 각각의 시스템은 상호연계를 통해 아동보호를 위한 종합체계수립에 기여한다(정윤숙, 2017).

아동학대가 발생하거나 발생할 우려가 있는 가정에 대해 자발적인 상담과 조언을 받는 시스템을 정비함과 동시에 아동에 대한 일시적인 보호를 도모하는 제도까지 넓게 구축되어 있다. 이러한 시스템이 지향하는 가장 커다란 목표는 결국 가족의 재결합에 있다.

따라서 잠정적인 보호기간 중에도 원칙적으로 정기적으로 부모의 자녀방문 기회를 주는 등 아동의 보호를 위한 복지적인 측면을 고려한다(정윤숙, 2017).

1990년대부터 아동복지의 대상이 요보호아동에서 일반아동으로 확대되는 보편주의적 아동정책이 시행되었으며 지역사회기반의 가족지원 서비스를 제공한다. 서비스의 재원은 국가에서 부담하며 아동학대는 신고 후 24시간 이내로 조사하는 것을 원칙으로 삼는다(정윤숙, 2017).

나. 미국의 아동보호정책

아동보호에 관한 미국법은 연방제도하에서 연방정부법과 주정부법의 이중구조를 취하고 있다. 학대받은 아동에 대한 직접적인 보호는 주가 하며 연방정부는 그것을 지원한다. 아동학대를 담당하는 연방부서는 보건복지서비스부(Department of Health and Human Services) 내에 있는 아동가족관(Administration for Children and Families) 산하 아동청소년가족실(Administration on Children, Youth, and Families) 내의 아동국

(Children's Bureau)이다(김형모, 2011).

아동국 내의 아동학대 및 방임사무소(Office of Child Abuse and Neglect)는 아동학대문제에 대한 전국적인 연구, 평가, 자료수집, 기술원조 등의 업무를 맡고 있다(정윤숙, 2017).

각 주정부에는 아동보호서비스과(Child Protctive Services)가 있으며, 각 주정부의 카운티(County)의 아동보호서비스과(Child Protective Services)가 아동학대 업무를 담당한다. 각 카운티의 아동학대 관련 사업은 아동보호서비스과에서 총괄하여 시행하고, 아동학대 피해아동과 가족에 대한 아동보호서비스는 민간기관을 통해 제공된다(박세경 외, 2005).

미국의 아동보호체계에서 공공기관은 아동학대의 신고 및 접수, 조사 및 사정, 보호조치의 결정을 담당하고 아동학대 피해아동과 그 가족에 대한 상담과 치료 등은 민간기관에서 담당하고 있다. 미국의 아동학대에 대한 신고를 담당하는 부서는 각 주에 따라 다양하게 구성되어 있다. 23개의 주에서는 각 카운티(Country) 사회복지부의 아동보호국을 통해서만 아동학대 신고가 가능하고 28개의 주에서는 각 카운티의 사회복지부 아동보호국과 경찰서에서 아동학대의 신고가 가능하다.

미국은 신고가 접수되면 아동보호서비스기관 내의 아동보호 전담 복지사가 아동학대 또는 방임이 발생하였는지 아동에게 위험이 초래되었는지 여부에 대해 조사하고 평가한다. 평가는 국립아동학대 및 방임자료시스템(National Child Abuse and Neglect Data System: NCANDS)에 의해 이루어진다(문영희, 2010).

이때 긴급한 사례의 경우에는 경찰이 단독으로 또는 경찰과 아동보호전담 복지사가 동행한다. 법원의 출두명령에도 불구하고 부모가 조사를 거부하면 아동보호전담 복지사는 법원에 출입조사를 하기 위한 허가를 신청할 수 있다. 법원은 강제출입조사의 가부를 판단하여 허가하는 경우에는 그 장소에서 즉시 영장을 발부한다(정윤숙, 2017).

아동보호전담 복지사는 영장을 소지하고 경찰에게 동행을 의뢰하여 가정으로 간다. 아동보소서비스기관(CPS Agency)은 특별한 상황을 제외하고는 아동을 가정에서 분리하게 하는 요인을 제거하거나 방지하기 위한 상당한 노력을 해야 한다.

일단 아동이 가정으로부터 분리된 후에는 그 가족을 다시 통합시키고 아동을 가정으로 안전하게 복귀시키기 위한 노력을 할 의무가 있다(문영희, 2010).

법원은 최종적으로 아동을 그 가정에서 분리할 것인지 또한 위탁가정에 위탁하거나 입양을 알선할지에 관하여 결정한다. 아동과 그들의 가족에게 제공된 서비스의 성질과 범위에 관하여 정하게 된다.

아동보호서비스기관의 역할은 이러한 법원의 결정에 커다란 영향을 미친다. 이 때 아동보호서비스기관은 그동안 어떠한 노력을 했는지, 왜 아동을 분리해야만 했는지에 관하여 설명할 의무가 있다(정윤숙, 2017).

따라서 아동보호전담 복지사들은 중요한 사안의 결정, 사례계획과 그 결정에 관련한 법원의 판단을 숙지해야 한다. 그리고 그들은 법원에 제시할 사항에 대해 결정한다(문영희, 2010).

장희승(2002)은 미국의 아동학대 신고처리는 크게 세 개의 과로 나누어져 담당한다고 하였다.

첫째, 아동학대 조사과에서는 아동학대 신고의 접수와 아동보호서비스과로 이전하기 위한 조사를 담당한다. 조사 기간은 신고접수 후 24시간 이내에 사실여부를 조사해야 하는 원칙을 가지고 있으며, 아동학대의 사실여부와 피해아동의 보호에 관한 평가를 실시하며, 법적 근거에 의한 피해아동의 비상격리보호를 실시할 수 있는 권한을 가진다. 미국 대부분의 주에서는 아동학대의 신고 후 24시간 내에 아동학대의 사실여부를 조사하는 것이 원칙이며 사실여부 조사의 두 가지 원칙은 아동학대가 실제로 일어났는가?, 아동학대피해아동의 아동보호서비스가 필요한가? 이다. 또한 아동학대조사과는 조사가정에서 아동의 안전에 문제가 있다고 판단되면 법에 근거하여 피해아동을 가정으로부터 72시간까지 비상격리보호를 실시할 수 있는 권한을 가지고 있다(장희승, 2002).

둘째, 아동보호서비스과는 아동학대 조사과에서 이관된 아동학대 사례에 대하여 법적 근거에 의한 분리를 통하여 보호계획을 수립한다. 또한 이들은 피해아동이 높은 위험에 처해있다고 판단되어지는 경우에 법에 근거하여 아동을 위탁가정으로 보내게 된다. 위탁가정과에서는 위탁가정의 선정, 위탁가정 배치 후 사후

관리 등을 담당하게 된다. 이러한 보호과정에서 아동보호전문가를 통해 이루어진
다(장희승, 2002).

　　셋째, 법원을 통해 아동학대 사례를 진행하는 경우도 있다. 법정활동은 아이
가 급박한 위험에 처해 있거나 부모가 사회복지관과 아동이 보호를 위해 협조하
지 않거나 협조할 수 없을 때 필요하다(장희승, 2002).

　　이처럼 미국은 중앙의 체계적이고 조직적인 제도와 법률, 그리고 학대받은
아동과 그 가정에 대한 구체적이고 직접적인 서비스를 제공하는 아동보호서비스
를 통해 신속하고 효과적으로 대응하고 있다.

표 I-2　미국 아동보호서비스의 종류

서비스의 종류	구체적인 내용
긴급서비스	긴급한 위험에 처한 가정을 위한 긴급 피난처 제공, 긴급 위기 상담, 긴급 재정적 보조
상담서비스	일반적, 정서적 문제와 약물중독과 같은 문제에 대한 상담
단기특별상담 서비스	단기적으로 특별한 상담이 필요한 가정에 대해 평균 6주 정도 내에 집중적으로 제공되는 상담서비스
가정보조서비스	부모들의 양육부담의 경감을 위해 집안 일을 대신하거나 방법을 알려주는 서비스
부모보조서비스	보통 1일 동안 부모 대신 아동을 돌보아주거나 교통편을 제공해주는 서비스
간호사서비스	간호사가 직접 방문하여 부모에게 양육방법이나 긴급한 상황에 대처하는 법들을 가르쳐주는 서비스
보육서비스	양육에서 오는 스트레스를 줄이기 위해 필요한 아동에 대해 보육을 제공하는 서비스
부모교육	가족계획, 유아를 돌보는 방법, 아동 훈육법 등에 관하여 부모에게 제공되는 교육서비스
교통편제공 서비스	의료서비스나 상담서비스 등을 이용하는 데 필요한 교통편을 제공해 주는 서비스
자조그룹	비슷한 문제에 처해 잇는 부모끼리 그룹을 만들어, 정기적으로 모여 함께 도우며 문제를 해결해 가는 그룹

※ 윤혜미(1998). 미국의 아동학대 방지법과 정책방향. 제18회 한국아동학대방지협회 세미나.

3. 영국의 아동학대 관련 정책

가. 영국의 아동학대 예방·지원 정책 역사

1946년, 커티스위원회(Curtis Committee)의 보고서는 '아동의 가정 외 보호는 가정위탁이 최선'이라는 아동보호의 원칙을 채택하고 부모의 동의하에 필요한 경우 지방정부의 권한으로 부모로부터 분리하는 것을 합법화하는 계기를 마련하였다.

1970년대 초반까지 영국의 아동보호는 양육의무를 성실히 하는지에 대한 지도감독에 초점을 두었다.

1974년, 시설보호 아동인 마리아 콜웰 사망사건 이후 아동학대로 전환되었다.

1975년, 아동법이 제정되고 1989년, 개정된 아동법은 학대받는 아동의 보호와 아동복지 증진을 목적으로 정부가 가정생활에 대한 강제개입을 정당화하는 기준이 되었다(김지연, 2015).

1990년대 중반에 실시된 아동법에 대한 연구결과, 요보호아동에만 집중한 결과 전체적인 아동과 가족에 대한 서비스는 소홀하다는 결론이 제기되었다.

2000년, 복지부가 마련한 아동보호조치 시 원가정 분리보다 가족에게 포괄적인 서비스를 제공하는 등 조기개입과 예방에 초점을 맞추고 있다(김지연, 2015).

2004년에 아동법이 전면 개정되면서 아동보호정책과 서비스체계가 전면 보완되었다. Every Child Matters(ECM)은 영국의 아동보호·복지의 기반을 제시하는 정책사례이다. 0세부터 19세(장애아동은 24세)까지의 모든 아동을 대상으로 조기개입과 문제의 악화를 예방한다.

2011년, 아동과 가족의 욕구와 문제를 교육정책의 관점으로 접근하여 아동·학교·가족부(Department for Children, Schools and Families: DCSF)를 교육부로 통합하였다(김지연, 2015).

나. 영국의 아동보호정책

영국의 아동학대 신고접수는 민간단체인 NSPCC 지방정부 등에서 신고전화를 함께 받으며, 신고체계는 다원화되어 있다.

아동학대 초기조사 시 긴밀한 연계가 필요한 경찰의 경우 43개의 지방경찰청을 중심으로 아동학대 전담팀이 구성되어 있다. 또한 각 구청별 지역방문 간호사 제도가 운영되어 의료적 지원이 실시되고 있다(양소남, 2012).

아동을 부모로부터 격리할 수 있는 권한은 지방정부의 사회서비스국과 경찰 NSPCC에게 있다. 지방정부와 NSPCC가 가정재판소 판사에게 긴급보호명령, 아동사정명령, 보호명령, 감독명령을 요청하도록 되어 있으며, 개인 가족의 불간섭을 원칙으로 하여 아동에 대한 사회의 어떤 간섭과 중재가 더 효과적이라고 판단되지 않으면 어떤 명령도 법적을 내려서는 안된다는 입장을 취하고 있다. 긴급보호명령은 긴급한 상황에서 처한 아동의 보호를 위해 사용되는 안전명령으로 아동이 학대로 고통받고 있다는 믿는 정당한 사유가 있을 경우에 지역당국과 NSPCC의 사회사업가들이 신청한다(전경하, 2005).

아동학대 업무는 지방정부의 사회복지국이 담당하고 있다. 영국의 아동보호체계는 지방정부에서 아동을 임의로 보호하는 임의적 보호제도와 소년재판소의 보호수속과 형사수속 절차를 통하여 아동을 강제적으로 보호하는 강제적 보호제도로 구성되어 있다(박세경 외, 2005).

교육부의 아동가족국은 19세 미만 아동·청소년의 교육과 보호·복지, 그리고 입양, 위탁보호, 아동보호, 가족관련 법률 등 아동·청소년 대상 각종 서비스를 통합적으로 담당한다.

지방정부는 아동서비스국(Children's Services Department)을 두고 있는데 아동과 가족을 단위로 서비스를 제공하고 관리한다(김지연, 2015).

영국은 아동보호서비스는 중앙정부에서 수행하지만 실질적인 책임과 집행은 지방정부에 의해 이루어진다.

영국의 아동보호체계는 가족을 단위로 하는 보편적인 복지서비스를 통해 예방과 통합적 관점을 전제로 접근한다. 아동보호조치 시 가족에게 포괄적으로 서비스를 제공하는데, 조기개입과 예방에 초점을 둔다. 가족 기반의 서비스를 위해 아동·학교·가족부를 교육부로 통합하여 아동·청소년 대상 각종 서비스를 담당한다(김지연, 2015).

4. 일본의 아동학대 관련 정책

가. 일본의 아동학대 개념 및 실태

일본에서 아동학대의 정의는 고의적, 반복적으로 아동 양육 및 보호를 소홀히 함으로 아동의 건강과 복지를 해치거나 정상적인 발달을 저해할 수 있는 모든 행위를 말한다(장희승, 2002).

일본의 아동학대방지법은 아동학대 피해아동의 보호를 위한 법적 근거가 되고 있으며, 아동학대란 보호자가 18세 미만의 아동에게 가하는 다음과 같은 행위로 규정되어 있다.

첫째 아동의 신체에 외상이 생기는 또는 생길 염려가 있는 폭행을 가하는 일

둘째 아동에게 외설적인 행위를 하는 일

셋째 불충분한 섭식 또는 장시간의 방치

넷째 아동에게 심각한 심리적 외상을 주는 언동을 행하는 일

나. 일본의 아동학대 예방·지원 정책 역사

일본은 일찍부터 아동보호를 국가정책의 중요한 일환으로 추진하면서 이미 1933년에 아동학대방지법을 입법화하여 경제적 빈곤에 의한 아동학대와 아동유기

행위를 금지하는 조치를 취했다.

　1947년, 모든 아동의 건전한 육성과 복지증진을 기본정신으로 하는 아동복지법을 제정하였다.

　1970년대 동전사물함에 버려진 유아시체가 발견된 것을 계기로 아동학대의 새로운 인식을 갖게 되었다.

　1985년에는 동양대학 다무라교수 등에 의해 일본사회는 아동보호와 양육의 문제는 주변의 문제가 아니고 조기발견, 조기대응, 사회의 연계적인 체제하에서 대응해 가야할 필요성을 느꼈다.

　후생노동성의 자료에 의하면 일본의 아동학대 상담 수는 1998년 6,932건에서 1999년 11,631건으로 약 2배 증가하였으며 현재까지 지속적으로 증가하고 있다.

　2004년, 학대방지법 개정을 통한 '지방자치단체'를 추가하여 '자치' 및 '하위 안내센터'로 이루어진 이중 층 구조 체제를 확립하였으며 아동복지법 개정을 통해 요보호아동대책지역협의회를 법정화하였다. 아동상담소, 아동 가정지원센터, 보건소, 의료기관, 교육기관 등이 연계하여 보호가 필요한 아동에 대해 적극적으로 정보를

그림 I-3　일본의 아동학대 상담 수

※ 일본 후생노동성 홈페이지(2010).

공유하며 지원을 강화하고 있다. 나아가 아동학대 보호시스템으로 후생노동성을 중심으로 아동학대방지를 위한 목적으로 오렌지 리본 마크를 보급하는 '오렌지리본운동'을 통해 아동학대 예방에 지역 주민들의 공동참여를 유도하고 있다(장희승, 2002).

2011년 11월, 아동학대방지 등에 관한 법률을 시행하면서 육아의 고립방지와 아동학대의 조기발견 및 조기대응에 대한 필요성이 높아지고 있다. 이를 위해 임신기부터 지속가능한 지원방식과 초기대응의 신속 및 적절한 대응을 위한 관계기관의 연계 강화, 아동보호소의 역할 강화를 위한 체계 정비, 요보호아동대책협의회의 기능 강화, 긴급시 안전 확인 및 안전확보를 위한 신속한 대응을 중심으로 대응체계를 추진하고 있다(장희승, 2002).

2004년부터 매년 11월을 아동학대방지 추진기간으로 지정해 포스터 및 리플렛을 배부하고 후생노동성 주최 포럼을 개최하고 있다. 그 밖에도 정부의 신문, 모바일, 인터넷TV 등 집중홍보를 통해 아동학대에 대한 인식을 높이는 데 목적을 두고 있다.

2015년 7월부터 아동상담소의 공통 다이얼 10자리를 알기 쉬운 3자리인 '189'로 변경하여 가까운 아동상담소로 바로 연결될 수 있도록 하였다(장희승, 2002).

다. 일본의 아동보호정책

일본 아동보호체계의 중앙부처는 후생노동성의 학대방지대책국으로서 아동학대 대응조치 계획을 구상하는 책임을 가지고 있다. 각 지방자치정부는 아동학대방지 네트워크를 구축하고 관련 단체들과 필요한 정보를 교환하고 협력하는 방식을 취한다(장희승, 2002).

일본의 아동학대 보호기관은 아동상담소를 중심으로 활동이 활발하게 이루어진다. 아동상담소에는 아동 가정 110번이라는 전화상담이 있는데 아동인권 핫라인의 경우에는 아동인권심사위원회가 지도 조언 기능을 하고 있기 때문에 아동상담소의 대응에 대한 고소나 불만 등이 있으면 즉시 사무국에 의한 조사가 이루어져 필요하다고 판단되면 심의에 들어가게 된다(경기개발연구원, 2001).

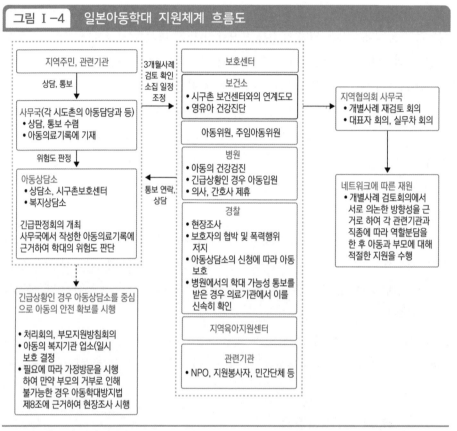

그림 I-4 일본아동학대 지원체계 흐름도

※ 일본 후생노동성 홈페이지(2010).

지역주민과 관련기관에 의해 상담 및 통보가 이루어지면 각 시·도·촌의 아동 담당과에서 아동의료기록에 기재하고 통보 및 상담을 수렴하여 아동상담소에서 위험도를 판정하여 개별사례에 대한 검토 내용에 따라 학대피해아동과 학대행위자에 대한 조치가 결정된다. 하지만 긴급한 상황인 경우 아동상담소를 중심으로 아동의 안전을 우선으로 한 조치가 결정된다.

후생노동성의 아동복지를 담당하는 고용균등아동가정국에서는 아동학대예방대책, 아동학대방지시책, 아동학대예방대책에 대한 홍보, 아동학대예방대책 조사연구 등을 도맡아 하고 있다(장희승, 2002).

아동상담소는 아동보호지원체계를 담당하는 기관으로서 아동상담소에서는 아동문제에 대한 전문지식을 기초로 기술상담을 하며 이와 관련하여 필요한 조사 및 판정에 따라 개입하게 된다.

5. 스웨덴의 아동학대 관련 정책

스웨덴은 아동양육지원에서부터 장애아와 일반아동의 통합교육까지 아동의 권리가 가장 잘 보장되는 아동정책을 시행하는 국가로 꼽힌다. 체계적이고 질적으로 높은 스웨덴의 아동정책은 여성정책과 가족정책이 추구하는 목적을 공유하고 있다는 것이 특징이다. 저소득층가정의 아동이나 특수아동만을 대상으로 하는 것이 아닌 스웨덴 아동전체의 권리보호와 육성으로까지 범위가 확대되어 있다. 그 결과 스웨덴은 7세 미만의 아동을 둔 여성의 노동 참가율이 80% 이상으로 유럽에서 가장 높은 여성 노동 참가율을 나타내고 있으며, 평균 1.5명의 출생률로 다른 유럽국가들에 비해 역시 높은 수준을 유지해 왔다. 스웨덴에서는 가정 내에서의 아동학대 및 방임에 대한 강력한 제재법이 있다. 부모에게서 어떤 형태의 체벌이나 정신적 벌이 허용되지 않으며 아동에게 신체적 손상이나 고통을 주었을 경우 최고 2년의 구금형과 벌금형이 따르게 된다. 또 학대행위가 심각할 경우에는 최고 10년의 구금형에 처할 수 있다.

가. 스웨덴의 아동학대 예방·지원 정책 역사

스웨덴은 1902년 아동복지법이 제정되면서 아동의 복지가 시작되었다.

스웨덴의 아동복지는 1763년에 제정된 사회복지법과 1960년에 제정된 신아동복지법, 그리고 1976년에 제정된 아동보호법을 하나로 통합하여 1981년에 제정된 사회서비스법을 근간으로 한다(이선향, 2015).

나. 스웨덴의 아동보호정책

보호대상인 아동뿐만이 아니라 모든 아동을 대상으로 하는 보편적인 서비스를 제공하고 있다. 아동 양육 기능을 보완함으로써 요보호 아동의 발생을 미리 예방하는 데 중점을 둔다. 아동학대에 관해서도 예방적 접근을 중시한다. 또한 모든 아동과 부모에 대한 교육으로 아동학대예방사업을 시작한다(노혜련, 2015).

6. 대만의 아동학대 관련 정책

가. 대만의 아동학대 예방·지원 정책 역사

대만은 12세 미만의 자를 아동으로 정하고 12세 이상 18세 이하의 자를 소년으로 지정하고 있으나 아동학대 예방 및 치료의 근거법인 아동복리법은 만 12세 이상 18세 이하의 소년에게도 그대로 적용되고 있다.

대만정부는 1973년에 제정된 아동복리법에 아동학대 관련 20여 개 조항을 보완하여 1993년 2월 전문 54개 조항의 아동복리법을 개정하였다. 이는 아동학대를 예방하고 치료하기 위한 법적 개입 의지와 필요성이 감안된 것이다.

대만의 아동 관련 법규는 학대받는 아동의 분리보호, 학대부모의 친권중지와 감호인 선정, 아동학대 신고의무화, 가중 처벌, 가해자 및 신고미필자 처벌, 교육명령 불이행자에 대한 처벌규정을 두고 있다. 처벌규정의 특징으로는 벌금형만 두고 구금형을 배제하였으며 벌금형과 아울러 학대자의 명단을 신문에 공고하고 상업적 학대자의 영업정지 처분규정을 두는 등 아동학대의 예방에 중점을 두고 있다는 데 있다.

나. 대만의 아동보호정책

대만이 아동학대를 사회문제로 인식하고 이의 해결을 위해 구체적으로 접근을 시도하게 된 것은 1987년부터라 할 수 있다. 대만의 대표적인 아동복지기관인 중화아동기금은 1987년 7월부터 12월까지 전국 중화아동기금 22개 사회복지관과 직영시설 대동보육원을 통해 아동학대 관련 조사를 실시하고 학대받은 아동을 치료하기 위한 중화아동기금 5개년 계획을 추진하게 된다(장희승, 2002).

대만은 12세 미만의 자를 아동으로 정하고 12세 이상 18세 이하의 자를 소년으로 지정하고 있으나 아동학대 예방 및 치료의 근거법인 아동복리법은 만 12세 이상 18세 이하의 소년에게도 그대로 적용되고 있다. 대만정부는 1973년에 제정된 아동복리법에 아동학대 관련 20여 개 조항을 보완하여 1993년 2월 전문 54개 조항의 아동복리법을 개정하였고 이는 아동학대를 예방하고 치료하기 위한 법적 개입 의지와 필요성이 감안된 것이다.

대만의 아동 관련 법규는 학대받는 아동의 분리보호, 학대부모의 친권중지와 감호인 선정, 아동학대 신고의무화, 가중 처벌, 가해자 및 신고미필자 처벌, 교육명령 불이행자에 대한 처벌규정을 두고 있다. 처벌규정의 특징으로는 구금형은 없이 벌금형만 있으며 학대자의 명단을 신문에 공고한다. 대만 역시 아동학대의 예방에 중점을 둔다(이배근, 1998).

7. 호주의 아동학대 관련 정책

가. 호주의 아동학대 현황과 전국아동학대예방협회

2014년 호주의 유형별 아동학대 건수는 정서적 학대 17,000건, 방임 15,000건, 신체적 학대 9,900건, 성적 학대 5,800건으로 나타났다(김현식, 2017).

아동학대 예방 및 방임에 대한 국가 협회로 1987년 로즈메리 싱클레어 AO와 크리스틴 스튜어트 OAM에 의해 1987년에 공동 설립된 전국아동학대예방협회(National Association for the Prevention of Child Abuse and Neglect: NAPCAN)에서는 아동의 안전과 자아존중을 유지하기 위해 주로 예방적 프로그램을 시행하고, 전국아동보호 주간을 제정하여 매스미디어 캠페인을 전개하고 있다(김현식, 2017).

그리고 특정 전문가 집단이 아동학대 발견 시 보건지역사회서비스 당국에 신고를 의무화하고 있다. NAPCAN가 설립된 이후 아동학대와 방임에 대한 시민의 인식을 높이고자 효과적인 프로그램 및 예방 전략을 홍보하여 호주의 어린이와 청소년의 복지와 안전에 큰 기여를 하고 있다.

NAPCAN은 이사회가 운영하고 호주 전역에 위치하고 있으며 아동학대예방

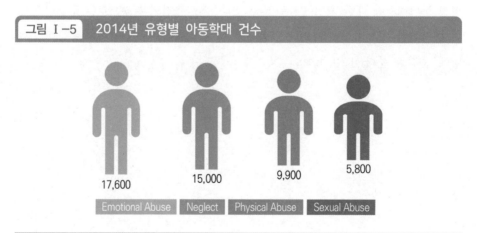

| 그림 Ⅰ-5 | 2014년 유형별 아동학대 건수 |

17,600 — Emotional Abuse
15,000 — Neglect
9,900 — Physical Abuse
5,800 — Sexual Abuse

출처: NAPCAN 홈페이지(http://napcan.org.au).

프로그램, 정책 및 옹호 전문가를 구성하여 예방전략을 지원하기 위해 광범위한 네트워크의 지원을 하고 있다(김현식, 2017).

　NAPCAN의 전략은 아동학대의 원인을 파악하여 아동학대와 방임에 효과적이고 전략적인 아동학대 예방에 주력한다.

　국립아동보호 주간을 조정하고 추진하여 아동과 청소년의 안전과 복지를 증진하고 보호하기 위한 사업을 전개하고 있다.

　아동학대와 방임은 호주의 가장 중요한 사회문제 중 하나로 보고 있다. 1991년 전국아동보호위원회에서도 아동에게 해가 될 행위나 성적 학대, 신체적 학대, 정서적 학대와 방임으로 아동학대를 정의했다(김현식, 2017).

　이러한 아동학대는 일회성 사건이라도 평생 지속되며 정서적, 심리적, 물리적 손상의 아동학대와 방임은 폭력과 범죄, 신체적 건강, 교육수준, 고용 수준에 영향을 미치므로 다음 세대의 복지에 큰 장벽과 위협 중 하나로 보았다.

　NAPCAN은 정부, 기업 NGO, 연구 및 자선 단체 등과 긴밀한 협력체계를 이루고 있다. 정부기관으로는 어린이와 가족의 NT계열, 정부 국립아동위원, 지역사회, 어린이 안전 및 장애 서비스학과, ACT 커뮤니티 서비스, 복지부, 어린이 및 청소년위원(ACT), 어린이 & 청소년 및 아동 보호자에 대한 위원회(QLD), 어린이를 위한 위원(TAS), 어린이와 청소년을 위한 위원(WA), 어린이와 청소년에 대한 옹호(NSW), 어린이와 청소년을 위한 주요 위원(VIC), 아이들의 감독관 사무실(NT) 등이

표 Ⅰ-3　호주의 아동학대 종류와 개념

학대 종류	개념
Physecal 남용	두드림을 포함하여 아이를 향해 비실수로 공격적인 행동, 진동, 펀칭, 차는 행위
Psychological 학대	거부, 무시, 위협
Sexual 학대	아동 및 성인이나 노인 사이의 성행위를 노출하거나 관음증 등 포르노에 아이를 포함한 학대
방임(Neglect)	충분한 음식, 대피소, 의류, 감독, 의사의 치료를 포함하여 아이의 기본적인 필요를 위해 제공하지 않을 때로 정의

출처: NAPCAN 홈페이지(http:// napcan.org.au).

있다(김현식, 2017).

NAPCAN에서는 아동학대 예방을 '개입' 또는 우리의 건강과 안녕을 위협하는 것을 줄이기 위한 '전략'으로 학대가 발생하기 전에 위험대상에 조기 개입하는 것을 목적으로 한다.

호주의 아동학대예방정책은 조기개입 및 어린이를 위한 긍정적인 성장을 위해 자녀와 가족복지분야의 범위를 포함하는 포괄적인 접근방식을 취하고 있다. 아동학대가 반복적 및 만성적으로 발생할 경우 학대가 대물림될 수 있다고 하는 점에서 예방 및 조기개입에 초점을 두고 있다. 서비스 지원과 아동학대방지로 아동을 보호하고 피해아동 가족을 지원하기 위한 프로그램은 주로 주와 지역에서 담당한다(배선윤, 2002).

현재 연방국립아동보호정보센터에서는 데이터의 수집과 특정 프로그램비 지원을 통해 아동학대예방에 기여하고 있다. 그러나 최근 몇 년 동안 아동학대에 대한 대중의 관심이 늘어나면서 아동학대 문제를 완화시키기 위해 아동보호정책, 전략 및 프로그램에 대한 정부의 역할이 커졌다. 호주 정부는 보다 효과적인 예방전략을 준비하고 지역사회 관할 구역에 걸쳐 기관간 협업 및 데이터 수집에 초점을 맞추고 있다. 의료 전문가 또는 경찰관, 입법 근로자의 특정 그룹에 의해 의심되는 아동학대나 방임의 신고를 의무화하고 있다.

호주의 경우 24시간 아동학대긴급전화를 운영하고 있다. 그리고 CAPS(Child Avuse Prevertion Service: CAPS) 홈페이지에서 다양한 인종을 고려한 아동학대 개념과 학대징후에 대해 피해아동의 징후와 행위자의 징후에 대해 포괄적으로 설명되어 있으며 이러한 징후가 보이는 학대행위에 대해 신고하도록 게시하고 있다(김현식, 2017).

나. 아동보호와 치료 지원체계

호주의 아동학대 예방 서비스 중 하나인 아동학대 피해자의 치유과정 내용 중에서 주요 핵심은 다음과 같으며, 자신을 제대로 관리하는 법을 아는 것은 치유

과정의 중요한 목적이다(김현식, 2017).

- 자신이 혼자가 아니라는 사실을 기억하기
- 수백만 명이 아동학대를 경험하고 있지만 대다수가 보람차고 행복한 삶을 영위해 나아갈 수 있음
- 언제라도 누군가에게 도움을 청할 수 있음
- 자신의 학대경험을 치유하기 위해 상담가, 심리학자 혹은 사회복지사에게 도움을 받을 수 있음
- 다양한 형태의 학대에 대해 구체적인 도움이 마련되고 있고 상황을 잘 이해하는 전문가와의 상담을 받을 수 있음
- 지역사회의 지원 그룹에 참여해서 유사한 경험을 한 사람들과 자신의 경험을 공유하도록 연계하고 있음

　호주의 어린이를 보호하기 위한 국가 프레임 워크에서 발표한 내용에 의하면 호주의 아동복지서비스는 실제로 피라미드 모형을 취하고 있다. 아동보호서비스에 대한 요구가 증가함에 따라 아동보호서비스는 모든 취약아동과 그 가족에 대한 수요를 충족하기 위해 성장했으나 아직은 미미한 실정이다. 공중보건모델은 조기학대와 방임이 발생하는 것을 방지하기 위한 가족지원에 더 큰 중점을 두는 방식이다.

　아동학대에 대해 경찰, 전문가, 지역사회, 정부가 중요한 역할을 하며 개인 및 가족에게 효과적인 개입을 통하여 아동학대의 빠른 회복을 추진할 수 있도록 한다. 현재 빅토리아 정부는 아동학대 피해유형의 지표 및 아동학대에 대응하기 위한 보고를 의무화하고 초기 지원과 가족 개입을 통해 학대피해아동보호에 기여하기 위하여 노력하고 있다(김현식, 2017).

　호주의 아동 및 가족에 대한 지원서비스는 우리나라와 큰 차이를 보이지 않는다. 하지만 호주는 아동보호관리자가 별도로 배치되어 있는 것을 확인할 수 있다. 즉, 아동 및 가족에 대한 보건 및 사회복지서비스를 사회서비스 기관 및 가족서비스 부서 아동보호관리자가 담당하고 있음을 알 수 있다. 또한 아동보호관리자

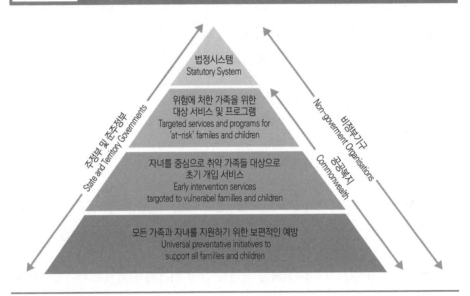

그림 I-6 아동을 보호하기 위한 공중보건모델 시스템

출처: An initiative of the Council of Australian Governments.

는 2개의 트랙으로 업무가 진행되고 있음을 보여주고 있다. 아동학대가 신고접수되면 아동보호가 필요한지 결정하기 위해 24시간 이내에 조사하고 아동이 보호를 필요로 하지 않는 경우, 아동보호관리자는 개입을 중단하거나 가족에게 일시적인 서비스를 제공하여 예방적 차원에서 종결한다. 하지만 조사 후, 아동이 보호를 필요로 하는 경우 아이가 안전하게 집을 돌아갈 수 있는지 여부를 결정하기 위해 우선 아동을 파악하여 아동을 분리하고 아동이 안전하게 원가정으로 돌아갈 수 있는지 여부를 결정한다(김현식, 2017). 이때 분리가 결정된 아동은 책임자가 아동을 돌보게 하거나 그렇지 않은 경우에는 아동보호의 지속여부를 결정하여 아동을 분리하지 않고 원가정에 그대로 두고 돌봄계획에 대해 부모의 동의를 얻게 된다. 그리고 아동에 대한 지속적인 보호가 필요하지 않는 상태가 되면 종결 또는 가족에게 일시적인 지원 서비스를 제공하고 있다(배선윤, 2002).

호주의 아동복지 및 보호시스템은 1차, 2차, 3차로 나누어 1차 서비스는 모든 사람들에게 제공하는 보편적 서비스이며 2차 서비스는 위험에 취약한 아동과 가족을 대상으로 하는 프로그램 지원으로 선별된 가족에 대한 지원과 지역사회 서비스를 포함하고 있다. 3차 서비스는 학대와 위험이 입증된 가정이나 아동을 위한 서비스로 법에 명시된 아동보호를 의미한다. 3차 서비스부터 법적개입이 시작된다(김현식, 2017).

II 아동학대 관련 법령

2000년 「아동복지법」 개정을 통해 아동학대예방사업에 있어 국가 공적 개입 체계의 기틀이 마련되었다. 더불어 아동보호전문기관의 친권상실 선고 청구 제도 마련, 신고의무자군 확대, 아동학대예방 홍보 강화 등의 내용이 포함된 「아동복지법」 전부개정법이 시행됨에 따라 전국민의 아동학대예방에 대한 관심 및 인식이 증대되었다.

2014년 2월 28일 관계부처 합동 「아동학대 예방 및 피해아동 조기발견·보호 종합대책」을 발표하고 9월 29일 아동학대범죄의 처벌 및 피해아동 보호절차를 대폭 강화한 「아동학대범죄의 처벌 등에 관한 특례법」(이하 「아동학대처벌법」)과 아동학대 예방 및 피해자 지원에 대한 「아동복지법」 일부개정안이 시행되는 등 국가 아동학대 대응체계가 구축되었다.

또한 경찰청, 아동보호전문기관, 보건복지부, 법무부가 함께 협업할 수 있도록 아동학대 유관기관 「공동업무수행지침」이 마련되었고, 별도로 운영되어 온 아동학대 신고전화를 범죄 신고전화인 112로 통합하여 신고전화번호를 국민들이 쉽게 기억하고, 112로 아동학대 신고가 들어올 경우 반드시 경찰과 아동보호전문기관 직원이 현장 출동하도록 하였다.

이로써 관련 기관 간 협조체계를 개선하고 피해아동의 신속하고 안전한 보호와 학대행위자에 대한 즉각적인 조치가 가능토록 하였다.

특히 2015년 「아동복지법」 일부개정안에서는 보호자에게 아동에 대해 신체적·정신적 고통을 주는 행위를 금지하도록 명시하는 등 이전에 가정 내 훈육으로 치부되던 아동학대를 중대한 범죄로 인식하게 되었고, 국가가 아동학대 문제에 적극적으로 개입하게 되었다.

또한 2005년부터 10년간 지방에 이양됐던 아동학대예방사업이 2015년 국가사무로 환수되어 아동학대예방사업이 국가가 책임져야 하는 문제로 인식되었으며 아동학대예방사업이 국가사무로 전환이 된 이후에 아동보호전문기관이 9개소 증설되고, 아동학대 신고 건수가 급증하였다. 이는 아동학대에 대한 인프라의 증가와 아동학대 발견율이 증가하는 결과를 낳았다.

2016년에는 최근 몇 년간 가파르게 늘어나는 신고건수와 더불어 아동학대신고자에 대한 법적 보호 장치가 마련되어야 한다는 문제점이 제기되었으며 이에 따라 「아동학대범죄의 처벌 등에 관한 특례법」 개정안에서는 「특정범죄신고자 등 보호법」 제7조부터 제13조까지의 규정을 준용하여 신고자를 보호할 수 있는 근거를 마련하였다. 이로써 아동학대신고자의 익명성을 보장하여 신고자가 안심하고 아동학대 신고를 할 수 있는 환경을 조성하는 데 기여하였다.

2014년에 아동학대처벌법이 제정되고 나서 2014년~2016년 동안 아동학대처벌법의 조치가 실시된 사례의 추이를 살펴보면 325건, 1,214건, 1,913건으로 지속적으로 증가하고 있으며 이처럼 아동학대범죄가 발생한 경우 현장에서는 긴급한 조치 및 보호가 가능하도록 아동학대처벌법에 명시된 조치들을 활용하고 있다. 또한 아동학대처벌법의 제정 이후 아동학대 관련 업무를 효율적으로 진행하기 위해 아동보호전문기관, 경찰, 법률기관이 서로 협력하여 업무를 처리하는 것이 강화되었다.

아동보호전문기관의 상담원과 경찰의 동행출동이 법적으로 명시된 아동학대처벌법이 제정된 2014년에는 상담원과 경찰의 동행출동 비율이 12.7%이었던 것에 비하여 2016년에 27.3%로 약 14.6% 증가하였다. 더불어 아동보호 전문기관은 피해아동 보호에 초점을 맞추고 경찰은 학대행위자에 대한 수사절차를 중점적으

그림 Ⅱ-1	아동학대 관련법

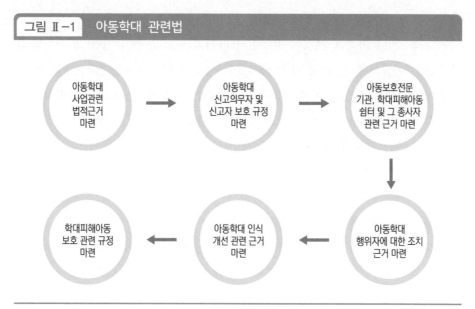

※ 중앙아동보호전문기관(2016).

로 담당하여 상호보완적인 관계를 구축해나가고 있다. 법률기관은 피해아동에 대한 법률적인 보호와 동시에 학대행위자에 대한 처분 등에 대해 아동보호전문기관과 긴밀하게 협력해나가고 있다.

1. 아동복지법

1961년 12월 30일에 제정된 '아동복리법'이 우리나라에서 아동복지와 관련하여 최초로 마련된 법이다. '아동복리법'은 6.25 전쟁 이후 사회혼란과 국가재정의 궁핍으로 '요보호아동'을 대상으로 제한적으로 입법되었으며, 1981년 4월 13에 '아동복지법'으로 명칭이 변경되면서 전문 개정되었다. 해당 법은 모든 아동의 건전한 육성에 그 목적을 두었으나, 아동보호의 방법과 체계는 오직 '요보호아동'이

발생한 이후의 시설수용보호에 머물러 있었다.

그 후 20년 가까운 세월이 흐르면서 사회의 변화와 함께 가정 내 아동학대, 약물중독, 아동의 안전 문제 등의 새로운 아동복지 욕구를 수용할 수 있도록 법 개정이 절실하게 되었다. 이에 여러 아동복지관련 단체들의 노력으로 전면 개정된 아동복지법은 아동학대에 대한 보호체계의 마련과 함께 아동복지시설에 대한 안전기준 및 안전교육에 대한 법적 기준까지 제시하게 되었다.

2011년 8월 4일에 아동학대의 정의, 아동보호전문기관의 친권상실 선고 청구 제도, 신고의무자 확대 및 신고의무 강화, 아동학대 예방홍보 강화, 상담원 신변안전 제도 등의 내용을 포함한 아동복지법을 전면 개정한 법률이 공표되어 2012년 8월 5일부터 시행되어 왔다. 이 후 아동학대 및 아동학대범죄의 정의, 피해아동응급조치, 피해아동보호명령, 학대행위자에 대한 긴급·임시조치, 보호사건처리, 신고의무자 확대 및 신고의무 강화 등의 내용을 포함한 아동학대 범죄 처벌 등에 관한 특례법과 개정된 아동복지법이 공표되어 2014년 9월 29일부터 시행되어지고 있다.

다음 [사례 1]은 2015. 6. 2. 울산 동구에서 친부모의 상습아동학대와 살인방조 판결을 받은 아동학대 사망 사건이다.

[사례 1] 친모 아동복지법위반(상습아동학대)·아동복지법위반(아동학대)과 살인 및 친부 살인방조

생후 30개월인 甲의 친모 乙과 친부 丙이 공모하여 甲이 말을 잘 듣지 않고 고집을 부린다는 이유로 밀걸레 봉을 이용하여 甲의 머리 등 전신을 수십 차례 때려 살해하였다는 내용으로 기소된 사안에서, 친부 丙은 친부 乙의 구타행위로 甲이 사망할 가능성 내지 위험이 있음을 예견하면서도 친모 乙의 구타행위를 제지하지 아니하고 용인하는 부작위 등을 통하여 친모 乙의 살인 범행을 방조하였다고 한 사례.

친모 乙은 2015. 6. 2. 17:10경 울산 동구 전하동 소재 甲이 다니던 ○○어린이집으로 甲을 데리러 갔으나 甲이 엄마인 자신을 보고는 교실로 들어가서 '집에 가기 싫다'며 떼를 쓰고 말을 듣지 않은 일로 화가 나, 위 어린이집에서 주거지인 울산 동구 (주소 생략), 나동 4호

(△△연립)까지 가는 노상에서, 손으로 울고 있던 甲의 입 부위를 5회가량, 손바닥으로 피해자의 뒤통수를 2회가량 때리고, 甲을 밀어 길바닥에 넘어뜨렸는데, 마침 이를 목격한 성명불상의 행인이 乙에게 "야, 너 애 때릴 거야? 당장 신고할 테니까 서라."라는 말을 하여 더 화가 난 상태에서 위 주거지에 도착하였다.

乙은 같은 날 17:45경 위 주거지에서, 위와 같은 이유로 집에 들어오자마자, 방 출입문 쪽에 서 있던 甲이 울려고 한다는 이유로 손바닥으로 甲의 입 부위를 다시 2회가량 때렸고, 그 뒤 甲을 그 자리에 그대로 서 있게 하였으며, 같은 날 18:30경이 되어서야 위와 같이 같은 자리에 계속 서 있던 甲을 불러 자신의 오른쪽 앞에 앉게 한 뒤 甲에게 저녁 식사를 대신해서 구운 삼겹살을 먹게 하였으나 甲이 울면서 먹지 않자, 또다시 격분하여 그곳 화장실에 있던 밀걸레 봉(알루미늄 재질, 전체 길이 9cm)을 무릎으로 부러뜨린 뒤, 걸레가 달려 있는 부분은 쓰레기봉투에 넣고 나머지 부분인 위험한 물건인 밀걸레 봉(길이 54cm, 두께 2cm가량)을 이용하여 甲의 머리 왼쪽 부위를 2회가량 때리고, 약간 몸을 든 상태로 甲의 뒤통수를 1회가량 때린 다음, 평소 甲이 잠을 자기 위하여 방바닥에 깔아 놓는 甲의 공간으로 가게 하여 약 1시간 동안 甲을 벽을 향해 서 있게 하는 방법으로 벌을 세웠다.

친모 乙은 같은 날 20:00경 위 주거지에서, 친부 丙이 퇴근 후 귀가하여 함께 술을 마시던 중 위와 같이 甲으로 인하여 화가 난 경위에 대하여 친부 丙와 대화를 나누다가 다시 화가 치밀어 오르자, 甲을 친모의 오른쪽 앞에 앉게 한 다음 위와 같이 부러진 밀걸레 봉을 이용하여 甲의 머리 부위를 3~4회가량 때리는 행동을 2~3회 반복하였다.

丙은 친부로서 민법 제913조 및 아동복지법 제5조에 의하여 乙의 폭행을 제지하고 甲를 보호하여야 함에도 불구하고 위와 같이 乙이 위 밀걸레 봉으로 甲의 머리 부위를 계속해서 폭행하는 것을 바로 옆에서 지켜보면서도 이를 제지하지 않은 채, 오히려 위와 같은 乙의 폭행을 견디지 못하고 아버지인 丙에게로 다가온 甲에게 "네가 잘못했으니 맞아야 된다.", "이 정도 맞아서 죽진 않아."라고 말하며 피해자의 머리 부위를 손으로 5~6회가량 때리며 乙이 있는 곳으로 밀쳤고, 그 뒤 乙은 위 밀걸레 봉이 움푹 들어가고 휘어질 정도로 강한 힘으로 피해자의 머리, 팔, 다리, 몸통 등 전신을 3~4회가량 때리는 행동을 7~8회가량 더 반복하였다.

이로써 甲의 친부모들은 공모하여 2015. 6. 2. 20:00경부터 같은 날 23:00경까지 약 3시간 동안 甲이 말을 잘 듣지 않고 고집을 부린다는 이유로, 위험한 물건인 위 밀걸레 봉을 이용하여 甲의 머리, 팔, 다리, 몸통 등 전신을 가격하면 甲이 사망에 이를 수 있다는 것을 충분히 인식하고도, 위와 같이 甲의 머리 전체 부위를 비롯한 팔, 다리, 몸통 등 전신을 30~40회가량 때렸다.

결국 친부모들은 공모하여 위와 같이 피해자를 때려 甲으로 하여금 2015. 6. 2. 23:56경

울산 동구 전하동 소재 울산대학병원 응급실에서 광범위한 피하출혈 및 다발성 타박상 등에 의한 외상성 쇼크로 사망하게 하여 甲을 살해하였다.

해당 사건으로 친모 乙은 아동복지법 제72조, 제71조 제1항 제2호, 제17조 제3호, 제5호, 형법 제30조, 형법 제250조 제1항(살인의 점, 유기징역형 선택)의 법령을 적용하여 징역 20년과 120시간의 아동학대 치료프로그램 이수 명령을 판결, 친부 丙은 각 아동복지법 제71조 제1항 제2호, 제17조 제3호, 아동복지법 제71조 제1항 제2호, 제17조 제5호, 형법 제30조, 형법 제250조 제1항, 제32조 제1항(살인방조의 점, 유기징역형 선택)의 법령을 적용하여 징역 6년과 120시간의 아동학대 치료프로그램 이수 명령을 판결받았다.

다음 [사례 2]는 2016. 5. 26. 친부가 발달 상태에 있는 자녀의 신체적·정신적 건강을 침해한 사건으로 아동복지법 법령이 적용된 사례이다.

[사례 2] 친부 아동복지법위반(아동학대)

피고인이 친딸인 피해자(여, 16세)가 평소보다 늦게 일어났다는 이유로 피해자가 다니는 중학교의 유도장과 교장실에 피해자를 데려가 무릎을 꿇게 한 상태로 훈계하는 등 학대하고, 미술학원을 가지 않고 거짓말했다는 이유로 고등학교에서 수업 중인 피해자를 불러 학교 내 계단에서 뺨을 때리는 등 학대하였으며, 동생의 저녁밥을 제때 챙겨주지 않고 거짓말했다는 이유로 뺨을 때리는 등 학대한 사례.

친부 A씨는 2015. 3. 중순 친딸 B양이 평소 기상 시간보다 1시간 늦은 06:30에 기상하였다는 이유로, B양을 작은 딸 C양이 다니던 중학교 유도장으로 데리고 가 해당 학교의 불특정 다수의 학생들이 지켜보는 가운데 B양에게 무릎을 꿇게 한 상태로 훈계하였다.

이에 친부 A씨는 계속하여 B양이 다니던 고등학교 교장실로 B양을 데리고 간 다음, B양에게 무릎을 꿇게 한 상태로 교장선생님께 "나는 애를 이렇게 가르친 적이 없는데, 학교에서 이렇게 가르쳤냐"라고 훈계한 후, 담임선생님과의 면담을 요구하며 재차 B양을 학생 회의실로 데리고 갔고, 학생 회의실에서도 B양을 무릎 꿇린 채 담임선생님께도 "나는 애를 이렇게 키우지 않았는데, 당신이 이렇게 만들었냐"라는 등으로 따졌다.

이로써 A씨는 B양의 정신건강 및 발달에 해를 끼치는 정서적 학대행위를 하였다.

또 A씨는 2015. 5. 4.경 B양이 다니던 고등학교에서, B양이 그 전 이틀 동안 미술학원을 나가지 않고는 A씨에게 거짓말을 하였다는 이유로 B양을 찾아가 수업 중인 B양을 교실 밖으로 불러낸 다음, 위 학교 내 4층에서 3층으로 내려가는 계단에서 위 학교의 불특정 다수의 학생들이 보는 가운데 B양의 뺨을 1대 때리고, 재차 주차해 둔 A씨의 차량으로 돌아와 B양을 태운 후 B양의 왼쪽 뺨을 때리며 "니가 어떻게 아빠한테 거짓말을 할 수 있냐, 내가 너를 그렇게 키웠냐, XX년아"라고 욕설을 하였다.

이에 그치지 아니하고 A씨는 같은 날 거짓말을 한 것에 대한 처벌이라는 명목으로 B양을 미용실에 데리고 간 다음 B양의 머리카락을 짧게 자르게 하고 식당 앞으로 B양을 데리고 간 다음, 불특정 다수의 사람들이 지켜보는 가운데 B양에게 무릎을 꿇고 손을 들게 하였다.

A씨는 2015. 5. 10. 19:00경 주거지에서 B양이 유도부 소속 운동부인 동생 C의 저녁밥을 제때 챙겨주지 않고 거짓말을 하였다는 이유로 밥을 하고 있는 B양의 복부를 발로 1대 차고 손으로 B양의 뺨을 때리며 "죽고 싶냐"고 욕설을 하며 그곳 부엌에 있던 칼을 들었다가 놓는 등 겁을 주었다.

이로써 A씨는 B양의 신체에 손상을 주거나 신체의 건강 및 발달을 해치는 신체적 학대행위를 함과 동시에 B양의 정신건강 및 발달에 해를 끼치는 정서적 학대행위를 하였다.

해당 사례는 각 아동복지법 제71조 제1항 제2호, 제17조 제3호(아동에 대한 신체적 학대행위의 점), 각 아동복지법 제71조 제1항 제2호, 제17조 제5호(아동에 대한 정서적 학대행위의 점)의 법령의 적용으로 친부에게 징역 6개월에 집행유예 2년 및 보호관찰, 40시간의 수강명령을 판결받았다.

2. 아동학대처벌법

아동학대사건의 특성을 고려하여 범죄의 처벌뿐 아니라 범죄의 재발방지를 위한 프로그램의 실시 및 피해아동에 대한 보호서비스 등을 유기적이고 통합적으로 운용하기 위하여 2014년 9월 아동학대처벌법이 제정되었다. 아동학대처벌법은 아동학대범죄의 구성요건의 신설 및 처벌의 가중과 아동학대범죄의 처리절차상의 특례, 아동보호사건에 대한 보호처분, 피해아동에 대한 학대치사죄 및 아동학대 중상해죄를 신설하여 처벌규정을 강화하였다. 또 상습범 및 아동복지시설 종사자 등에 대해서는 가중 처벌하도록 하였다.

아동학대행위자가 아동에게 중상해를 입히거나 상습적 아동학대범죄를 저지른 경우, 검사가 법원에 친권상실을 청구토록 규정하였다. 사법경찰관은 아동학대 범죄를 신속히 수사하여 검사에게 송치하고, 검사는 아동학대범죄에 대해 아동보호사건 송치, 공소제기 또는 기소유예 등의 처분을 결정하기 위해 필요하다고 인정하면 아동학대행위자의 주거지 또는 검찰청 소재지를 관할하는 보호관찰소의 장에게 아동학대행위자의 경력·생활환경 등에 대한 조사를 요구할 수 있게 하였다. 또 검사는 상황을 고려하여 조건부 기소유예를 할 수 있다.

특히 아동학대처벌법 시행령에는 사건관리회의 운영규정(제4조)을 두어, 검사가 임시조치의 청구, 아동보호사건의 송치 또는 피해아동에 대한 지원 등을 위하여 아동보호전문기관의 장, 보호관찰관, 의사 등을 구성원으로 하는 사건관리회의를 열어 의견 청취 등을 할 수 있도록 하였으며 피해아동에 대한 의견 청취 절차 등의 마련도 하였다(제5조).

이에 따라 아동보호전문기관의 직원과 사법경찰관리는 피해아동이 응급조치 등에 의해서 보호시설 또는 아동복지시설 등에 인도 또는 위탁된 경우 주기적으로 피해아동을 방문하여 보호자와의 의사소통 중개 및 피해아동의 상황 등의 의견을 청취할 수 있도록 하였다. 또 아동보호전문기관의 장 등은 검사나 법원의 요구에 따른 자료를 제출하여야 하며, 법원은 이행실태의 조사를 위해 필요한 경우 보호시설 및 아동복지시설 등의 장에게 피해아동 또는 아동학대행위자에 관한 자료를 제출할 것을 요청할 수 있도록 하고 있다.

최근 아동학대범죄의 처벌 등에 관한 특례법 위반으로 기소된 사안에서, 친부에게 유죄를 선고한 [사례 1]을 살펴보면 이렇다.

[사례 1] 아동학대범죄의 처벌 등에 관한 특례법 위반(아동학대치사)

2017년 5월 선고된 아동학대치사와 관련한 사례를 살펴보면, 친부 A씨가 생후 약 8개월 된 아동 B을 사망에 이르게 한 사건이 있었다. 해당 사건으로 친부 A씨는 징역 3년 6개월과 120시간의 아동학대 치료프로그램의 이수를 판결받게 되었다.

적용된 법령의 내용으로는 범죄사실에 대한 해당법조 및 형의 선택으로 아동학대범죄의 처벌 등에 관한 특례법 제4조, 제2조 제4호 (가)목, (나)목, 형법 제260조 제1항, 제273조 제1항(유기징역형 선택)과 아동학대범죄의 처벌 등에 관한 특례법 제8조 제1항인 이수명령, 그리고 작량감경은 형법 제53조, 제55조 제1항 제3호(아래의 유리한 정상 참작)이 적용되었다.

해당 사례가 발생되어진 상황을 자세히 살펴보면 이러한다.
생후 약 8개월 된 아동 B의 친부(父)인 피고인이, B가 타고 있던 유모차를 1분여 동안 앞뒤로 강하게 흔들고, 계속하여 울고 있던 B의 겨드랑이에 양팔을 낀 채 B을 빠르고 강하게 위아래로 흔들거나 피고인의 머리 뒤로 넘겼다가 무릎까지 빠른 속도로 내리면서 흔드는 행위를 반복하다가 B를 머리 뒤로 넘긴 상태에서 놓쳐 거실 바닥에 떨어뜨렸고, B는 잠깐 울다가 곧바로 경련을 일으킨 후 대학병원 응급실에서 경막하출혈, 뇌부종, 양안 다발성 망막출혈 등으로 수술 및 치료를 받던 중 약 4주 후 뇌간마비로 사망하게 되었다.

법원은 피해자가 타고 있는 유모차를 흔들어 피해자에게 충격을 가하고 피해자를 두 팔로 안고 위아래로 강하게 흔들다가 피해자를 떨어뜨린 피고인의 일련의 행위는 위 법리에 따른 학대행위로 평가할 수 있고, 피고인에게 미필적으로나마 학대의 고의가 있었다고 봄이 타당하다고 보았다. 또 이는 피고인에게 학대의 목적이나 계획적인 학대의 의도가 있다고 보기 어렵다거나, 피고인이 피해자를 재우려는 생각으로 위와 같은 행위를 하였으며 평소에도 비슷한 행동을 한 적이 있다거나 이 사건 외에 아동학대가 있었다고 볼 만한 사정이 발견되지 않았다는 점만으로 달리 볼 수 없는 판결을 내렸다.

다음은 아동복지시설 종사자의 아동학대 범죄의 처벌 등에 관한 특례법 위반으로 발생되어진 [사례 2]를 살펴보고자 한다.

[사례 2] 아동학대범죄의 처벌 등에 관한 특례법 위반(아동복지시설 종사자 등의 아동학대)

어린이집 보육교사인 C씨는, 보육 아동인 D(만 1세)가 수업에 집중하지 않거나 잠을 자지 않는다는 등의 이유로 D의 팔을 움켜잡아 강하게 흔들고, 이마에 딱밤을 때리고, 색연필 뒷부분으로 볼을 찌르거나 손으로 볼을 꼬집고, 손으로 엉덩이를 때리거나 자신의 다리를 D의 몸 위에 올려놓고 누르는 등으로 5회에 걸쳐 신체적 학대행위를 하였다. 보육교사 C씨 행위는 D의 신체를 손상하거나 신체의 건강 및 발달을 해치는 신체적 학대행위에 해당하고, C씨의 지위, 신체적 학대행위에 이르게 된 경위, 학대행위의 정도, D가 나름대로 아프다거나 싫다는 등의 의사를 표현한 점 등에 비추어 피고인에게 신체적 학대의 고의가 있었음을 충분히 인정할 수 있다고 판단하였다. 또 당시 D에게 강한 훈육이나 신체적 유형력을 통한 지도가 필요한 상황이라고 보기 어려울뿐더러, 설령 D가 잘못된 행위를 하여 적정한 훈육이 필요한 상황이었더라도 정당한 보육 내지 훈육행위로서 사회통념상 객관적 타당성을 갖추었다고 보기 어렵다고 보았다.

해당 사례 2의 적용된 법령의 내용으로는 아동복지법 제1조, 제3조 제1호, 제7호, 제17조 제3호, 형법 제273조와 아동학대범죄의 처벌 등에 관한 특례법 제2조 제4호, 제7조가 적용되어 벌금형과 더불어 유죄가 선고되었다.

아동학대에 대한 관련 법률 조항들은 여러 법령에 무질서하게 산재되어 아동학대 관련 법률조항의 체계적 정리의 시급함이 제기되고 있다. 아동학대에 대한 관련 법률 조항들은 다음과 같다.

표 Ⅱ-1	아동학대 관련 법률조항

아동학대 관련 법률조항
• 아동복지법
• 형법
• 청소년보호법
• 교육기본법
• 초 · 중등교육법
• 정신보건법
• 경찰관 직부집행법
• 아동학대범죄의 처벌 등에 관한 특례법
• 가정폭력범죄의 처벌 등에 관한 특례법
• 성폭력방지 및 피해자 보호 등에 관한 법률
• 아동 · 청소년의 성보호에 관한 법률
• 아동보호심판규칙
• 아동복지법 시행령
• 아동학대범죄의 처벌 등에 관한 특례법 시행령

출처: 중앙아동보호전문기관(2016).

제3부

아동학대 예방 및
대응 매뉴얼

CHILD ABUSE

I 아동학대 발견 및 신고

1. 아동학대 발견 및 신고 절차

그림 I-1 아동학대 발견 및 대응 프로세스

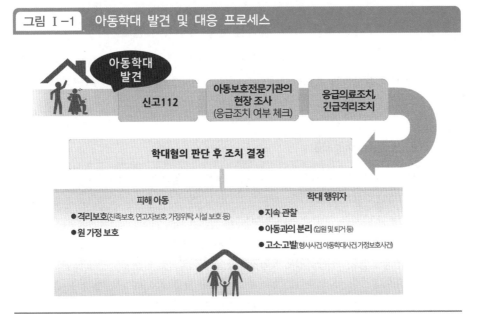

출처: 교육부·보건복지부(2016). 유치원·어린이집 아동학대 조기발견 및 관리대응 매뉴얼.

■ 112로 즉시 신고하기

• 아동에 대한 폭력·방임·유기 등 아동학대 정황이 발견된 경우

• 보호자가 정당한 사유 없이 아동 면담을 거절하여 아동학대가 의심되는 경우

• 아동이 거주지에 거주하지 않거나 주소지가 확인되지 않아 소재불명인 경우

• 학대행위자로부터 격리 등 아동 보호가 응급한 경우 등

■ 아동보호전문기관에 상담 및 신고하기

• 적절한 양육환경인지 의심되거나, 멍·상처가 보이지만 학대인지 확실하지 않은 경우 등

• 아동보호전문기관은 법적인 아동학대 신고접수기관. 따라서 아동보호전문 기관은 상담 과정에서 아동학대의 사실을 발견할 경우 아동학대 관련 상담을 아동학대 신고로 전환하게 된다.

■ 스마트폰 APP 활용 사진, 동영상 등을 촬영하여 신고하기

• 경찰청 APP(스마트폰 국민제보 목격자를 찾습니다)

• 아동보호전문기관 APP(아이지킴콜 112)

아동학대 신고 시 주의사항

■ 가해자인 보호자에게 신고내용을 알리는 등의 행위로 아동학대 증거가 은폐되지 않도록 주의한다.

■ 가능한 한 증거 사진, 동영상 등을 확보한다.

■ 아동이 불안에 빠지지 않도록 큰 일이 난 것처럼 하지 않고 일상적으로 대한다.

■ 성학대의 경우 증거 확보를 위해 씻기거나 옷을 갈아입히지 않는다.

■ 진술의 오염이 있을 수 있으므로 학대에 대해 계속 캐묻거나 유도 질문을 하지 않는다.

■ 신고 후 피해아동의 정보가 외부에 노출되지 않도록 주의한다.

■ 신고 후에도 지속적으로 수사기관 또는 아동보호전문기관에 협조하는 것이 필요하다.

■ 학교는 신고의무자(교사 직군)의 신고 시 신고자의 정보가 노출되지 않도록 한다.

신고 전화(예시)

- OO학교에 재직하고 있는 교사로 아동학대 신고의무자입니다.
- OO학교 재학 중인 아동에 대해 ~~~~~의 이유로 아동학대가 의심되어 신고합니다.
- 아동의 현재 상황은 ~~~~~합니다.
  - ※ 아동 안전 여부, 응급조치 필요 여부, 아동의 심신 상태, 가정 상황 등
- 아동의 인적 상황은 ~~~~~입니다.
  - ※ 성명, 성별, 연령, 주소, 전화번호 등
- 학대행위자로 의심되는 사람은 ~~~~~입니다.
  - ※ 이름, 성별, 나이, 주소 등 (학대행위자 정보를 파악하지 못해도 신고 가능)
- 신고자는 OOO입니다.
  - ※ 성명, 전화번호, 주소, 아동과의 관계 등

- **아동학대 사안보고 시 유의사항**
- 학교가 아동보호전문기관 및 수사기관에 아동학대를 신고한 경우, 중대·심 각한 아동학대 사안을 알게 된 경우에 학교장은 교육장에게 공문으로 사안 보고서 제출
  - ※ 사안보고서 양식은 '경기도교육청 학생안전종합계획'의 학교폭력 사안보 고서 양식을 활용
- 사안보고서 제출 시에는 피해아동, 신고자 등에 대한 비밀이 누설되지 않도 록 유의

- **아동학대 신고 후 진행 절차**

아동학대 신고: ☎ 112	

↓

현장조사 및 조치결정 단계	
사법기관 및 아동보호전문기관	학교 협조사항
■ 현장 조사를 통한 아동학대 혐의 판단 ■ 피해아동 보호조치	■ 아동보호전문기관 및 경찰의 조사 및 증거수집 협조

• 피해아동 응급조치 집행 • 피해아동 보호명령 청구 • 보조인 및 후견인 선임 등 ▪ 학대행위자 임시조치 　• 긴급임시조치 신청 　• 고소고발
▪ 아동보호전문기관과 연계하여 피해아동 보호 ▪ 비밀 엄수 　• 피해아동에 대한 비밀 엄수 　• 신고의무자에 대한 비밀 엄수 및 보호 등 ▪ 피해학생의 학적 처리 협조 　(출석인정, 비밀전학, 임시전학, 위탁교육 등)

↓

사례관리 및 사후관리 단계	
사법기관 및 아동보호전문기관	학교 협조 사항
▪ 피해아동: 상담, 의료지원, 사회복지 서비스 연계 등 ▪ 학대행위자: 보호처분, 결과 상담, 심리치료, 가정지원 등 ▪ 사후관리 연계기관 결정 및 서비스제공 모니터링	▪ 아동보호전문기관과 연계하여 피해아동을 위한 상담, 보호, 심리치료 등 협조 체계 유지 ▪ 피해학생 및 신고자에 대한 비밀 엄수

2. 아동학대 유형별 신고 사례

1) 신체학대 발견하기와 신고 사례

• 넘어져서 생기기 어려운 부분의 상처

• 할퀴거나 손으로 맞은 것 같은 자국

• 체벌 도구가 그대로 드러나는 상처

• 대부분의 화상자국은 아동학대와 연관될 가능성이 높으므로 주의 깊게 관찰(뜨거운 물, 다리미 자국 등)

• 의사 A씨는 의식을 잃고 이송된 B군을 진찰하던 중 골절을 발견하였다. 의사 A씨는 B군의 부모에게 골절 원인을 물었으나 B군의 부모는 당황하며 B군이 혼자 놀다 넘어져 골절이 생긴 것이라고 답변하였다. 이에 의사 A씨는 B군의 골절 부위를 엑스레이 촬영하고 이전에도 동일 부위의 골절이 발생한 사실도 확인하였다. 또한 골절 상태도 단순히 넘어져 생긴 것이

아닌 외부충격에 의한 것임을 확인하고 아동학대 신고전화(1577-1391)로 신고하였다.

- 피해 청소년은 평소 두통으로 학교 보건실에 자주 출입했다. 그러나 부모와의 동행을 거부하여 119 구급차로 ○○대학병원 응급실로 후송되어 CT촬영과 여러 가지 검사를 하였다고 했다. 최근에는 부모로부터 머리를 맞았는데 예전부터 부모에게 많이 맞고 자랐으며, 어떤 때는 망치와 칼 등으로 위협을 당한 적도 있다고 했다. 피해자는 집으로 돌아가면 부모가 추궁을 하거나 맞을 것이 두려워 집으로 가기를 거부했다. 특히 일주일에 2~3회 또는 거의 매일 폭력을 당해 몸에 상처가 났으며 칼이나 망치로 위협당하고 의복이 불결하고 신체적, 정서적으로 매우 불안한 상태를 보였다. 친부는 피해자가 말을 듣지 않아서 살짝 때렸으며 화가 나서 망치로 위협만 가한 것을 피해자가 확대해서 말했다고 주장했다.
→ 청소년의 현재 상태 및 의료적 처치 확인을 위해 병원을 방문하고 신체학대에 대한 조사를 하며 주변인 조사를 통해 사실을 파악하여, 청소년에 적절한 심리 치료 및 부모들을 부모교육에 참여시켰다.

2) 정서학대 발견하기와 신고 사례

- 발견이 어려워 아동을 유심히 관찰해야 함
- 귀가거부, 우울, 좋지 못한 언행 사용 등
- 폭언, 모욕, 감금, 심각한 비교 등을 하는 경우 모두 정서학대임

- 정신보건센터에서 근무하는 A씨는 우울증으로 인해 등교 거부, 돌발행동 등 정신건강이 의심된다며 사회복지관으로부터 상담 의뢰를 받은 B군(초등학교 3학년)을 상담하는 중 깜짝 놀랄 이야기를 들었다. B군의 부모는 평소 B군에게 인격을 비하하는 말과 욕설을 사용해 왔고, B군과 동생을 비교하며 가족 내에서 따돌렸다고 한다. 또한 가정 내 규칙을 지키지 않았을 시 장롱 안에서 몇 시간씩 가두어 나오지 못하게 한다고 했고 옷을 다 벗겨서 밖으로 쫓아내고 몇 시간 동안 들어오지 못하게도 한다고 했다. A씨는 일반적인 훈육을 벗어난 아동학대로 생각되어 아동학대 신고전화(1577-1391)로 신고하였다.

- 친부가 중학생을 술을 마신 상태로 약 4시간 이상을 욕을 하며 때리는 사실을 알고 친모가 전화할 수 없는 상황에서 이웃이 대신 신고하였다. 친부는 중학생을 자신의 자식이 아니라고 하며 정서적 학대를 해왔다고 하였다. 학생이 성장하면서 학생이 자신을 너무 많이 닮았고 고집이 세서 싫다는 이유를 들어 지속적으로 폭력을 가했으며 수시로 "너는 내 자식이 아니라 남의 자식이다."라고 말해 왔다. 친부모 사이에 갈등이 발생할 때 친모가 참지 않고 강하게 대꾸하거나 경찰에 신고하는 등의 행동을 보인 후부터 친모에 대한 태도는 조금 나아졌으나 아동에 대한 가해행위가 더욱 심해졌다고 한다. 불안한 가정환경 때문인지 학교생활 및 교우관계가 원만하지 않고 스스로 왕따라고 표현하는 등 자아존중감이 낮은 상태이다.
→ 친부모 간의 복잡한 가족사 및 갈등으로 인해 해결이 쉽지 않은 경우. 친부의 의처증 및 알코올 중독 증세의 치료와 친모의 우울증 및 알코올 공동의존 증세도 치료가 필요한 상황. 원만한 해결을 위해 결과를 논하기에는 이르나 다각적인 개입이 도움이 되고 있는 것으로 추정된다.

출처: 중앙아동보호전문기관(http://korea1391.org)

3) 성학대 발견하기와 신고 사례

- 연령대에 맞지 않는 성지식과 행동
- 평소와 다른 행동, 좋아하던 것에 관심이 없음
- 죄의식에 사로잡힌 자책 행동을 보임

- 산부인과 의사 A씨는 산부인과 진료를 받으러 온 여아 B를 진료하다가 특이한 점을 발견했다. 진료 전 아동의 부모는 목욕 도중 손이 미끄러져 아동의 성기에 손가락이 들어간 적이 있고, 아동이 자신의 성기를 만지며 노는 것을 좋아해 상처가 발생했다며 진료사유를 말했으나 A씨는 진료 중 아동의 질 내에 상처가 깊고 질과 항문에 성학대가 의심되는 흔적들을 발견하였다. A씨가 아동에게 상처가 발행한 원인을 물었으나 아동은 대답하지 않고 침울한 표정만 지었고, 이에 A씨는 아동학대로 생각되어 아동학대 신고전화(1577-1391)로 신고하였다.

출처: 중앙아동보호전문기관(http://korea1391.org)

4) 방임 발견하기와 신고 사례

- 위상상태 불량, 계절에 맞지 않는 옷, 영양실조
- 몸에 머릿니, 빈대 등이 있음
- 학교나 병원을 보내지 않는 것도 학대

> • 소방서 구급대원 A씨는 30대 여성이 부부싸움 중 남편이 휘두른 칼에 복부에 상처를 입어 출혈이 심하다는 내용으로 신고를 받고 출동하였다. 구조를 위해 집에 들어간 순간, 방 안에 악취가 진동했고 집안 곳곳에 쓰레기 봉지가 널려 있었으며 바퀴벌레 등 벌레를 목격했다. A씨는 응급조치를 한 후 자녀로 보이는 B군과 C군의 지저분한 옷과 이 아동들이 또래보다 마르고 왜소한 모습에 눈길이 갔다. A씨는 퇴근한 이후 아동들이 추운 날씨에 짧은 티셔츠를 입고 있고 비위생적인 환경에서 생활하며 집 안에 쓰레기 등이 가득찬 점이 마음에 걸려 아동학대 신고전화(1577-1391)로 신고하였다.
>
> 출처: 중앙아동보호전문기관(http://korea1391.org)

> • 친부에게 신체적 학대를 당해 집에서 쫓겨나 집 주위를 배회하며 골목에서 자기도 하는 상황을 이웃 주민들이 신고하였다. 특히 친모가 가출한 상태에서 친부는 알코올 중독으로 시설에서 약 2개월 정도 치료를 받고 있는 상태여서 사실상 방임 상태에 놓여 있었다. 특히 잘 먹지 못해 영양실조로 다리를 절기도 하고 정서적 학대로 인해 학습능력이 현저히 떨어져 있으며 자신의 생각을 표현하는 능력이 현저히 떨어져 있었다.
> → 가정방문을 통해 아동 및 친부를 상담하고 복지관 등 기존의 연계 기관들과 협력하여 꾸준한 상담과 지속적 관찰을 실시했다. 청소년의 학대 후유증 치료를 위해 격리 보호하며 친부와 상담 및 알코올 중독 치료 및 교육 프로그램 참여를 통해 재학대 방지에 힘썼다.
>
> 출처: 중앙아동보호전문기관(http://korea1391.org)

5) 아동학대 신고의무 불이행 처벌 사례

> • 부산시가 아동학대 신고의무위반자에게 과태료를 부과해 주목을 끌고 있다. 부산시는 어린이집에 수개월간 방임된 아동에 대해 아동학대 신고의무를 위반한 어린이집 원장에게 과태료 120만원을 부과했다. 친모가 아동을 맡겨둔 채 수개월간 연락이 끊겼고 원장은 이 사실

을 알면서도 담당 구청이나 아동보호전문기관에 신고하지 않고 피해아동을 어린이집에서 계속 보육한 것으로 조사 결과 드러났다.

출처: 중앙아동보호전문기관(http://korea1391.org)

• 지난 4월 온라인을 달군 'ㅇㅇ아동 사망 사건'에 연루된 친모 및 ㅇㅇ대학교병원 의사 등이 무더기 처벌을 받게 됐다.

사망 아동 시신이 변사로 의심됨에도 해당 경찰관서에 신고하지 않은 ㅇㅇ대학교 병원 의사 A씨와 해당 의료법인은 의료법 위반으로 불구속 입건됐다. 의사 A씨는 변사 의심에도 불구하고 부모의 말만 믿고 관할 경찰서에 신고하지 않고 사망진단서를 발급했다.

출처: 중앙아동보호전문기관(http://korea1391.org)

6) 신고의무자의 아동보호전문기관 협력 사례

• 아동보호전문기관이 친부에게 성학대를 당한 아동을 상담하던 중, 아동이 불안한 상황에서 진술을 하지 않아 어려움을 겪고 있었다. 아동보호전문기관은 아동이 편안한 분위기에서 진술할 수 있도록 평소에 아동과 친분이 있는 어린이집 보육교사 A씨에게 진술조력인이 되어 줄 것을 부탁했다. A씨는 아동이 편안함을 느낄 수 있도록 아동을 달래주면서 아동의 잘못이 아니니 솔직하게 말해도 된다고 안심시켰다. 이후 아동이 안정감을 느끼고 사실을 진술하여 해당 내용이 증거로 채택되어 친부가 처벌받을 수 있었다.

출처: 중앙아동보호전문기관(http://korea1391.org)

3. 아동학대 발견 및 신고 안내문 양식

| 표 I-1 | 아동학대 신고의무자용 점검표(예시)

- 아동학대 체크 리스트는 아동학대 신고의무자 직무 중에 학대로 의심되는 아동을 조기 발견하기 위해 활용
- 1개 문항 이상 "예"라고 체크된 경우. 아동학대를 의심해 볼 수 있는 상황, 아동학대가 "의심"되면 아동학대 신고전화 112로 반드시 신고
- ※ 아동학대를 의심할 수 있는지 여부에 대해서는 아동보호전문기관과 상담

연번	평가 항목	평가 √	
1	사고로 보이기에는 미심쩍은 상흔이나 폭행으로 보이는 멍이나 상처가 발생한다.	예	아니오
2	상처 및 상흔에 대한 아동 및 보호자의 설명이 불명확하다.	예	아니오
3	보호자가 아동이 매를 맞고 자라야 한다는 생각을 갖고 있거나 체벌을 사용한다.	예	아니오
4	아동이 보호자에게 언어적, 정서적 위협을 당한다.	예	아니오
5	아동이 보호자에게 감금, 억제, 기타 가학적인 행위를 당한다.	예	아니오
6	기아, 영양실조, 적절하지 못한 영양섭취를 보인다.	예	아니오
7	계절에 맞지 않는 옷, 청결하지 못한 외모를 보인다.	예	아니오
8	불결한 환경이나 위험한 상태로부터 아동을 보호하지 않고 방치한다.	예	아니오
9	성학대로 의심될 성질환이 있거나 임신 등의 신체적 흔적이 있다.	예	아니오
10	나이에 맞지 않은 성적행동 및 해박하고 조속한 성지식을 보인다.	예	아니오
11	자주 결석하거나 결석에 대한 사유가 불명확하다.	예	아니오
12	필요한 의료적 처치를 하지 않거나 예방접종이 필요한 아동에게 예방접종을 실시하지 않는다.	예	아니오
13	보호자에 대한 거부감과 두려움을 표현하거나 집(보호기관)으로 돌아가는 것에 대해 두려워한다.	예	아니오
14	아동이 히스테리, 강박, 공포 등 정신신경성 반응을 보이거나 공격적이거나 위축된 모습 등의 극단적인 행동을 한다.	예	아니오
15	"아동학대 점검표" 1-14에 해당되지는 않지만 그 외의 학대로 의심되는 경우 (학대 의심 사항:)	예	아니오

(자료제공: 보건복지부 중앙아동보호전문기관)

| 표 I -2 | 아동의 보호자 대상 아동학대 신고의무자 제도 안내문(예시) |

보호자님께

- 「아동학대범죄의 처벌 등에 관한 특례법」에 따른 아동학대 신고의무자 제도에 대해 알려드립니다. 아동학대 신고의무자는 직무를 수행하면서 아동학대범죄를 알게 된 경우나 그 의심이 있는 경우에는 아동보호전문기관 또는 수사기관에 신고할 의무가 있는 사람입니다. 아동학대 신고의무자가 정당한 사유없이 그 직무상 아동학대를 알게 되었거나 의심이 되었음에도 신고하지 아니하면 500만원 이하의 과태료가 부과됩니다.(제10조, 제63조)

※ 유치원 교직원 강사, 어린이집의 원장 등 보육교직원은 신고의무자에 해당.

- 보호자님께서도 아동학대 방지를 위한 사회적분위기 조성에 적극 협조하여 주시기 바랍니다.

아동학대 신고의무자용 점검표

연번	평가 항목	평가 √	
1	사고로 보이기에는 미심쩍은 상흔이나 폭행으로 보이는 멍이나 상처가 발생한다.	예	아니오
2	상처 및 상흔에 대한 아동 및 보호자의 설명이 불명확하다.	예	아니오
3	보호자가 아동이 매를 맞고 자라야 한다는 생각을 갖고 있거나 체벌을 사용한다.	예	아니오
4	아동이 보호자에게 언어적, 정서적 위협을 당한다.	예	아니오
5	아동이 보호자에게 감금, 억제, 기타 가학적인 행위를 당한다.	예	아니오
6	기아, 영양실조, 적절하지 못한 영양섭취를 보인다.	예	아니오
7	계절에 맞지 않는 옷, 청결하지 못한 외모를 보인다.	예	아니오
8	불결한 환경이나 위험한 상태로부터 아동을 보호하지 않고 방치한다.	예	아니오
9	성학대로 의심될 성질환이 있거나 임신 등의 신체적 흔적이 있다.	예	아니오
10	나이에 맞지 않은 성적행동 및 해박하고 조숙한 성지식을 보인다.	예	아니오
11	자주 결석하거나 결석에 대한 사유가 불명확하다.	예	아니오
12	필요한 의료적 처치를 하지 않거나 예방접종이 필요한 아동에게 예방접종을 실시하지 않는다.	예	아니오
13	보호자에 대한 거부감과 두려움을 표현하거나 집(보호기관)으로 돌아가는 것에 대해 두려워한다.	예	아니오
14	아동이 히스테리, 강박, 공포 등 정신신경성 반응을 보이거나 공격적이거나 위축된 모습 등의 극단적인 행동을 한다.	예	아니오
15	"아동학대 점검표" 1-14에 해당되지는 않지만 그 외의 학대로 의심되는 경우 (학대 의심 사항:)	예	아니오

- 「아동학대 점검표」는 학대로 의심되는 아동에 대한 상담 시 활용 바랍니다. -

(자료제공: 보건복지부 중앙아동보호전문기관)

○○○○○유치원장/어린이집원장

※ 출처: 교육부·보건복지부 유치원·어린이집 아동학대 조기발견 및 관리·대응 매뉴얼(2016).

표 Ⅰ-3 어린이집 아동학대 조기발견을 위한 부모 안내서(예시)

1. 자녀에게 이러한 징후가 발견되면 아동학대를 의심해보세요.

- 자녀에게 관찰되는 손상이 상식적으로 발생하기 어려운 경우
  - 겨드랑이, 팔뚝이나 허벅지 안쪽 등 다치기 어려운 부위의 상처가 있는 경우
  - 2세 미만의 자녀에게 머리 손상이나 장골 골절이 발생한 경우

- 자녀의 신체에 학대의심 증거가 있는 경우
  - 다발성의 시기가 다른 멍이 있는 경우
  - 회음부/엉덩이 화상, 팔다리에 스타킹이나 장갑 모양의 사지 화상 등이 있는 경우

- 자녀의 상흔이나 사고에 대한 설명이 교사와 자녀 간에 일치하지 않는 경우
- 원 내에서 아동이 다쳤음에도 특별한 이유 없이 병원에 데려가지 않거나 지연된 경우
- 자녀가 갑자기 평소와는 너무 다른 행동 등을 보이는 경우
  - 자기 파괴적인 행동 또는 공격적인 행동을 하거나 특정 물건을 계속하여 빨거나 물어뜯는 경우
  - 자녀가 혼자 있기를 거부하거나 특정 유형의 사람들 또는 성인에 대해 두려워하는 경우
  - 갑자기 어린이집에 가는 것을 거부하거나 외출을 거부하는 경우

2. 학대가 의심될 때는 자녀를 이렇게 도와주세요.
- 112로 신고해주세요.
  - 아동학대가 의심될 경우, 경찰에 신고하여 자녀의 추가 피해를 예방해주세요.

- 아동보호전문기관에서 자녀의 마음을 치료해주세요.
  ※ 가까운 지역아동보호전문기관은 www.korea1391.org에서 확인하실 수 있습니다.
  - 몸에 생긴 상처는 시간이 지나면 저절로 나을 수 있지만, 학대로 인해 마음에 생긴 상처는 시간이 지나도 낫지 않을 수 있습니다. 학대피해아동의 치료와 상담을 전문적으로 수행하는 아동보호전문 기관에 연락하여 자녀가 건강하고 행복하게 자랄 수 있도록 해주세요.

아동학대 예방을 위한 "착한신고" 앱(App)

아동학대의 범위, 징후, 관련법, 신고 방법 및 아동학대예방교육 자료 및 가까운 지역아동보호 전문기관을 스마트폰에서도 편리하게 다운로드 할 수 있는 어플리케이션입니다.
(아이폰/ISO): App Store에서 "아동학대" 검색 후 다운로드
(삼성, LG/안드로이드): Play 스토어에서 "아동학대" 검색 후 다운로드

※ 출처: 중앙아동보호전문기관 홈페이지(www.korea1391.org).

II 아동학대 발견 및 초기대응

1. 아동학대 조기 발견 방법

가. 아동학대 조기 발견

[관찰]

✔ 매일 학생의 건강과 안전 살피기

✔ 평상시와 다른 상흔 또는 감정의 변화가 있는지 확인하기

✔ 계절에 맞지 않는 옷을 입거나 비위생적인 신체 상태 확인하기

✔ 학생 신체 또는 정서적 이상 징후에 대해 꼼꼼하게 기록하기

[상담]

✔ 학생의 이상 징후 발견 시 상담하기

✔ 전문적인 상담이 필요할 경우 Wee클래스 및 Wee센터에 상담 의뢰하기

✔ 건강상 문제가 발견될 경우 보건교사에게 상담 의뢰하기

✔ 학생의 상담 내용 등을 기록하기

[지속적인 관심]

✔ 친구나 이웃 등의 제보에 대한 관심 갖기

✔ 주변의 이야기에 주의를 기울이고 기록하기

	아동학대 징후 체크리스트
연번	체크항목
1	사고로 보이기에는 미심쩍은 멍이나 상처가 발생한다.
2	상처 및 상흔에 대한 아동 혹은 보호자의 설명이 불명확하다.
3	보호자가 아동이 매를 맞고 자라야 한다는 생각을 갖고 있거나 체벌을 사용한다.
4	아동이 보호자에게 언어적, 정서적 위협을 당한다.
5	아동이 보호자에게 감금, 억제, 기타 가학적인 행위를 당한다.
6	기아, 영양실조, 적절하지 못한 영양섭취를 보인다.
7	계절에 맞지 않는 옷, 청결하지 못한 외모를 보인다.
8	불결한 환경이나 위험한 상태로부터 아동을 보호하지 않고 방치한다.
9	성학대로 의심될 성질환이 있거나 임신 등의 신체적 흔적이 있다.
10	나이에 맞지 않는 성적 행동 및 해박하고 조숙한 성지식을 보인다.
11	자주 결석하거나 결석에 대한 사유가 불명확하다.
12	필요한 의료적 처치 혹은 필요한 아동에게 예방접종을 실시하지 않는다.
13	보호자에 대한 거부감과 두려움을 보이고, 집(보호기관)으로 돌아가는 것에 대해 두려워한다.
14	아동이 매우 공격적이거나 위축된 모습 등의 극단적인 행동을 한다.
15	1-14에 해당되지는 않지만 그 외의 학대로 의심되는 경우 (학대 의심 사항:)

나. 아동학대 신고의무자

• 시민 누구나 신고 가능함.

아동복지법 제25조 제1항 – "누구든지 아동학대를 알게 된 경우에는 아동보호전문기관 또는 수사기관에 신고할 수 있다."

• 아동학대 신고의무자란?

직무상 아동학대를 인지할 가능성 높은 직군의 시민들에게는 신고의무 부여.

※ 아동복지법 제25조 제2항-"신고의무자들은 직무상 아동학대를 알게 된 경우에는 즉시 아동보호전문기관 또는 수사기관에 신고하여야 한다."

표 Ⅱ-1 아동학대 신고의무자 직군

1. 가정위탁지원센터의 장과 그 종사자	13. 유아교육법 제20조에 따른 교직원 및 같은 법 제23조에 따른 강사 등
2. 아동복지시설의 장과 그 종사자	14. 의료기사 등에 관한 법률 제1조에 따른 의료기사
3. 제13조에 따른 아동복지전담공무원	15. 의료법에 따른 의료인과 의료기관의 장
4. 가정폭력 방지 및 피해자 보호등에 관한 법률 제5조에 따른 가정폭력 관련 상담소 및 같은 법 제7조의 2에 따른 가정폭력피해자 보호시설의 장과 그 종사자	16. 장애인복지법 제58조에 따른 장애인 복지시설의 장과 그 종사자로서 시설에서 장애아동에 대한 상담, 치료, 훈련 또는 요양 업무를 수행하는 사람
5. 건강가정기본법 제35조에 따른 건강가정지원센터의 장과 그 종사자	17. 정신보건법 제13조의 2에 따른 정신보건센터의 장과 그 종사자
6. 다문화가족지원법 제12조에 따른 다문화가족지원센터의 장과 그 종사자	18. 청소년기본법 제3조제6호에 따른 청소년시설 및 같은 조 제8호에 따른 청소년 단체의 장과 그 종사자
7. 사회복지사업법 제14조에 따른 사회복지 전담공무원 및 같은 법 제34조에 따른 사회복지시설의 장과 그 종사자	19. 청소년보호법 제33조의 2에 따른 청소년보호센터 및 청소년재활센터의 장과 그 종사자
8. 성매매방지 및 피해자보호 등에 관한 법률 제5조에 따른 지원시설 및 같은 법 제10조에 따른 성매매피해상담소의 장과 그 종사자	20. 초중등교육법 제19조에 따른 교직원, 같은 법 제19조의 2에 따른 전문상담교사 및 같은 법 제22조에 따른 산학겸임 교사 등
9. 성폭력방지 및 피해자 보호 등에 관한 법률 제10조에 따른 성폭력피해상담소 및 같은 법 제12조에 따른 성폭력피해자보호시설의 장과 그 종사자	21. 한부모가족지원법 제19조에 따른 한부모가족복지시설의 장과 그 종사자
10. 소방기본법 제34조에 따른 구급대의 대원	22. 학원의 설립, 운영 및 과외 교습에 관한 법률 제6조에 따른 학원의 운영자, 강사, 직원 및 같은 법 제14조에 따른 교습소의 교습자, 직원
11. 응급의료에 관한 법률 제36조에 따른 응급구조사	23. 아이돌봄 지원법 제2조 제4호에 따른 아이 돌보미
12. 영유아보육법 제10조에 따른 어린이집의 원장 등 보육 교직원	24. 아동복지법 제37조에 따른 취약계층 아동에 대한 통합서비스 지원 수행이력

※ 출처: 대구광역시교육청 학부모 대상 아동학대 예방교육자료.

• 신고의무자 신고불이행 시 과태료 부과.

아동복지법 제25조에 따라 신고의무자가 아동학대를 "알고도" 신고하지 않은 경우 ⇨ 300만원 이하의 과태료 부과.

2014. 9. 29.부터는 처벌이 강화되어 "의심만 되어도" 신고하여야 하며, 신고하지 않은 경우, 500만원 이하의 과태료 부과.

다. 아동학대신고 시 유의 사항

• 가능한 한 증거 사진을 확보해야 함.
• 평소대로 아동을 대하는 것이 중요함.
• 성학대의 경우 증거를 남겨야 하기 때문에 씻기면 안 됨.
• 학대에 대해 유도 질문을 하면 안 됨, 사실 그대로 증거를 확보할 것.

2. 신고 및 의뢰 시 유의할 점

가. 신고 및 상담 의뢰 시 파악 사항

■ 의뢰 경위에 대한 정확한 내용
• 피해 정도의 심각성
• 피해 발생빈도
• 피해 발생의 지속성
• 최근 발생한 가정폭력 및 아동학대 상황

■ 학생과 학생 부모의 인적 사항(이름, 나이, 주소 등)
• 피해학생의 안전여부 및 행위자와 동거 여부
• 긴급격리보호여부, 피해 학생의 심신상태, 가정의 상황

■ 그동안 관찰한 학대 증상(신체적, 행동적) 설명
• 행위자의 특성 및 성향 등

■ 습득한 개인정보 보호 준수 의무
• 신고의무자는 그 직무상 알게 된 비밀을 누설하여서는 아니됨.
• 아동학대범죄의 처벌 등에 관한 특례법 제35조(비밀엄수 등의 의무)

나. 피해 학생 대하는 태도

■ 신고 및 의뢰 시 피해학생에 대한 올바른 태도
• 신고 및 의뢰 전과 후, 동일한 태도로 피해학생을 대해야 함.
• 피해학생에게 필요한 것에 대해 민감히 반응하고, 존중과 이해로 대해야 함.
• 피해학생은 자신이 겪은 사건을 생각하며 자주 우울해하거나 불안해할 수 있으므로 피해학생의 분위기 변화를 파악해야 함.
• 피해학생의 말을 경청하고 비언어적인 대화 반응을 적절히 해주어야 함.
• 아동학대는 피해학생의 잘못이 아님을 알게 해주어야 함.
• 가해 부모로부터 피해자의 신변을 보호하고, 피신처의 비밀을 누설해서는 안 됨.
• 다른 학생에게 관련 사실에 대한 비밀을 누설해서는 안 됨.

■ 응급상황 시 아동의 안전 및 신병 확보
• 위험 상황으로부터 아동 분리
• 긴박한 상황인 경우 학생을 병원에 데려간 이후 신고

3. 초기대응

가. 아동학대 징후 발견 시 즉시 신고

- (매일) 아동의 건강·안전 확인 및 결석 아동의 결석 사유 확인
- (아동학대 인지 또는 의심시) 수사기관(112)에 즉시 신고 등 필요 조치 즉시 시행
※ 아동학대를 의심할 수 있는지 여부에 대해서는 아동보호전문기관과 상담
※ 아동학대 징후 체크리스트, 아동학대 신고의무자용 점검표 등 활용

나. 무단결석 아동 및 퇴학 아동 관리 강화

- (무단결석) 2일 이상 무단결석 아동 발생 시 전화연락 또는 가정방문 등을 통해 아동학대가 의심되거나 아동의 안전과 소재가 파악되지 않은 경우 수사기관(112)에 신고
※ 가정방문은 교직원과 읍면동 공무원으로 구성된 2인이 함께 실시
- (퇴학)명확한 사유 없이 퇴학 신청 시, 아동학대가 의심되는 경우 수사기관(112)에 신고

다. 아동학대 신고의무자의 역할 숙지

- 교육기관의 장은 소속 교직원 대상 아동학대 신고의무자교육을 연 1회 1시간 이상 실시
※ 아동학대 예방 및 신고의무에 관한 법령, 아동학대 신고의무자용 점검표, 아동학대 발견 시 신고 방법, 피해아동 보호절차, 신고의무자에 대한 보호 등
- 관리·감독에서는 연 2회 교육기관 자체 교육실적 점검

4. 평상시 관리·대응

- 매일 아동의 건강과 안전을 확인한다.
- 보호자 동의서(무단결석 시 가정방문)를 사전에 받아둔다.

※ 사전에 동의서를 제출하지 않은 가정도 무단결석 시 방문할 수 있으며 의
도적으로 동의서를 제출하지 않은 경우보다 세밀한 관심을 기울인다.

- 등원 시 아동의 건강상태를 살피고, 평상시와 다른 상흔, 감정변화가 있는
경우에는 보호자에게 문의하여 확인한다.

※ 필요시 의심사항 기록.

5. 아동보호전문기관 설치·운영

가. 유엔 아동권리협약

- 1989년 11월 20일 국제연합(UN)에서 아동의 권리에 대한 협약을 만장일치
로 채택하면서 아동은 권리의 주체인 '인간'으로서 인식되기 시작했다.
- 현재 미국을 제외한 세계 193개국이 비준하였고 우리나라를 포함한 가입국
에서 아동권리협약은 국내법과 동일하게 효력을 발휘하고 있다.

나. 아동인권(아동의 4가지 권리)

- 생존권: 기본적인 삶을 누리는 데 필요한 권리
- 보호권: 어린이에게 유해한 것으로부터 보호받을 권리
- 발달권: 잠재능력을 최대한 발휘하는 데 필요한 권리

• 참여권: 자신의 나라와 지역사회활동에 적극적으로 참가할 수 있는 권리

다. 아동보호전문기관 설치

　지역아동보호전문기관 50개소의 분포도

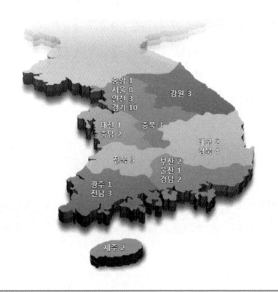

출처: 보건복지부 아동보호전문기관 참고자료.

• 제22조. 국가(보건복지부)와 지방자치단체는 아동학대 예방과 방지를 위한 조치를 취하여야 한다. 아동학대 신고를 받을 수 있는 긴급전화를 설치하여야 한다. 아동학대 신고전화 1577-1391(전국 공통, 24시간 접수)
• 제45조. 국가(보건복지부)는 중앙아동보호전문기관을, 지방자치단체(시도 및 시군구)는 지역아동보호전문기관을 설치하여야 한다.
　　(중앙아동보호전문기관) 지역 상담원 직무교육, 아동학대정보시스템 운영 등
　　(지역아동보호전문기관) 아동학대 신고접수, 현장조사, 응급보호 등

라. 아동보호전문기관의 역할

■ 아동복지법 제45조

• 24시간 아동학대 신고접수, 현장조사 및 응급보호

• 피해아동, 아동학대행위자 대상 상담 및 교육

• 아동학대예방 교육·홍보

• 피해아동 가정 사후관리

• 아동학대 사례판정위원회 설치

• 운영 및 자체사례회의

표 Ⅱ-2 전국 아동보호전문기관 현황

	기관명	관할지역	설치기관	전화번호
중앙	중앙아동보호전문기관	전국	굿네이버스	02-558-1391
서울	서울특별시 아동보호전문기관	강남구, 송파구, 강동구, 서초구, 동작구, 관악구	서울시 아동복지센터	02-2040-4242
	서울동부 아동보호전문기관	성동구, 동대문구, 광진구, 중고, 노원구, 중량구	서울특별시립아동 상담치료센터	02-2247-1391
	서울강서 아동보호전문기관	강서구, 양천구	굿네이버스	02-3665-5182
	서울은평 아동보호전문기관	은평구, 종로구, 강북구	굿네이버스	02-3157-1391
	서울영등포 아동보호전문기관	구로구, 금천구, 영등포구	굿네이버스	02-842-0094
	서울성북 아동보호전문기관	성북구, 도봉구	굿네이버스	02-923-5440
	서울마포 아동보호전문기관	마포구, 용산구, 서대문구	세이브더칠드런	02-422-1391
	서울동남권	강남구,	굿네이버스	02-474-1391

	아동보호전문기관	송파구,강동구, 서초구, 동작구, 관악구		
부산	부산광역시 아동보호전문기관	중구, 서구, 동구, 영도구, 남구, 사하구, 수영구	부산광역시아동보호종합센터	051-240-6300
	부산동부 아동보호전문기관	연제구, 동래구, 해운대구, 금정구, 기장군	부산사회사업재단	051-507-1391
	부산서부 아동보호전문기관	부산진구, 북구, 강서구, 사상구	부산사회사업재단	051-714-1391
대구	대구광역시 아동보호전문기관	중구, 동구, 서구, 북구, 수성구	어린이재단	053-422-1391
	대구광역시남부 아동보호전문기관	달서구, 남구, 달성군	굿네이버스	053-623-1391
인천	인천광역시 아동보호전문기관	부평구, 남구, 중구, 동구, 옹진군	세이브더칠드런	032-434-1391
	인천북부 아동보호전문기관	서구, 계양구, 강화군	굿네이버스	032-515-1391
	인천남부 아동보호전문기관	남동구, 연수구	홀트아동복지회	032-424-1391
광주	광주광역시 아동보호전문기관	광주광역시	어린이재단	062-385-1391
대전	대전광역시 아동보호전문기관	대전광역시	굿네이버스	042-254-6790
울산	울산광역시 아동보호전문기관	울산광역시	세이브더칠드런	031-245-2448
경기	경기도 아동보호전문기관	수원시, 의왕시, 군포시, 안양시, 과천시	굿네이버스	031-245-2448
	경기북부 아동보호전문기관	의정부시, 양주시, 동두천시, 포천시, 연천군		031-245-2448
	경기성남	성남시, 광주시,		031-756-1391

	아동보호전문기관	양평군, 하남시		
	경기고양 아동보호전문기관	고양시, 파주시		031-966-1391
	경기부천 아동보호전문기관	부천시, 김포시	세이브더칠드런	032-662-2580
	경기화성 아동보호전문기관	화성시, 오산시	굿네이버스	031-227-1310
	경기남양주 아동보호전문기관	구리시, 남양주시, 가평균	대한불교조계종사 회복지재단	031-592-9818
	안산시 아동보호전문기관	안산시	세이브더칠드런	031-402-0442
전남	전라남도 아동보호전문기관	순천시, 여수시, 광양시, 구례군, 곡성군, 보성군, 고흥군	어린이재단	061-753-5125
	전남서부권 아동보호전문기관	목포시, 해남군, 영암군, 무안군, 완도군, 진도군, 신안군	굿네이버스	061-285-1391
	전남중부권 아동보호전문기관	나주시, 담양군, 화순군, 장흥군, 강진군, 함평군, 영관군, 장성군	굿네이버스	061-332-1391
경북	경북남부 아동보호전문기관	경주시, 경산시, 영천시, 군위군, 의성군, 청도군	우봉복지재단	054-745-1391
	경북북부 아동보호전문기관	안동시, 영주시, 문경시, 영양군, 예천군, 봉화근	그리스도의교육수 녀회	054-853-0237
	경북동부 아동보호전문기관	포항시, 영덕군, 울진군, 청송군, 울릉군	굿네이버스	054-284-1391
	경북서부 아동보호전문기관	구미시, 김천시, 상주시, 칠곡군, 성주군, 고령군	대한불교조계종사 회복지재단	054-455-1391

경남	경상남도 아동보호전문기관	차우언시, 밀양시, 양산시, 거제시, 통영시, 고성군, 함안군, 합천군, 의령군, 창녕군	인애복지재단	055-244-9754
	경남서부 아동보호전문기관	진주시, 사천시, 하동군, 남해군, 거창군, 함양군, 산청군		055-367-1391
	김해시 아동보호전문기관	김해시		055-322-1391
제주	제주특별자치도 아동보호전문기관	제주시	어린이재단	064-712-1395
	서귀포시 아동보호전문기관	서귀포시	사회복지법인재단	064-732-3242

※ 출처: 교육부·보건복지부 유치원·어린이집 아동학대 조기발견 및 관리·대응 매뉴얼(2016).

마. 아동학대 사례 개입과정

■ 신고접수

• 24시간 신고전화 운영(1577 – 1391)

• 아동학대 의심사례 접수 후 현장조사 실시

• 특히, 36개월 이하 아동에 대한 사건 접수 시 12시간 이내 현장조사 실시

• 아동, 학대행위자, 신고자 등에 대한 정보가 있으면 아동학대 판단에 도움
  이 된다.

1) 현장조사사례판정

• 학대의심사건에 대해 아동, 행위자, 기타 관련인 면접조사 실시
• 아동학대 현장에서 아동을 긴급히 보호해야 할 경우 긴급격리보호 실시
• 아동학대 사례로 판정된 경우 아동 및 가족 지원을 위한 계획수립

2) 조치결정

- 피해아동: 가정 내 보호, 보호자로부터 격리보호, 의료기관 등 타 기관 의뢰
  * 격리 보호 시 학대피해아동전담보호시설 또는 아동양육시설에 보호
- 학대행위자: 상담 및 교육, 고소·고발, 타 기관 의뢰

3) 서비스 제공

- 피해아동: 상담, 의료지원(통원 및 입원), 심리치료, 학습지원, 고소·고발 지원 등
- 학대행위자: 상담, 교육, 심리치료, 의료지원(통원 및 입원), 가정 지원 등
- 기타 가족: 상담, 가족 치료, 가정 지원(경제, 가사지원) 등

III 아동학대 대응방법

1. 아동학대 징후발견 시 관리·대응

가. 아동학대 신고 절차 및 방법

그림 Ⅲ-1 신고의무자의 아동학대 신고절차

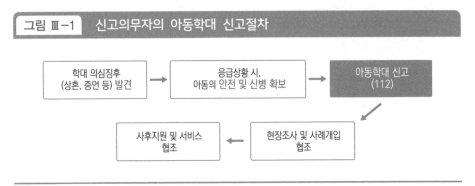

출처: 대구광역시 교육청 아동학대 대처 자료.

- 피해아동에게 학대 의심징후를 발견(상흔, 증언 등)
- 응급상황 시 피해아동의 안전 및 신병 확보(선 조치 후 신고)
- 아동보호전문기관에 신고(1577－1391)

- 현장조사 및 사례 개입에 협조
- 사후 지원 및 서비스 협조

- 신고 현장에서 아동을 보호할 필요성이 있다면 보호시설 등으로 연계하고, 그렇지 않다면 귀가 조치 후 피해아동에 대한 조사를 실시함, 이후 물적증거와 목격자의 진술, 학대행위자의 진술 등을 종합하여 아동학대범죄가 성립하는지 여부를 판단하여 검찰에 송치함.
- 사건이 접수되지 않았더라도 아동보호전문기관에서 조사 후 학대로 판단되면 수사를 의뢰하거나, 아동의 보호자 또는 법정대리인이 직접 수사기관에 고소할 수도 있음.

그림 Ⅲ-2 **아동학대 사례 개입과정**

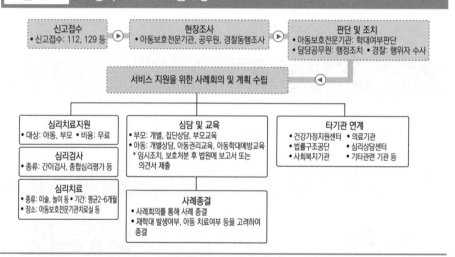

※ 출처: 교육부·보건복지부 유치원·어린이집 아동학대 조기발견 및 관리·대응 매뉴얼(2016).

- 신고접수
  - 24시간 신고전화 운영(112, 129) - 일반상담 접수 및 타기관 연계
  - 아동학대의심사례 접수 후 현장조사 실시
  - 신속히 경찰과 아동보호전문기관 통보
- 현장조사
  - 상담원 2인 1조 출동 - 경찰 우선/동행출동

- 학대발생지 및 관련 장소 내 조사
- 피해아동 조사 및 증거수집

※ 출처: 교육부·보건복지부 유치원·어린이집 아동학대 조기발견 및 관리·대응 매뉴얼(2016)

- 피해아동보호조치
  - 아동학대 위험도 및 안전평가 – 피해아동 응급조치 집행
  - 보호시설 및 의료시설로 아동 인도 – 응급조치 결과보고서 경찰 송부
  - 응급조치 실시에 따른 지자체 통보 – 피해아동보호명령 청구
  - 피해아동보호명령 취소 및 종류 변경
  - 피해아동보호명령 청구결정에 대한 항고
  - 피해아동보호명령에 따른 보조인 및 후견인 선임
- 학대행위자 임시조치
  - 아동학대 재위험도 평가
  - 긴급임시조치 신청
  - 임시조치 신청요청, 청구
  - 임시조치 결정에 관한 의견서 제출
  - 고소고발

※ 출처: 교육부·보건복지부 유치원·어린이집 아동학대 조기발견 및 관리·대응 매뉴얼(2016)

- 사례관리
  - 피해아동: 상담, 의료지원, 심리치료, 학습지원, 수사 및 증거지원, 사회복지 서비스 연계 등
- 학대행위자: 보호처분, 임시조치 등의 결과 상담, 교육프로그램 운영, 심리치료, 의료지원, 가정지원 등
  - 가족: 상담, 가족치료, 가정지원, 원가정복귀를 위한 가족기능강화프로그램 등
- 사후관리
  - 지원종결사례에 대한 통합사례관리회의 개최
  - 사후관리 연계기관 결정
  - 사후관리 서비스제공 모니터링

※ 출처: 교육부·보건복지부 유치원·어린이집 아동학대 조기발견 및 관리·대응 매뉴얼(2016)

나. 아동학대 신고 시 유의사항

- 보호자에게 신고내용을 알리는 등의 행위로 아동학대 증거가 은폐되지 않도록 주의하여야 한다.
- 가능한 한 증거 사진 등을 확보한다. (얼굴이 나오도록)
- 아동에게 큰일이 난 것처럼 대해 불안에 빠지게 하지 않는다. (일상적으로 대하는 것이 중요)
- 성학대의 경우 증거 확보를 위해 씻기거나 옷을 갈아입히지 않는다.
- 학대에 대해 계속 캐묻거나 유도 질문을 하지 않는다.
  (진술 오염의 위험이 있음. 진술이 오염되면 증거로 불채택)
- 현장조사에 적극적으로 협조한다.
- 아동(청소년)학대 신고의무자는 아동(청소년) 학대 신고 시, 보호자에게 신고내용을 알리는 등 아동(청소년) 학대 증거가 은폐되지 않도록 주의하여야 한다.

다. 아동학대 신고전화(예시)

- ○○학교에 재직하고 있는 교사로 아동학대 신고의무자입니다.
- ○○학교에 등원하는 아동에 대해 ~의 이유로 아동학대가 의심되어 신고합니다.
- 아동의 현재 상황은 ~합니다.
  ※ 아동의 안전여부, 응급조치 필요여부, 아동의 심신 상태, 가정 상황 등
- 아동의 인적상황은 ~입니다.
  ※ 이름, 성별, 나이, 주소 등(학대행위자 정보를 파악하지 못해도 신고 가능)
- 신고자는 ~입니다.
  ※ 성명, 전화번호, 주소, 아동과의 관계 등

라. 아동학대 신고 방법

아동학대는 경찰서 여성청소년 수사팀에서 수사를 담당한다. 다만 아동학대 치사, 성적 학대 사건, 사회적 이목을 집중시키는 중요한 사건은 지방 경찰청 여성청소년수사계에서 직접 수사한다.

언제?	• 아동의 울음소리, 비명, 신음소리가 계속되는 경우 • 아동의 상처에 대한 보호자의 설명이 모순되는 경우 • 계절에 맞지 않거나 깨끗하지 않은 옷을 계속 입고 다니는 경우 • 뚜렷한 이유 없이 지각이나 결석이 잦은 경우 • 나이에 맞지 않는 성적 행동을 보이는 경우
무엇을?	• 신고자의 이름, 연락처 • 아동의 이름, 성별, 나이, 주소 • 학대행위자로 의심되는 사람의 이름, 성별, 나이, 주소 • 아동이 위험에 처해있거나 학대를 받고 있다고 믿는 이유
어떻게?	• 전화: 국번없이 112 • 방문: 관할 지역아동보호전문기관 • 스마트폰: '목격자를 찾습니다.' 앱 내의 아동학대 신고 코너

그림 Ⅲ-3	스마트폰: '목격자를 찾습니다.' 앱 신고 방법

① 홈페이지(http://onetouch.police.go.kr)나 스마트폰앱을 이용해 실명이나 익명으로 신고할 수 있다.

② 구글 플레이 스토어, 애플 앱스토어에서 '목격자를 찾습니다(경찰청)' 앱을 설치한다.

③ 실명인증을 해주세요. 익명제보를 원한다면 상단의 '다음에 X'를 클릭한다.

④ 제보하기 메뉴에서 사진 또는 동영상 자료를 입력하고 제보내용을 등록한다.

⑤ 112 전화신고 화면으로 연결되는 '긴급통화' 메뉴와 '문자신고' 메뉴도 활용할 수 있다.

⑥ 실종아동, 공개수배범 확인 및 제보, 교통위반 신고 등에도 활용할 수 있다.

출처: 대구광역시교육청 학부모 대상 아동학대 예방교육자료

2. 유형별 관리·대응

※ 유형별 관리·대응 절차에 따른 아동 관리

- 목적: 사유발생 당일부터 시기를 구분하여 즉각적인 아동 관리
- 유형별 아동 관리

① 초등학교 미취학 아동: 예비소집 전 → 입학 전날 → 입학 후~9일 → 취학 시

- 현황자료 보고 및 파악: 초등학교장(학적 미생성)
- 미취학 아동명단 통보: 학교장 → 읍·면·동장 및 교육장

② 중학교 미입학 학생: 입학 전 → 입학 후~9일 → 입학 시

- 현황자료 보고 및 파악: 중학교장
- 미입학 아동명단 통보: 중학교장 ※ 교육장

③ 무단결석 학생: 결석당일 → 결석 후~9일 → 출석 시

④ 전출이후 미전입 학생: 결석당일 ⇨ 결석 후 3~5일 → 결석 후 6~8일

⑤ 취학(입학) 유예 신청 학생: 신청·접수 → 심사 → 결정 및 통지

- 발육부진, 장애, 장기간의 치료가 불가피한 질병, 그 밖에 취학의무 유예가 필요하다고 학교장이 인정하는 사항 등 부득이한 경우만 해당 (미인정유학, 미인가 대안교육기관 진학 등 제외)

가. 미취학 및 무단결석 아동에 대한 대응

- (1단계 유선연락) 학생에 대한 신속한 소재·안전 확인
- 학생 소재·안전 확인 시, 유선연락 병행(반드시, 학생과 직접 통화) ⇨ 소재·안전 확인 불가 시, 경찰에 수사의뢰
- (2단계 가정방문) 학교 교직원과 읍·면·동의 사회복지전담직원 2인이 가정방문 실시
- (3단계 가정방문 후) 가정방문 결과에 따라 면담 요청 및 수사 의뢰
- 미취학·미입학 학생: 보호자 면담(학생 동반, 내교) ⇨ 불응 시 수사의뢰

• 아동학대 의심 학생 발견자는 수사의뢰, 학교장에게 보고

* 수사의뢰: 학교 → 112신고 → 경찰서로 공문시행 → 교육장보고

가. 초등학교 미취학 아동에 대한 관리·대응

시기	주요 점검 사항	조치 필요사항	비고
입학일 1~2일	• 취학 대상 아동의 취학 여부 확인	• 미취학 현황 읍·면·동장 통보 및 교육장 보고 • 유선연락을 통해 미취학 아동 취학 독려(학교장 및 읍·면·동장)	• 매일 아동의 소재·안전 파악을 위해 유선 연락을 지속 실시
3~5일	• 미취학 아동의 취학여부 파악	• 미취학 아동 가정 방문 실시 • 아동의 소재·안전이 확인되지 않는 경우 경찰에 즉시 수사 의뢰	
6일	• 미취학 아동의 면담(내교) 요청	• 미취학 아동의 보호자에 대해 면담(내교) 요청	• 유선 연락 시 아동과 직접 통화하여 소재·안전 확인
7~8일	• 미취학 아동 및 보호자 면담(내교)	• 의무교육학생관리위원회 개최 • 면담 시 취학 독려, 취학이 어려운 경우 사유 확인 • 면담(내교)에 응하지 않은 경우 경찰에 즉시 수사 의뢰	
9일		• 전체 취학 대상 아동의 입학 현황 정리 및 보고	• 아동의 소재·안전 파악을 위해 수시 유선연락 실시
9일 후		• 전담기구에서 지속 관리 (월 1회 아동 소재·안전 확인 및 입학 독려를 위한 방문, 학생 관리 카드 작성 관리) • 소재·안전이 확인되지 않는 경우 경찰에 즉시 수사 의뢰	

나. 무단결석 아동에 대한 관리·대응

• 정당한 사유 없이 무단결석한 아동에 대해서는 지속적으로 보호자와 연락을 취하고 소재 미파악 시 수사기관(112)에 신고한다.

1) 관리·대응 흐름도

※ 무단결석 학생에 대한 대응

시기	주요 점검 사항		조치 필요 사항
결석일 1~2일	• 결석 학생의 결석 사유 확인	⇒	• 지속적 유선 연락을 통한 출석 독려
3~5일	• 결석학생의 출석 여부 확인	⇒	• 결석 학생에 대한 가정방문 실시 • 학생의 소재·안전이 확인되지 않는 경우 경찰에 즉시 수사 의뢰
6일	• 결석 학생 면담(내교) 요청	⇒	• 가정방문에도 출석하지 않은 학생의 보호자에 대해 면담(내교) 요청
7~8일	• 결석학생 및 보호자 면담(내교)	⇒	• 의무교육학생관리위원회 개최 • 면담 시 출석 독려, 출석이 어려운 경우 사유 확인 • 면담(내교)에 응하지 않은 경우 경찰에 즉시 수사 의뢰
9일			• 결석학생 현황 정리 및 보고
9일 후			• 전담기구에서 지속 관리 (월 1회 학생 소재·안전 확인 및 입학 독려를 위한 방문, 학생 관리카드 작성 관리) • 소재·안전이 확인되지 않는 경우 경찰에 즉시 수사 의뢰 • 교육장은 결석학생을 다음학기 출석 대상자도 등재
비고			• 전화 연락 시 필요한 경우 아동과 직접 통화하여 소재·안전 확인 • 가정방문 시 교직원 및 읍면동 공무원이 함께 실시
반복적 무단결석 관리			• 학비 지원 규정에 의한 수업일수 미달 시 학비 지원이 제한됨을 안내 • 유치원의 경우에는 유치원 규칙에 의한 퇴학 처리 규정 안내

112에 신고하세요!

- 전화 연락 또는 가정방문 등을 실시한 결과
1) 아동에 대한 폭력·방임·유기 등이 발견된 경우
2) 보호자가 정당한 사유 없이 아동 면담을 거절하여 아동학대가 의심되는 경우
3) 아동이 거주지에 거주하지 않거나 주소지가 확인되지 않아 소재불명인 경우

아동보호전문기관과 상담하세요!

- 아동학대 정황을 발견한 경우, 적절한 양육환경이 아니거나 멍·상처가 보이나 학대인지 확실하지 않은 경우

다. 퇴학 아동에 대한 관리·대응

- 명확한 사유 없이 퇴학 신청할 경우 경미한 경우라도 아동학대가 의심되는 경우 수사기관(112)에 신고한다.

1) 관리·대응 매뉴얼

유형	학부모가 할 일	유치원에서 할 일
명확한 사유로 자퇴신청 시 (이사, 기관이동, 질병 등)	• 명확한 사유가 포함된 자퇴신청서를 유치원으로 제출	• 자퇴신청서 접수 및 퇴학 처리 완료 • e유치원 시스템(유아학비 지원 시스템)에 퇴학 등록
명확한 사유 없이 자퇴신청 시(특히, 아동학대가 의심되는 경우)	• 아동을 동반하여 자퇴신청서 작성 및 제출	• 아동 동반을 요청하되 상황이 여의치 않을 경우 유선으로 아동과 통화하여 소재·안전 확인 • 아동학대가 의심되는 경우 수사기관(112)에 신고 ※ 아동학대를 의심할 수 있는지 여부에 대해서는 아동보호전문기관과 상담 • '가정양육'으로 전환 시 양육수당 대상임을 안내하고 퇴학 처리

※ 어린이집의 경우 보호자로부터 퇴소 신청(신청서 또는 전화)을 받아 퇴소 처리를 하되, 보호자에게 퇴소사유(이사, 시설이동, 질병, 가정양육 등)를 확인하고 가정양육으로 전환시 양육수당 대상임을 안내

− 퇴소사유가 불명확하고 아동학대가 의심되는 경우 수사기관에 신고

3. 가정방문 협조 요청 전화 및 아동학대 신고전화(예시)

• ○○학교에 재직하고 있는 교사로 아동학대 신고의무자입니다.

• ○○학교에 등원하는 아동 중에 무단결석한 아동이 있어 전화 연락하였으나 연락이 되지 않아 가정방문이 필요합니다.

• 이에 해당 아동의 거주지를 관할하는 귀 주민자치센터에 아동의 소재 및 안전 파악을 위한 가정방문 동행을 요청하고자 합니다.

• 동행이 가능한 담당공무원의 직·성명·연락처·동행 가능 시간대를 알려주시기 바랍니다. 저희 교육기관의 연락처는 ○입니다.

• 전화 받으신 분의 직·성명을 알려주시기 바랍니다.

• ○○학교에 재직하고 있는 교사로 아동학대 신고의무자입니다.

• ○○학교에 등원하는 아동에 대해 ○월 ○일부터 ○월 ○일 동안 무단결석한 아동이 있어 전화 연락 또는 가정방문 등으로 아동의 소재 및 안전을 파악해 본 결과 ~의 이유로 아동학대가 의심되어 신고합니다.

• 아동의 현재 상황은 ~합니다.

  ※ 아동의 안전여부, 응급조치 필요여부, 아동의 심신 상태, 가정 상황 등

• 아동의 인적상황은 ~입니다.

  ※ 이름, 성별, 나이, 주소 등(학대행위자 정보를 파악하지 못해도 신고 가능)

- 학대행위자로 의심되는 사람은 ~입니다.

  ※ 이름, 성별, 나이, 주소 등(학대행위자 정보를 파악하지 못해도 신고 가능)

- 신고자는 ~입니다.

  ※ 성명, 전화번호, 주소, 아동과의 관계 등

제4부

대상별 아동학대 예방프로그램

I 부모 대상 아동학대 예방프로그램

1. 아동학대 예방을 위한 부모성찰 프로그램

가. 아동학대 예방프로그램

회기	주제	목표	활동내용
1	• 마음의 문을 열어요.	• 프로그램의 목적을 알고 참여자 상호간의 친밀감을 형성한다.	• 사전검사 • 프로그램 소개 • 사진을 활용한 자기소개 및 기대감 나누기 • 형용사를 활용한 "내가 바라는 부모로서의 내 모습"
2	• 조금 느릴 수도, 빠를 수도 있어요.	• 아동발달에 대해 이해할 수 있다.	• 도전! 부모 골든벨 • 발달의 세 영역 • 우리아이 발달곡선
3	• 우리아이가 가지고 있는 가장 소중한 것	• 아동학대에 대한 개념을 이해할 수 있다. • 아동이 가지고 있는 권리에 대해 이해할 수 있다.	• 〈어린이 해적단〉 • 이건 아동학대 아닌가요? • 책임감 있는 부모 서약서
4	• 부모, 나에 대한 이해	• 기질 및 성격검사를 통해 부모 자신에 대해 이해할 수 있다.	• TCI 검사 • 〈활동지〉를 통해 자신의 경험에 대해 나누기

- 159 -

5	• 나의 부모님은	• 원가족 부모의 양육태도에 대해 이해한다. • 부모로부터 받은 영향에 대해 이해한다.	• 지각된 부모 양육태도 검사 • 위대한 유산
6	• 부모와 자녀의 특별한 관계	• 부모 자신의 기질, 성격이 아이에게 어떠한 영향을 주는지에 대해 이해할 수 있다. • 아이 입장에서 부모인 자신을 바라볼 수 있다.	• 특별한 관계 • 사랑의 언어 • 엄마에게 쓰는 편지
7	• 바르게 자라는 우리아이	• 자녀를 훈육하는 방법에 대해 탐색해보고 올바른 훈육법을 알 수 있다.	• 세상에서 가장 어려운 우리아이 • 올바른 훈육방법
8	• 이젠 자신 있어요.	• 부모 스스로 양육에 대한 자신감을 가질 수 있다. • 어떠한 모습의 부모로 살아갈지 스스로 선택할 수 있다.	• 나만의 자녀양육백과사전 만들기 • 부모로써의 나 • 상장수여식

※ 김소희(2018). 아동학대 예방을 위한 부모성찰 프로그램 효과 연구. 서울여자대학교 일반대학원.

나. 회기별 세부 내용

1) 1회기: 오리엔테이션 및 목표 세우기

1회기에서 사진, 형용사를 매개로 프로그램에 대한 기대감과 목표를 나눈다. 프로그램 참여 목표를 세움으로써 현재 부모로서 자신의 모습에 대해 생각해보고, 앞으로 프로그램을 통해 어떤 모습의 부모가 되길 원하는지 점검해볼 수 있게 하였다.

2) 2회기~3회기: 아동학대, 아동권리, 아동발달에 대한 이해

2회기에서는 에릭슨의 심리사회적 발달단계에 대한 교육을 통해 초등학교 저학년 시기에 아동의 발달과업에 대해 이해하고, 이후 발달과정에 대한 질문을 내어 놀이를 통해 부모들이 이해한 것을 점검할 수 있도록 구성하였다. 또한 배운 내용을 토대로 자녀의 발달곡선을 그리며 자녀를 양육하면서 가장 기억에 남는 순간을 함께 나눈다. 프로그램을 통해 부모들은 아이의 발달에 대해 속도보다 그

때의 부모의 역할에 대해 더 고민할 수 있도록 초점을 두어 진행하도록 한다.

3회기에서는 〈어린이 해적단〉 동화책을 함께 읽고 아동은 우리가 가장 먼저 보호해야 할 대상이며 그것은 부모의 책임임을 강조하고, 또한 아동과 한 약속에 대한 중요성에 대해서 함께 나눈다. 이후 아동학대의 사례를 준비하여 부모들은 각각 112 카드를 들고 학대라고 생각할 경우 112 카드를 들어 도움을 요청한다. 본 활동을 통해 아동학대의 개념과 유형에 대해 정리한다. 마지막으로 책임감 있는 부모 서약서를 작성함으로써 어떠한 순간에도 아이의 안전과 권리에 대해 책임을 다할 것을 함께 다짐하는 기회를 가진다.

3) 4회기∼6회기: 부모, 자녀, 관계 성찰

4회기에서는 TCI 검사 결과를 토대로 자신에 대한 이해를 높일 수 있도록 한다. 부모들은 검사결과를 통해 새로 알게 된 것과 생각난 느낌에 대해 자유롭게 나누게 된다.

5회기는 부모가 아동기 시절 원가족 부모로부터 받았던 양육태도 검사를 통해, 원가족 부모와의 경험을 함께 나누고, 그것으로부터 어떻나 영향을 받았는지 나의 성격에 어떻게 연결되는지를 이해할 수 있도록 하였다.

6회기에서는 4, 5회기 내용을 정리하며 내가 자녀에게 주는 영향에 대해 함께 나눈다. 부모 자신의 내적 상태(불안, 욕구, 기대, 신념 등)가 자녀에게 어떻게 영향을 미쳤는지를 함께 나누고, 부모-자녀 관계의 중요성을 깊이 이해하는 기회를 갖는다. 회기를 마무리하며 자녀의 입장이 되어 엄마를 소개하는 글을 작성하며 자녀의 내적 상태에 대해 이해할 수 있도록 돕는다.

4) 7회기∼8회기: 건강한 훈육법

7회기는 자녀 훈육에 대해 살펴봄으로써 그동안 부모가 선택한 훈육방법은 무엇이었는지, 어떠한 효과를 보였는지, 부작용이 있었는지에 대한 내용을 함께 나누며 부모들은 자신의 훈육방법에 대해 점검하는 시간을 갖게 된다. 또한 자녀의 어떤 모습이 나를 가장 힘들게 하는지, 그것이 어디서부터 오는 마음인지를 함께 나누게 됨으로써 부모가 자녀와의 갈등 시 감정적으로 대응하는 것이 아니라 한발 물러서서 부모 자신과 자녀의 내적 상태에 집중할 수 있는 기회를 갖는다.

8회기에서는 지금까지 했던 활동들을 모두 정리하는 시간을 가짐으로써 부모 자신만의 자녀양육백과사전을 만들게 된다. 또한 첫 회기 때 부모로서 바라는 나의 모습을 다시 나누고, 프로그램을 통해 변화한 마음에 대해서도 함께 나눈다. 자녀양육백과사전의 책이름을 각자가 정하고 함께 나누며 서로를 응원하여 부모가 사회적 고립감을 느끼지 않도록 돕는다.

2. 가해부모 대상 아동학대 예방프로그램

가. 아동학대 예방프로그램

단계	목표	내용	활동내용
학대에 대한 이해단계	• 아동발달에 대한 이해증진	• 좋은 부모가 되기 위한 첫 단계로 프로그램과 집단원에 대해 소개한다. 자녀의 기질에 대해 이해하고, 이에 따라 아이를 양육해야 하는지에 대해 살펴본다.	• 도입: 리더 및 전체 프로그램 소개 • 친밀감 형성을 위한 활동: 참여동기와 자기소개하기 • 아동의 기질: 비디오 시청 • 서약서 작성: 참여에 대한 동기고취
	• 아동학대행위자로서 나에 대한 이해증진	• 자녀와의 애착형성에 대해 나누고, 자신의 양육태도와 자신이 부모로서 어떤 사람인지에 대해 생각해 보고 양육태도의 세대간 대물림에 대해 생각하는 시간을 갖는다.	• 애착형성에 대한 이해: 비디오 시청 • 자신의 양육스타일 이해(토론) • 양육태도의 세대 간 전승 이해(워크시트 작성 및 발표) • 양육태도가 자녀에게 미치는 영향(토론)
치료단계	• 아동학대에 대한 이해와 책임감 증진	• 각자 집단에 참석하게 된 동기를 토로하고, 아동학대에 대한 자신의 책임감을 인식한	• 학대유형과 결과 이해: 비디오 시청 • 학대 정의 관련 딜레마 토론: 사례별로 학대 결과, 아동연령, 성을 변수로 하

		여 학대 유무에 대한 판단 점검 • 책임감 인식하기(책임감 파이): 책임에 대한 의미 재규정/자신이 책임질 영역과 내용 표시하기(워크시트 작성 및 발표) • 개별목표 수립하기: 집단을 통해 변화하고자 하는 목표 수립하기(발표)
다. 또한 폭력없는 가정을 위해 각자 해야 할 일을 정하고 개별적 목표를 수립하는 시간을 갖는다.		
• 의사소통 기술 습득	• 효과적인 의사소통의 필요성을 인식하고 효과적 의사소통 방법을 습득하는 시간을 갖는다. 나의 의사소통의 자세와 방법, 아이에게 마치는 영향을 알아보고, 효과적으로 대화하는 방법 등을 배우는 시간을 갖는다.	• 역할극: 의사소통의 문제 사례에 대한 역할극 수행, 부모-자녀 간 역할 바꾸기 • 역할극에 대한 토론: 느낌과 대안에 대한 토론 • 모델링: 리더의 모델링에 대한 느낌 공유 및 질문하기 • 효과적 의사소통기술 학습: 역할극 재실행을 통한 효과적 의사소통기술 연습
• 효과적 훈육 기술 습득	• 아이의 문제행동이 다양한 원인에서 비롯된 것임을 알고 적절히 대응할 수 있는 훈육기술을 배우는 시간이다.	• 아동의 문제 행동에 대한 이해 비디오 시청: 도벽, 폭력행동 • 문제행동에 대한 적절한 대처(워크시트 작성 및 토론)
• 분노에 대한 이해 및 조절 필요성 인식	• 분노에 대한 일반적 내용 이해와 자신의 분노의 특징, 잘못된 분노 표출의 결과와 분노조절의 필요성을 인식한다.	• 분노가 신체에 미치는 영향 이해 비디오 시청 • 자신의 분노의 특성과 표현 양상 이해: 언제 어떻게 화를 내게 되는가에 대한 토론/워크시트를 통한 점검 • 분노조절 필요성에 대한 토론
• 분노조절의 구체적 방법 습득	• 명상법과 화를 다스리는 자문자답과 같은 분노를 다스리는 방법을 습득하는 시간을 갖고 전체 회기를 마무리한다.	• 화를 다스리는 자문자답 • 자문자답 연습 • 바이오피드백 실시(생각과 감정, 신체의 연결을 실제 경험하기) • 다양한 인지행동적 분노조절 기술 소개 • 전체 회기 정리

※ 박현선 외(2004). 아동학대 가해부모를 위한 치료프로그램 개발.

나. 회기별 세부 내용

1) 1회기: 친밀감 형성 및 아동의 기질과 학대 행위에 관한 이해

1회기는 참가한 구성원의 노력과 마음에 대해 지지해주고, 프로그램의 취지와 방법, 일정에 대한 설명을 함으로써 집단을 구조화한다. 비자발적 참여자들이어서 프로그램의 초기 저항이 가장 큰 이슈다. 저항과 거부감에 대해 공감해 주되, 프로그램에 대한 취지를 다시 한번 강조한다. 기질과 관련된 비디오를 시청하고, 느낀 점을 공유하는 시간을 통해 자녀의 기질에 대한 잘못된 이해가 아이들에 대한 가학행위로 연결될 수 있음을 공감시킨다.

2) 2회기: 아동발달(애착)에 대한 이해 및 아동학대행위자로서 나에 대한 이해

2회기 활동들의 주된 목표는 초기 부모 자녀간 상호작용과 애착 형성의 중요성을 인식시키고, 자신의 양육태도와 양육태도의 전승에 대한 논의를 하는 것이다. 애착형성에 대한 비디오와 리더의 설명에 전반적으로 관심과 흥미를 갖고 자녀에 대해서도 활발하고 솔직한 태도를 보일 것이다.

3) 3회기: 아동학대에 대한 이해와 책임감 인식

3회기의 목표는 딜레마 토론을 통해 학대에 대한 인식을 갖도록 하고, 폭력 없는 가정을 위해 각 가족 구성원이 책임져야 할 부분이 얼마나 되고, 각자 자신의 역할이 무엇인지 인식하게 함으로써 개별적인 목표를 세우도록 하는 것이다. 책임감 인식과 변화에 대한 동기를 부여하기 위해 학대의 동기와 결과를 연결해서 생각해볼 수 있도록 한다.

4) 4회기: 학대에 대한 효과적인 의사소통 기술 습득

4회기의 목표는 학대 행위 예방을 위해 의사소통의 의미와 효과적 의사소통의 필요성을 인식하고, 적절한 의사소통 방법과 자세를 학습하는 데 있다. 따라서 이 회기에서는 잘못된 의사소통은 곧 오해를 낳고, 학대를 유발할 수 있음을 강조한다. 현재 의사소통의 특징을 분석하고, 대체할 수 있는 효과적인 의사소통 방식을 익히기 위해 역할극 활동을 수행한다.

5) 5회기: 아이의 행동 다루기(도벽과 거짓말 등의 문제행동 다루기)

5회기의 목표는 자녀가 보이는 문제행동을 이해하고, 이러한 문제행동에 대해 학대가 아닌 방법으로 적절히 대처하는 방식을 학습하는 데 있다. 자신의 문제보다는 자녀의 문제를 다루고 있고, 현재 가장 시급한 문제의 해결과 관련된 것으로 구성원의 적극적인 참여가 예상된다. 학대의 원인을 자녀에게 전가하지 않도록 세심한 주의가 요구된다. 자녀의 문제행동과 부모의 학대 행위의 고리는 지속적인 악순환을 하고 있음을 인식시켜 주고, 변화의 책임과 가능성을 보다 많이 가진 부모의 변화가 필요함을 강조해주어야 한다. 또한 자녀의 문제행동 또한 원조요청의 신호일 수 있음을 인식시켜서 부모와 자녀 간의 적대적 관계를 해소하는 데에 초점을 두어야 한다.

6) 6회기: 분노에 대한 이해

6회기의 목표는 분노에 대한 일반적 내용 및 자신의 분노 특징을 이해하고, 분노표출로 인한 소모적인 결과를 인식하게 함으로써 분노조절 기술 습득의 필요성을 자각하게 하는 것이다.

7) 7회기: 학대행위를 대체하기 위한 분노조절 기술 연습하기

7회기의 목표는 인지변화(화를 다스리는 자문자답 3단계)를 통해 분노 조절기술을 익히고 화를 다스리기 위한 명상법을 익히는 것이다. 또한 별도로 종결시간을 갖지 않고, 1회기부터 다룬 내용을 확인, 검토하는 것도 포함되었다. 이외에도 행동주의적으로 활용할 수 있는 분노조절기법을 소개하고, 전반적인 프로그램에 대한 반응과 느낌을 토론한다.

3. 정서적 학대 예방을 위한 부모교육 프로그램

가. 아동학대 예방프로그램

회기	내용	목적
1	• 프로그램 진행과 내용에 대한 개략적 소개 • 부모교육프로그램에서 얻고자 하는 기대 파악	• 치료자, 그룹 성원 간 라포 형성
2	• 애착 증진기술 교육 I (민감성 증진) - 안정애착과 정서적 가용성의 중요성 - 낯선 상황 절차에서 나타난 아동의 애착 행동에 대한 비디오 시청 후 토의	• 행동수준에서의 교육
3	• 애착 증진기술 교육 I (민감성 증진) - 민감성, 반응성, 일관성의 중요성 - 정상적인 상호 작용과 비정상적인 상호 작용	• 행동수준에서의 교육
4	• 애착 증진기술 교육 II (민감성 증진) - 일상생활에서 민감한 양육행동에 대해 적어오기 - 병리적 양육행동에 대한 정보제공	• 행동수준에서의 교육
5	• 모-아동 상호작용에 대한 동영상 피드백 제공 - 집단 구성원 각자의 모-아동 상호작용 동영상 시청 후 민감성에 대해 관찰하고 구성원 간 의견 나누기	• 행동수준에서의 교육
6	• 양육행동에 미치는 모의 초기 경험의 영향과 중요성 - 어머니의 초기 애착 경험에 대해 토의 - 어머니가 경험한 신체적 정서적 학대	• 정신적 표상수준
7	• 어머니의 자신의 아동기의 양육경험에 대한 토의 - 아동기로 돌아가 자신이 어머니에게 바라는 것을 편지로 쓰기 - 아동관점에서 바라보기	• 정신적 표상수준
8	• 모의 초기 애착경험과 현재의 양육행동과의 관련성 탐색 - 애착의 세대간 전이에 대한 통찰과 부정적 고리를 끊기 위한 방법 논의	• 정신적 표상수준
9	• 양육에 부정적 영향을 미치는 맥락 요인을 파악하고 해결방법 모색 - 결혼 갈등, 시댁 갈등이 양육에 미치는 부정적 영향 인식하기	• 맥락적 수준 • 지지체계 구축

10	• 애착장애를 극복하고 정상발달로 회복한 아동의 어머니와의 만남	• 정서적지지
11	• 부모교육 참여 후 상호작용의 변화에 대한 재점검	• 행동수준
12	• 종결 - 부모교육 프로그램을 통해 얻은 것에 대해 토의 - 앞으로의 문제들에 대해 적절히 대처할 수 있는 자신감 확인	• 정서적지지

※ 서수정(2002). 정서적 학대 예방을 위한 부모교육 프로그램 개발 및 효과. 이화여자대학교 대학원.

나. 회기별 세부 내용

1) 1회기: 프로그램 진행에 대한 소개 및 참여자 간 정서적 유대 형성

첫 회기는 도입 단계이므로 참가자들 간의 친밀감을 형성하고 참가 동기를 높이고자 하였다. 프로그램에서 다루게 될 전체적인 진행과정과 목표에 대해 설명한다. 어머니들이 자신의 아동들이 애착장애로 진단받은 직후 매우 불안감이 높고 걱정이 많기 때문에 안내자가 참여자의 불안을 잘 수용해줌으로써 유대감을 형성하는 것이 중요하다.

2) 2회기: 상호작용에서의 정서적 가용성의 중요성

정상발달에서 애착이 형성되는 과정과 이때 제공되는 정서적 가용성이 안정애착에서 중요함을 설명한다. 안전 기지로서 어머니의 역할과 이에 기초한 아동의 탐색과 인지, 사회성, 정서 발달간의 관련성에 대해 설명하고 낯선 상황과 같은 스트레스 상황에서 어머니가 아동에게 정서적 가용성을 제공해주는가에 대해 동영상을 보며 의견을 나눈다.

3) 3회기: 민감성 증진 기술 교육(Ⅰ)

민감성을 증진시키기 위한 상호작용 방식에 대해 교육시킨다. 민감성의 필수 요소인 아동의 신호 인식하기, 아동의 신호 해석하기, 적절한 방식으로 반응하기,

즉각적으로 반응하기에 대해 설명하고 이 필수적으로 포함하고 있어야 하는 정서적 가용성에 대해 설명한다.

4) 4회기: 민감성 증진 기술 교육(Ⅱ)

애착장애아동들의 어머니들이 자주 행하게 되는 병리적인 양육행동들에 대해 녹화해놓은 동영상을 시청한 후 자신의 양육행동과 비교하고 이러한 양육행동들이 아동들에게 안전 기지를 제공해 주어야 할 양육자가 공포나 놀람의 원인 제공자가 됨으로써 어머니에 대해 양가적인 감정을 갖게 하고 결국 병리적인 애착을 형성하게 되는 과정에 대해 설명한다.

5) 5회기: 민감성 증진 기술 교육(Ⅲ)

각 어머니들이 자유놀이에서 자녀들과의 상호작용을 시청하고 자신 스스로 또는 다른 구성원들과 함께 서로 상호작용 패턴의 잘못된 점을 지적하고 이를 수정해나가도록 한다. 대부분의 어머니들이 자신의 상호작용을 비디오를 통해 시청함으로써 좀 더 객관적이고 정확하게 잘못된 상호작용들을 파악할 수 있다.

6) 6회기: 어머니의 초기 양육 경험에 대한 토의

이 회기는 부모교육 중반 단계에 이르면서 참가 어머니들과 치료자 간에 유대감이 형성되어 있는 시기이고, 어머니들 스스로 양육행동을 변화시키고자 하는 욕구가 많이 증진되어 있는 시기이므로 왜 자신들이 다른 어머니들에 비해 민감성이 떨어지고, 정상적인 상호작용을 제공하지 못하는가에 대해 생각해보도록 한다.

7) 7회기: 어머니의 초기 애착 경험과 현재의 양육행동과의 관련성 탐색

지난 시간에 숙제로 부과한 어린 시절로 돌아가 자신이 자신의 어머니에게 바랐던 점이 무엇이었으며, 어머니의 어떤 행동에 대해 자신이 수용받고 있다는 느낌을 받았는지에 대해 서로 토의한다. 이를 통하여 타인의 정서, 마음 읽기 능력을 증진시킨다. 또한 치료자는 어머니와의 건전하고 지지적 동맹을 형성하여 관계에 대한 새로운 경험을 촉진시킨다.

8) 8회기: 어머니의 초기 애착 경험과 현재의 자신의 양육행동과의 관련성 탐색

어머니들이 자신의 초기 양육 경험과 유사한 방식으로 자신의 아동을 양육한다는 것을 깨닫게 하고, 아동에 대한 부정적이고 왜곡된 인식에 대해 깨닫고 이에 대한 통제력을 증가시키도록 격려한다.

9) 9회기: 양육에 부정적인 영향을 미치는 맥락 요인 파악 및 해결 방법 모색

각 어머니의 스트레스 요인들에 대해 토의한다. 우리나라 어머니들이 갖고 있는 맥락 수준에서의 스트레스는 대부분 부부 갈등, 시댁 갈등 등이다. 이 회기에서는 자신의 타인과 형성하는 관계 패턴에 대해 생각해보고 부정적인 측면이나 스트레스의 원인이 되는 관계들에 대해 이를 변화시키는 방법에 대해 구성원들의 경험들을 공유하고 서로에게 조언을 한다.

10) 10회기: 애착장애를 극복하고 정상발달로 회복한 아동 어머니와의 만남

이 회기에서는 애착장애를 극복하고 정상발달하고 있는 아동들 중 특히 어머니의 노력과 변화가 아동의 애착장애 극복에 결정적이었던 어머니를 초대하여 어머니의 변화 여부에 따라 애착장애가 회복되는 속도도 빨라질 수 있고 정상발달을 이룰 수 있다는 자신감을 참여 어머니들이 갖도록 한다.

11) 11회기: 자녀와의 상호작용에 대한 양육행동 변화 점검

각 어머니들의 아동과의 상호작용을 녹화한 후 치료자가 재피드백을 제공하여 어머니들이 부모교육 참여 초기의 아동과의 상호작용의 내용의 질과 부모교육을 통해 현재의 상호작용의 패턴 변화와 아동의 반응의 변화에 대해 서로 이야기함으로써 미진한 부분에 대한 추가적 도움을 제공하고 어머니들에게 자신감을 갖도록 한다.

12) 12회기: 부모교육 프로그램 참여를 통한 변화 점검

부모교육 전에 어머니가 행했던 양육행동 패턴과 부모교육을 마치며 변화된 양육행동과 그 동안의 어머니의 변화에 따른 아동의 변화된 점에 대해 서로 의견을 나누고 각 어머니들이 여전히 어려움으로 남는 것에 대해 도움을 받는다. 어머니 자신의 변화된 양육행동을 통해 자신감을 갖도록 하여 부모교육을 통해 변화된 양육태도와 행동을 지속시킬 것을 강조한다.

4. 미혼모를 위한 아동학대 예방프로그램

가. 아동학대 예방프로그램

시기	회기	구성 요소	대처기술훈련 원리	내용	방법
출산전	1	부모기 준비	개념화	• 부모가 되는 것에 대한 마음가짐, 생각 인지	• 상담
			기술습득과 연습	• 부모됨의 의미, 역할 교육 • 모성전환 과정 준비	• 교육 • 상담
			적용	• 적용에 대한 생각과 느낌 표현	• 문제중심 피드백
	2	정서적 지지	개념화	• 부정적 감정 관련 자기 인식 • 왜곡되게 믿고 있는 부정적 사고인식	• 상담
			기술습득과 연습	• 우울, 무가치 함, 열등감 등 부정적 감정 표출하기 • 왜곡된 부정적 사고를 합리적 사고로 전환	• 교육 • 상담
			적용	• 적용에 대한 생각과 느낌 표현	• 문제중심 피드백
			개념화	• 건강행위 관련 자기 인식 - 부적절한 건강행위 확인	• 상담 • 교육

3	모성 건강 행위 및 건강 증진		• 건강증진 방해요인 확인 • 자가간호의 중요성 인지	
		기술습득과 연습	• 부적절한 건강행위 수정 • 건강증진을 계획 세우기	• 교육 • 시범/연습
		적용	• 건강행위 실천	• 문제중심 피드백
4	가족지지 / 친구 지지	개념화	• 가족(친구)과의 갈등요소, 의사소통의 문제점 인지	• 가족기능 조사 • 상담
		기술습득과 연습	• 가족(친구) 간의 이해 증진 • 가족(친구) 간의 소통증진 방법 교육 및 연습	• 교육 • 시범/연습
		적용	• 실제 갈등 상황에 적용	• 문제중심 피드백
5	모아 애착 증진	개념화	• 모아 애착, 상호작용 사정	• 모아애착, 상호작용 조사 • 상담
		기술습득과 연습	• 모아상호작용 스킬 교육 • 모아상호작용 스킬 연습	• 교육 • 시범/연습
		적용	• 모아상호작용 피드백	• 문제중심 피드백
6	아이발달에 대한 이해 및 양육스킬 증진	개념화	• 아이 행동에 대한 비현실적인 기대 인식 • 아이의 성장, 발달 알기 • 태아 및 아동발달 사정	• 양육자신감 사정 • 상담 • 교육
		기술습득과 연습	• 아동 발달 및 양육 교육 • 아이 건강 관련 정보제공 • 양육행동전략, 스킬모델 제시	• 교육 • 시범/연습
		적용	• 아동 양육행동에 대한 피드백 제공	• 문제중심 피드백
7	감정 조절 방법	개념화	• 스트레스, 분노 상황 및 반응 패턴 인지	• 부모역할 스트레스 조사 • 상담
		기술습득과 연습	• 문제해결 전략 설명 • 문제해결 계획 수립 • 바람직한 대처기술 연습	• 교육 • 시범/연습
		적용	• 스트레스, 분노 유발 상황 • 리허설 통해 대처기술 적용	• 문제중심 피드백
8	아동	개념화	• 양육태도, 아동학대에 대한 자기인식	• 양육태도, 아동학

(출산 후)

				대 잠재성 조사
학대 예방	기술습득과 연습	• 아동권리교육, 학대 및 폭력 예방교육 • 일상 속 아동학대 대처방법 • 양육태도, 훈육방법 교육		• 교육 • 상담
	적용	• 예시상황에 훈육방법 적용		• 문제중심 피드백
9	가정환경 사정 및 위험요소 수정	개념화	• 양육환경 관련 왜곡된 인식 인지	• 상담 • 교육
		기술습득과 연습	• 집안위험요소 사정 및 교육 • 위험요소 제거	• 교육 • 시범/연습
		적용	• 양육환경 피드백	• 문제중심 피드백
10	사회적 지지	개념화	• 사회적 지지에 요구 인지	• 상담
		기술습득과 연습	• 사회적 자원 정보제공	• 교육
		적용	• 멘토링 운영	• 문제중심 피드백

※ 박일태(2020). 미혼모를 위한 아동학대 예방프로그램 개발 및 평가. 고려대학교 대학원.

나. 회기별 세부 내용

　　출산 전 교육은 1차시에서 4차시까지 구성되었다. 1차시는 극복력 패턴 중 철학적 패턴에 해당하며 '부모기 준비'에 대한 내용으로 부모됨의 의미와 부모의 역할에 대해 살펴봄으로써 바람직한 모성전환을 강화하고자 하였다. 2차시는 기질적 패턴에 해당하며, '정서적지지'에 대한 내용으로 우울을 감소시키고, 자존감을 증진시키고자 하였다. 3차시는 상황적 패턴에 해당하며, '모성 건강행위 및 건강증진'에 대한 내용으로 모성의 부적절한 건강행위를 사정하여 교정하고, 건강증진 행위를 증진시켜 모아의 건강을 증진시키고자 하였다. 4차시는 관계적 패턴에 해당하며 대상자의 상황 및 요구도에 따라. '가족지지' 또는 '친구지지'에 대한 내용으로 나누어 진행한다. 가족 또는 친구 관계에서 갈등요소를 파악하고 의사소통을 증진시켜 가족기능 또는 친구지지를 강화하고자 하였다.

　　출산 후 교육은 5차시에서 10차시까지 구성되었다. 출산 후 교육은 극복력의 패턴 중 기질적, 상황적, 관계적 패턴의 3가지 패턴 측면에서 구성되었다. 극복력의 패턴 중 기질적 패턴에 해당하는 내용은 7차시 '감정조절 방법'과 8차시 '아동학대 예방'에 대한 중재이며, 상황적 패턴은 6차시 '아이발달에 대한 이해 및 양육스킬 증진', 9차시 '가정환경 사정 및 위험요소 수정'이다. 관계적 특성은 5차시 '모아애착 증진'과 10차시 '사회적지지'에 해당하는 중재이다. 5차시는 극복력 패턴 중 관계적 패턴에 해당하며 '모아애착 증진'에 대한 내용으로 모아상호작용을 사정하고 긍정적인 상호작용 스킬을 사용하게 하여, 모아애착과 모아상호작용을 증진시키고자 하였다. 6차시는 상황적 패턴에 해당하며 '아이 발달에 대한 이해 및 양육스킬 증진'에 대한 내용으로, 아이의 성장발달에 대해 교육하고 바람직한 양육스킬을 익히게 하여 양육자신감을 증가시키고자 하였다. 7차시는 기질적 패턴에 해당하며 '감정조절 방법'에 대한 내용으로, 스트레스 상황에서 분노와 같은 감정을 조절하는 방법에 대해 다루어 바람직한 대처를 증진시키고자 하였다. 8차시는 극복력 패턴 중 기질적 패턴에 해당한다. 9차시는 상황적 패턴에 해당하며 '가정 환경 사정 및 위험요소 수정'에 대한 내용으로 대상자의 가정환경을 사정하고 위험요소를 수정하여 안전한 양육환경을 강화시키고자 하였다. 10차시는 관계적 패턴에 해당하며 '사회적지지'에 대한 내용으로 대상자의 요구에 맞는 사회적 자원에 대한 정보를 제공하고, 연구자가 멘토 역할을 하였다.

II 교사 대상 아동학대 예방프로그램

1. 교사 대상 아동학대 예방프로그램 Ⅰ

가. 아동학대 예방프로그램

회기	관련요소	활동명	활동내용
1	• 친해지기	• 마음열기	• 동영상 감상/문제 찾기/활동/문제해결 및 저널쓰기/발표 • 도입: 프로그램 소개와 Rapport 형성을 위한 자기소개 및 애칭 짓기를 한다. • 전개: 활동('거울놀이'-소통하기)한다. • 마무리: 수업참여 및 활동 결과물 동의서를 작성한다. • 평가: 동료에 대한 느낌을 발표한다.
2	• 문제인식하기	• 아동학대가 뭐예요?	• 동영상 감상/문제 찾기/활동/문제해결 및 저널쓰기/발표 • 도입: 아동학대 개념 및 유형을 소개한다. • 전개: 아동학대 발생원인 및 실태를 파악한다. • 마무리: 예비유아교사로서 아동학대예방을 위한 서약서를 쓴다. • 평가: 서약서 내용을 발표한다.
3	• 자기이해 및 수용하기	• 나는 누구 인가?	• 동영상 감상/문제 찾기/활동/문제해결 및 저널쓰기/발표 • 도입: "나는 누구인가?" 생각나는 단어를 적는다. • 전개: 자신의 장·단점을 적고 동료와 함께 정보를 나눈다.

		'생애주기' 그림 활동을 한다. • 마무리: 자신을 긍정적으로 변화시킬 수 있는 방안을 찾아본다. • 평가: 장점을 강화하고 단점을 보완할 수 있는 자신의 노력을 발표한다.

4	• 타인이해 및
	  수용하기
		• 긍정의 힘!	• 동영상 감상/문제 찾기/활동/문제해결 및 저널쓰기/발표
			• 도입: '피그말리온 효과'를 살펴본다.
			  나는 긍정형? or 부정형? 및 그 이유를 찾아본다.
			• 전개: 자신의 습관을 긍정적으로 바꾸어 타인을 대해본다.
			  '관찰카메라를 통해 긍정·부정적 태도를 이해'하는 활동을 한다.
			• 마무리: '관찰카메라' 내용 가운데 느낀 점들을 긍정적으로 표현해 본다.
			• 평가: '생각이 말을 이끈다. 말이 태도를 이끈다. 태도가 행동을 이끈다.'처럼 긍정의 힘을 기르기 뒤한 다짐과 노력을 발표한다.

5	• 분노조절하기	• 분노조절 장애도 병이다.	• 동영상 감상/문제 찾기/활동/문제해결 및 저널쓰기/발표 • 도입: 평소 자신을 화나게 하는 요인이나 감정조절에 실패한 경험들을 회상하여 그 어려움에 대해 이유를 적어본다. • 전개: 자신의 감정조절 신공을 위해 선택할 수 있는 방안을 찾아본다. • 마무리: 나만의 분노조절 방법은 무엇이며 이를 동료와 함께 실행을 한다.
6	• 분노조절하기	• 마음을 다스리는 법	• 동영상 감상/문제 찾기/활동/문제해결 및 저널쓰기/발표 • 도입: 타인의 입장에서 생각해 볼 수 있는 '역지사지' 태도를 이해한다. • 전개: 자신의 분노를 비폭력대화방법 순서에 따라 연습해 본다. • 마무리: 비폭력대화방법을 활용하여 자신의 분노조절을 실행해 본다. • 평가: 비폭력대화방법의 효과에 대해 느낀 점들을 발표한다.

7	• 배려	• 배려하면
		  기쁨을
		  돌려받아요!
			• 동영상 감상/문제 찾기/활동/문제해결 및 저널쓰기/발표
			• 도입: 자원봉사 경험나누기를 통해 배려하는 마음을 이해한다.
			• 전개: '나비효과'의 의미를 살펴보고 배려하는 마음이 자신과 타인의 행동을 긍정적으로 변화시킬 수 있음을 안다.
			  '작아지는 신문지 면적 위로 오르기'와 '인간 탑쌓기' 활동을 한다.

			• 마무리: 게임활동 가운데 '배려' 차원에서 자신이 선택한 것을 실행한다. • 평가: 자신이 선택한 '배려'에 대한 소감을 발표한다.
8	• 공감적 이해	• '다르다', '틀리다' 공감하기	• 동영상 감상/문제 찾기/활동/문제해결 및 저널쓰기/발표 • 도입: 작은 관심과 이해를 통해 '다르다?'와 '틀리다?'의 차이를 이해한다. • 전개: 공감적 이해가 갈등해결 및 문제해결의 방법임을 안다. '2인 3각' 활동을 한다. • 마무리: 타인에 대한 '공감적 이해' 태도를 갖고 실행해 본다. • 평가: 공감적 이해가 '다르다'는 의미가 아님을 발표한다.
9	• 의사소통기술	• 소통하고 싶다면 경청하라!	• 동영상 감상/문제 찾기/활동/문제해결 및 저널쓰기/발표 • 도입: 선입견과 편견은 '불통'이 원인이며 '소통하고 싶다면 경청하라'의 의미를 이해한다. • 전개: 타인의 말에 집중하여 경청해 본다. '사물에 대해 설명만 듣고 똑같이 그리기' 활동을 한다.
10	• 책임감, 사명감, 성실함	• 스토리텔링 '까치전'	• 동영상 감상/문제 찾기/활동/문제해결 및 저널쓰기/발표 • 도입: 스토리텔링 '까치전'의 시나리오를 감상한다. • 전개: 시나리오 내용 및 등장인물의 성격을 파악한다. • 마무리: 대본 연습 및 의상을 제작한다. • 평가: 대본 최종 리허설 및 의상 등을 확인한다.
11	• 책임감, 사명감, 성실함	• 예비유아교사의 다짐	• 동영상 감상/문제 찾기/활동/문제해결 및 저널쓰기/발표 • 도입: 동극 '까치전'을 공연한다. • 전개: '까치전'과 유사한 부조리와 사회문제를 찾아본다. • 마무리: 예비유아교사로서 책임과 역할을 찾아 이를 실천해 본다. • 평가: 사회 문제를 근절하기 위한 자신의 노력을 발표한다.
12	• 유아교사의 전문성	• 좋은 유아교사 되기	• 동영상 감상/문제 찾기/활동/문제해결 및 저널쓰기/발표 • 도입: '유아교사란 무엇인가?' 이해한다. • 전개: 좋은 유아교사가 되기 위해 갖춰야할 덕목을 찾아본다. '좋은 유아교사가 되기 위한 서약서 쓰기' 활동을 한다. • 마무리: 예비유아교사로서 자신의 철학을 찾아 실천방안을 기록해 본다. • 평가: 인성교육 프로그램을 진행하면서 변화된 자신의 모습과 생각을 정리하여 발표한다.

※ 김영은(2015). 아동학대 예방을 위한 예비유아교사 인성교육 프로그램 개발 및 효과.

나. 회기별 세부 내용

1) 1회기: 마음 열기

1회기에서는 동료와 교사와 학생 간의 친밀감을 높여 적극적으로 소통할 수 있는 분위기 조성이 필요하다. 이에 따라 자기소개하기, 거울놀이, 동료에게 하고 싶은 말, 활동에 대한 소감 저널쓰기를 한다. 거울놀이는 그룹별 5명씩 모두 세 그룹으로 나누고 각 그룹에서 대표자는 어려운 동작을 취하면 이를 따라하는 활동이다. 이 과정에서 흥미와 재미있는 동작 표현으로 동료의 웃음을 자아내는 분위기를 만들 수 있다.

2) 2회기: 문제인식하기

2회기 프로그램은 우리나라 아동학대 유형 및 실태, 관련 법규에 대한 내용을 배운다. 그리고 보도 자료나 주변에서 발생한 '아동학대 사례 적어보기', '자신이 생각하는 아동학대 정의와 종류 적어보기', '생각하는 의자 체험 후 소감 기록하기', '아동학대와 유아교사 인성 간의 상관관계 생각해보기', '아동학대 금지 서약하기' 순서로 진행된다. 이는 아동학대 문제의 심각성을 인식하고 유아교육 현장에서 활용되는 '생각하는 의자' 체험을 통해 아동학대 문제인식을 높이고자 하였다.

3) 3회기: 나는 누구인가?

긍정적인 자아개념을 형성하기 위하여 자기이해 및 수용적 태도가 필요하다. 자신의 장·단점을 명확하게 이해하고 긍정적인 태도로 장점을 강화하며 단점을 수용 및 보완하는 태도를 길러야 할 것이다. 이에 따라 3회기 프로그램에서는 자신의 장·단점을 찾아보는 활동을 넣었다. 또한, '희노애락' 생애주기 그림을 그려보고 그동안 자신에게 영향을 준 사건이나 경험을 저널로 쓰기 활동을 한다. 이때 자신의 감정을 그대로 표현하도록 유도한다. 이러한 과정은 과거 경험들을 통해 자신을 돌아볼 수 있는 기회가 되며 자신을 이해하고 수용하게 될 것이다.

4) 4회기: 긍정의 힘

타인에 대한 이해와 수용적 태도는 인간관계를 친밀하게 해준다. '피그말리온 효과'처럼 불가능한 일도 긍정적으로 생각하고 받아들인다면 문제를 쉽게 풀어갈 수 있다. 4회기 프로그램은 동료의 장·단점을 찾아보고 장점을 칭찬하며 단점을 긍정적으로 표현하도록 구성하였다.

5) 5회기: 분노조절 장애도 병이다

평소 자신을 화나게 하는 요소를 찾아보는 활동으로 구성되었다. 그리고 신체, 정서, 성, 방임 관련 상황극에서 나타난 문제점들을 찾아본다. 그리고 분노조절 방법을 찾아 자신의 감정을 다스려보는 순서를 가졌다. 먼저, 자신을 화나게 하는 단어나 행동을 그 이유와 함께 적어 보도록 한다. 다음으로 상황극 활동을 한다.

6) 6회기: 마음을 다스리는 법

'마음을 다스리는 법' 관련 동영상을 감상하고 문제 상황을 살펴본다. 여기서 등장인물의 입장을 적고 공감하는 부분을 찾아 분노조절 순서에 따라 연습을 한다.

7) 7회기: 배려하면 기쁨을 돌려받는다

7회기는 '배려'를 통해 사회관계 증진을 이루고자 하였다. 이를 위해 배려에 대한 개념을 정의하고 평소 자원봉사 경험에서 느꼈던 점들을 회상한다. 그리고 협동이 필요한 게임 활동을 통해 배려를 경험하도록 한다. 그리고 동료를 위해 배려한 것들을 주제로 저널을 썼다.

8) 8회기: '다르다', '틀리다' 이해하기

8회기는 '다르다'와 '틀리다'를 정의하고 타인의 입장을 공감할 수 있도록 게임활동을 한다. 문제상황에서 자신이 처한 위치에 따라 공감적 온도차가 다를 수 있고 타인의 입장을 고려할 수 있다.

9) 9회기: 소통하고 싶다면 경청하라

9회기는 자신의 대화방법 유형을 돌아보고 동료의 말을 경청하여 듣는 연습을 통해 상대방과 소통을 한다. 본 활동에서 상대방의 이야기에 얼마나 집중하여 듣는가에 따라 그림 형태는 달라질 수 있고 집중하여 듣는다는 것이 얼마나 중요한가를 인식할 수 있다.

10) 10·11회기: 스토리텔링 '까치전' 동극

10회기는 우화소설 '까치전'의 줄거리를 이해하기 위해 다 함께 내용을 2회 정독한다. 그리고 감상문을 쓴다. 이어서 각자 희망하는 배역을 선택하고 의상 및 소품을 제작한다.

11) 12회기: 좋은 교사 되기

12회기는 좋은 교사에 대한 정의를 내리고 좋은 교사에게 필요한 인성요소는 무엇이며, 좋은 교사가 되기 위한 다짐을 서약서로 쓴다. 마지막을 프로그램에 참여하는 동안 변화된 경험들을 저널로 쓴다.

2. 교사 대상 아동학대 예방프로그램 Ⅱ

가. 아동학대 예방프로그램

회기	관련요소	활동단계	활동내용
1	• 동기적 요인	• 개념획득과 목표 설정	• 영유아학대와 코칭 개념 알기 • 영유아의 권리를 인식하고 영유아학대의 개념을 이해하며 코칭이란 무엇인지 개념을 이해하기
2			• 코칭의 기술 이해하기 • 코칭기술의 유형과 정의를 알아보고 장점을 이해하기
3	• 인지적 요인	• 실제알기	• 교사가 삼가야 할 대화유형 알아보기 • 아동의 권리를 존중하기 위해 교사가 삼가야 할 대화의 유형과 예시, 영유아에 대한 영향 알아보기
4			• 일과운영에서 코칭 활용의 실제 알아보기 • 영아를 대상으로 한 일과운영에서 상황별 잠재적 학대 상황의 예시를 보고 코칭 활용의 실제를 경험해보기
5			• 일과운영에서 코칭 활용의 실제 알아보기 • 유아를 대상으로 한 일과운영에서 상황별 잠재적 학대 상황의 예시를 보고 코칭 활용의 실제를 경험해보기
6	• 행동적 요인	• 적용과 평가	• 적용하기와 자기평가하기 • 일과 운영에서 코칭을 적용해보고 난 후 전, 후 변화에 대한 자기 평가하기

※ 김순숙(2014). 보육교사의 영유아학대 예방을 위한 코칭프로그램 개발.

나. 회기별 세부 내용

1) 1회기: 영유아학대와 코칭의 개념 알기

활동1에서 코칭의 대화모델을 통해 활동을 진행한다. 활동2에서 아동학대 및 코칭에 대한 개념에 대해 이야기를 나누고 생각해본다. 활동3은 활동지를 나누어 주고 활동지의 질문에 자신의 생각을 작성하게 한다.

2) 2회기: 코칭의 기술 이해하기

활동1은 코칭의 기술에 대한 개념과 장점을 알 수 있도록 이야기를 나눈다. 활동2는 활동지를 나누어주고 활동지의 질문에 자신의 생각을 작성하게 한다.

3) 3회기: 교사가 삼가야 할 대화유형 알아보기

활동1은 교사가 삼가야 할 유형에 대해 알아보고 활동지를 나누어주어 질문에 자신의 생각을 작성하게 한다. 활동2는 보육교사로서 영유아에게 삼가야 할 대화의 유형을 상황극으로 연출해보고 코칭기술 중 경청하기와 질문하기를 실행해본 후 느끼는 감정과 바람직한 대화유형에 대해 토론을 한다.

4) 4회기: 일과운영에서 코칭 활용의 실제 알아보기

활동1은 연령별 하루 일과의 잠재적 학대상황이 때 영아의 권리를 존중하지 않는 대화와 코칭 기술 활용한 올바른 대화 방법을 알아보고 활동지를 나누어주어 자신의 생각을 작성하게 한다.

5) 5회기: 일과운영에서 코칭 활용의 실제 알아보기

활동1은 연령별 하루 일과에서 잠재적 학대상황과 이때 유아의 권리를 존중하지 않는 대화와 코칭 기술을 활용한 올바른 대화 방법을 알아보고 활동지를 나누어 질문에 자신의 생각을 작성하게 한다.

6) 6회기: 적용하기와 자기평가하기

활동1은 1회기에서 5회기까지의 활동을 생각해보며 영유아 학대를 차단하기 위한 코칭의 역할에 대해 다시 이야기하고 전과 후에 자기 변화에 대해 이야기를 나눈다. 활동2는 영유아의 발달 상태를 알고 영유아의 요구를 잘 이해하고 인정해주며, 영유아의 권리를 존중하여 적절한 코칭 기술을 활용하여 대화를 하여 영유아 학대를 예방할 수 있다는 것에 관한 자기 마음가짐 등을 활동지에 적어본다.

3. 교사 대상 아동학대 예방프로그램Ⅲ

가. 교사의 자기이해 프로그램(1~3회기)

1) 유아교사로서의 나 프로그램(1회기)

교육 목표	• 자신의 강점과 약점을 성찰해보고, 글 또는 그림으로 표현해본다. • 부정적인 기질적 특성이나 생활양식을 바람직한 방향으로 나아가도록 방법을 모색해본다. • 유아교사의 사명과 역할에 대한 스스로의 가치관을 재정립해 본다. • 교사가 유아교육기관에서 아동권리를 실천하되 기본 전제임을 안다.		
단계	**내용**	**교육방법**	**시간**
도입	• '나는 어린이집 교사입니다.'-어느 어린이집 교사의 글 인터넷 발췌 내용 읽기		10분
전개	• 질문지의 질문 중 한 가지를 택하여 주어진 질문에 대해 생각해보고 글 또는 그림으로 표현해본다. • 질문 ex) 유아교사로서의 나는 무엇인가? 내가 돌보고 있는 유아는 어떤 존재인가? 나만의 강점은 무엇인가? 나의 약점은 무엇인가?	• 개인, 발표형	40분
마무리	• 게시판에 붙이고 서로의 작품에 대해 의견을 나눈다. • 유아교육현장에서 아동인권이 존중되는 환경을 조성하기 위하여 교사로서 무엇을 할 수 있을지 이야기나눈다.		10분

※ 이민지(2017). 유아교사의 아동인권감수성 향상을 위한 아동인권 교사교육 프로그램 개발.

2) 권리주체자와 의무이행자 프로그램(2회기)

교육 목표	• 권리주체자와 의무이해자의 개념을 이해한다. • 의무이행자로서 교사의 역할에 대해 안다.		
단계	내용	교육방법	시간
도입	• '아동이란?, 나란?' 질문에 대해 생각해본다.	• 개인, 발표형	10분
전개	• '아동이란?, 나란?' 질문에 대해 글 또는 그림으로 표현한다. • 결과물에 대해 모둠별로 토의한다.		40분
마무리	• 야누슈코르착의 '아이들'(지식채널e) 영상 시청		10분

※ 이민지(2017). 유아교사의 아동인권감수성 향상을 위한 아동인권 교사교육 프로그램 개발.

3) 아동의 인권을 강조한다면 교사의 인권은? 프로그램(3회기)

교육 목표	• 교사와 부모, 아동의 인권은 서로 상호보완적인 관계임을 이해한다. • 교사의 인권감수성을 증진한다.		
단계	내용	교육방법	시간
도입	• 현재 자신이 느끼고 있는 현장에서의 교사의 인권 상황은 어떤지 질문한다.	• 개인, 토론, 발표형	10분
전개	• 교사와 부모, 아동의 인권이 상충되는 딜레마 상황 을 제시 후 토론한다.		45분
마무리	• 인권은 서로 상호보완적 관계임을 다시 한번 언급 한다.		5분

※ 이민지(2017). 유아교사의 아동인권감수성 향상을 위한 아동인권 교사교육 프로그램 개발.

나. 아동에 대한 이해 프로그램(1~2회기)

1) 아동기에 대한 이해 프로그램(1회기)

교육 목표	• 아동기의 특징과 중요성을 인식한다. • 역사 속 아동기와 아동관을 배우고 자신의 아동관을 확립한다.		
단계	내용	교육방법	시간
도입	• 자신이 맡고 있는 아이들의 특징을 한마디로 정의한다.	• 개인, 발표형	15분
전개	• 아동관의 변화를 역사의 흐름에 따라 강의하고 현재 우리의 아동관을 생각해본다.		40분
마무리	• 현재 우리의 아동관을 확인하고 아동기의 긍정적 경험의 중요성에 대해 이야기한다.		5분

※ 이민지(2017). 유아교사의 아동인권감수성 향상을 위한 아동인권 교사교육 프로그램 개발.

2) 아동기에 아동존중 프로그램(2회기)

교육 목표	• 현장에서 아동이 존중되지 못한 상황을 인식할 수 있다. • 현장에서 아동이 존중되기 위한 실제적 방법을 생각할 수 있다.		
단계	내용	교육방법	시간
도입	• 인천 아동학대 CCTV사건 뉴스를 본다. Q: 이 아이에게 김치를 꼭 먹여야만 했을까요?(아동기 특성상 맛에 민감하여 성인보다 더 맛을 강하게 느끼기 때문에 김치나 독특한 향이 나는 채소들을 싫어함) 아동학대, 아동인권이 존중되지 못하는 환경은 아동에 대한 이해가 부족하기 때문	• 그룹활동	15분
전개	• 아동인권이 존중되지 않은 사례를 제시한다. Q: 이 사례처럼 우리는 아동의 감정이나 상황 혹은 발달 상태를 감안하지 못하는 경우가 발생할 수 있겠죠? - 교실에서 겪은 경험담에 대해 토의 각 사례에 아동기의 특성을 대입하여 그 상황을 이해해본다.		40분
마무리	• 아동기의 특성을 이해한다면 아동인권이 존중될 수 있음을 이야기한다.		5분

※ 이민지(2017). 유아교사의 아동인권감수성 향상을 위한 아동인권 교사교육 프로그램 개발.

III 학생 대상 아동학대 예방프로그램

1. 학대아동의 자아존중감 향상을 위한 아동학대 예방프로그램

가. 아동학대 예방프로그램

회기	내용
1	• 주제: 프로그램의 목적과 지도자 및 참여자 알기 • 목적: 프로그램의 목적과 방향에 대해 이해하고 참가 아동들 간의 소속감과 지도자와의 신뢰도를 형성한다. • 내용: 프로그램 진행목적, 프로그램안내, 자기소개, 약속 지키기 서명
2	• 주제: 기본욕구 탐색과 나의 기본 욕구들 • 목적: 선택이론의 소속, 사랑, 힘, 성취, 자유, 즐거움에 대하여 이해하고 자신의 욕구 충족도를 알아본다. • 내용: 욕구탐색과 바람찾기, 욕구충족활동, 타인을 이해하기
3	• 주제: 좋은 세계와 현실 세계 • 목적: 자신이 원하는 세계와 현실 세계의 거리를 알아보고 효율적인 대처방안을 탐구한다. • 내용: 사진첩 설명, 비교장소에서의 갈등상황이해, 자신의 스트레스 대처방법 살펴보기
4	• 주제: 행동의 선택과 책임 • 목적: 우리의 행동은 원하는 것을 얻기 위한 최선의 선택이라는 것을 알고 자신이 선택한 행동은 타인의 욕구를 방해하지 않아야 함을 이해하며 책임질 줄 알아야 한다. • 내용: 자기행동 선택에 대한 책임을 지고 변명을 버리기

5	• 주제: 전 행동 이해(즐겁거나 행복할 때와 속상할 때 나타나는 신호) • 목적: 내가 행복할 때와 속상할 때의 전 행동으로 나타나는 신호를 알고 이때 자신이 선택한 행동을 이해한다. • 내용: 전 행동 자동차 이해하기, 행복할 때와 속상할 때의 행동에 대한 평가, 즐겁고 행복한 삶에 대한 동기 강화
6	• 주제: 나의 장점을 발견하고 나를 행복하게 하는 것 탐색 • 목적: 4가지 욕구를 만족시킬 수 있는 질적 세계의 사진들을 탐색하여 발견하지 못했던 것을 찾아내어 자신을 만족시켜 주는 것을 확인하고 자신의 바람을 재확인한다. • 내용: 자신의 장점 찾기, 소속감과 성취감 충족, 선택과 책임성, 현실세계와 좋은 세계의 균형을 이루기 위한 행동선택 이해
7	• 주제: 나의 좋은 행동들 • 목적: 자신과 다른 사람에게 도움을 줄 수 있는 바람직한 행동 변화로 성취의 욕구를 채우면서 자아존중감을 높이고 행동의욕을 강화하여 문제를 타협과 존중이 질적인 방법으로 해결한다. • 내용: 구성원들 간의 좋은점 이야기하기, 자신의 좋은 점 스스로 칭찬하기, 바람직한 행동에 대한 격려와 지지의 피드백 주고 받기
8	• 주제: 원하는 것을 얻기 위한 행동계획 • 목적: 자신과 다른 사람에게 피해를 주지 않으면서 원하는 것을 얻을 수 있게 WDEP에 의한 행동계획을 세우며 책임감 있는 행동을 선택한다. • 내용: WDEP과정 이해, 자신의 행동변화와 계획 세우기, 갈등상황 해결과 대처방안
9	• 주제: 계획한 행동을 실천하고 평가하기 • 목적: 균형 있는 욕구 충족을 위해 부족한 욕구를 알아보고 충족시킬 수 있는 행동을 계획 실천함으로써 적극적인 태도를 기른다. • 내용: 자신이 진정 원하는 것 알아보기, 계획한 행동 평가하기, 행동 변화수첩 만들기
10	• 주제: 칭찬과 격려 마무리 • 목적: 서로 자신들의 행동변화를 이야기 나누고 칭찬과 격려로 지지하며 성취욕구, 소속의 욕구를 충족하고 긍정적인 경험을 하게 함으로써 자아존중감을 향상시킨다. • 내용: 효율적이고 책임 있는 행동 변화수첩 검토 평가, 행동변화의 주체가 자기임을 확인

※ 박민숙 (2005). 학대아동의 자아존중감 향상을 위한 현실요법프로그램의 효과성에 관한 연구

나. 프로그램 세부 내용

1) 1회기 프로그램

프로그램 회차	1회	프로그램제목	자기소개
목표	• 집단에서의 불안감을 해소하고 적극적인 참여를 증진시킨다. • 아동이 자신에 대한 긍정적인 인식을 하도록 한다.		
진행단계	진행과정		
도입	• 구성원이 모일 때까지 명상음악을 들려주고 요가동작을 실시하며 분위기를 조성한다.		
전개	• 집단 및 진행자 소개: 집단 구성원 소개와 진행자를 소개한다. • 프로그램의 진행 목적: 프로그램 실시 목적을 밝히며 적극 협조할 것을 부탁한다. • 프로그램 안내: 대강의 프로그램에 대한 설명을 한다. • 자기소개: 본인이름, 좋아하는 것, 잘하는 것, 되고 싶은 것에 대한 내용을 중심으로 소개한다. • 자기표현훈련: 실시방법을 설명하고 한 사람씩 자기에 대하여 설명할 수 있는 기회를 제공한다. 구성원 각자의 표현을 비판하거나 흉보는 일이 없도록 서로를 존중하는 태도를 가지도록 설명하며 끝까지 질문과 대답을 정중하게 한다.		
정리 및 소감	• 다과를 나누면서 오늘 수업을 평가하고 이야기를 나눈다.		
과제	• 내가 지금 가장 하고 싶은 일 적어오기 • 내가 바라는 것은 무엇인가 적어오기		

2) 2회기 프로그램

프로그램 회차	2회	프로그램제목	좋은 세계와 현실세계
목표	• 자신이 원하는 세계와 현실세계의 차이를 알아본다. • 갈등상황에서의 대처방안을 탐구한다.		
진행단계	진행과정		
도입	• 구성원이 모일 때까지 명상음악을 들려주고 요가동작을 실시하며 분위기를 조성한다.		
전개	• 좋은 세계: 좋은 세계는 긍정적인 사진들로만 되어 있으며, 우리의 삶의 질을 높이려고 우리가 찾아낸 사람, 사물, 생각 그리고 이상의 것들이 그곳에 자리한다. • 현실세계: 지금 현재의 상태에서 자신이 이루고 있는 상황 • 비교장소: 현실세계와 좋은 세계 지각의 차이가 클수록 좌절감과 불행감을 크게		

	느끼게 한다. • Quality world의 사진첩 만들기: 기억 속에 있는 그림들 중에서 가장 좋은 사진들과 자신의 바람으로 알맞은 사진 5장을 연상하여 만든다. • 스트레스 해소방법 알아보기 • 자기평가와 피드백하기
정리 및 소감	• 다과를 나누면서 오늘 수업을 평가하고 이야기를 나눈다.
과제	• 생활 속에서 자기평가와 피드백 주고받기 연습하기

3) 3회기 프로그램

프로그램 회차	3회	프로그램제목	기본욕구와 나의 욕구 탐색
목표	• 선택이론의 소속, 사랑, 힘, 성취, 자유, 즐거움의 욕구들을 이해한다. • 자신의 욕구 충족을 알아본다.		
진행단계	진행과정		
도입	• 구성원이 모일 때까지 명상음악을 들려주고 요가동작을 실시하며 분위기를 조성한다.		
전개	• 소속, 사랑: 사랑하고 나누고, 협력하고자 하는 인간의 속성을 말한다. • 힘, 성취: 경쟁하고, 성취하고, 중요한 존재이고 싶어 하는 속성을 의미한다. • 자유: 이동하고 선택하는 것을 마음대로 하고 싶어 하는 속성이다. • 즐거움: 많은 새로운 것을 배우고, 놀이를 통해 즐기고자 하는 속성이다. • 생존: 살고자 하고, 생식을 통한 자기 확장을 하고자 하는 속성이다. • 자신이 바라는 것과 원하는 것을 위한 행동을 적어보고 발표한다. 자기평가와 함께 피드백을 주고받는다.		
정리 및 소감	• 다과를 나누면서 오늘 수업을 평가하고 이야기를 나눈다.		
과제	• 자기평가와 피드백 주고받기 연습해오기		

4) 4회기 프로그램

프로그램 회차	4회	프로그램제목	행동의 선택과 책임
목표	• 우리의 행동은 원하는 것을 얻기 위한 최선의 선택임을 이해한다. • 다른 사람과의 관계에서 도움이 되는 행동과 장애가 되는 행동에 대해 이해한다.		
진행단계	진행과정		
도입	• 구성원이 모일 때까지 명상음악을 들려주고 요가동작을 실시하며 분위기를 조성한다.		

전개	• 우리의 행동은 자신이 원하는 것을 얻기 위한 최선의 선택이며 다른 사람에게 방해되지 않아야 됨을 이야기한다. 행동을 선택하는 것에 대해 끝까지 자신이 책임의식을 가져야 함을 강의한다. • 가치관 직시연습: 진행자가 특정한 단어를 몇 개 불러주면 받아 적고 그 말을 들었을 때 가장 먼저 떠오르는 생각을 적은 후 발표한다. • 변명버리기: 2~3일 전에 선택한 행동에 대한 변명버리기를 3가지씩 적어보고 발표한다.
정리 및 소감	• 다과를 나누면서 오늘 수업을 평가하고 이야기를 나눈다.
과제	• 자신이 사용하는 언어나 행동 가운데 도움이 되는 것과 장애가 되는 것을 잘 살펴보고 적어오기

5) 5회기 프로그램

프로그램 회차	5회	프로그램제목	전 행동 자동차
목표	• 행복할 때와 속상할 때의 전 행동을 나타나는 신호를 이해한다. • 자신의 행동을 선택하고 통제할 수 있음을 이해한다.			
진행단계	진행과정			
도입	• 구성원들이 모일 때까지 명사음악을 들려주고 요가동작을 실시하며 분위기를 조성한다.			
전개	• 전 행동 자동차: 활동하기, 생각하기, 느끼기, 신체반응에 대한 설명, 전 행동의 개념을 자동차 앞바퀴와 뒷바퀴에 비교하여 설명하는 것 • 내 마음의 세계에서 원하는 사진과 실제 상황이 전혀 일치하지 않는 상황들을 묘사한다. • 내가 지금 하고 있는 것이 나에게 도움이 되는가?			
정리 및 소감	• 다과를 나누면서 오늘 수업을 평가하고 내가 원하는 것과 맞지 않는 사진에 대해 이야기를 나눈다.			
과제	• 자신이 사용하는 언어나 행동 가운데 도움이 되는 것과 장애가 되는 것을 잘 살펴보고 적어오기			

6) 6회기 프로그램

프로그램 회차	6회	프로그램제목	전 행동 자동차
목표	• 좋은 세계 사진들을 탐색하여 진정 원하는 것을 찾아본다. • 좋은 세계와 현실세계의 균형을 위한 행동 선택을 이해한다.		
진행단계	진행과정		
도입	• 구성원들이 모일 때까지 명상음악을 들려주고 요가동작을 실시하며 분위기를 조성한다.		
전개	• 인간의 욕구와 바람, 전 행동에 대해 그동안 배운 것을 종합적으로 설명한다. • 책임이 있는 아동이란 행동선택에 자발성이 있고 내적 통제력을 갖고 있는 아동이다. • 내가 나의 행동에 책임을 져야 함으로 바른 행동을 선택한다. • 비현실적인 사진을 현실적인 것으로 바꾸기 • 좋은 인간관계를 파괴하는 요인은 무엇인가? • 자신이 선택한 행동이 바람을 얻는 데 도움이 되었는가?에 대해 평가		
정리 및 소감	• 다과를 나누면서 오늘 수업을 평가하고 이미 알고 있었던 것과 오늘 새로 배운 것에 대해 이야기를 나눈다.		
과제	• 자신이 원하는 좋은 세계의 사진첩 만들기		

7) 7회기 프로그램

프로그램 회차	7회	프로그램제목	나의 좋은 행동들
목표	• 바람직한 행동 변화로 성취의 욕구를 채우고 자아존중감을 향상시킨다. • 행동의욕을 강화하여 문제를 타협과 존중의 적절한 방법으로 해결한다.		
진행단계	진행과정		
도입	• 구성원들이 모일 때까지 명사음악을 들려주고 요가동작을 실시하며 분위기를 조성한다.		
전개	• 자신이 가장 좋아하는 노래 소개하기 • 포도송이 행복 만들기: 포도송이에 자신이 원하는 것을 그려 넣고 한 송이, 한 송이 따면서 해결책을 이야기 나눈다. • 사과나무 칭찬하기: 나무에 사과 열매를 따서 친구들의 장점을 쓰고 발표한 후 선물한다.		
정리 및 소감	• 다과를 나누면서 오늘 수업을 평가하고 이미 알고 있었던 것과 오늘 새로 배운 것에 대해 이야기를 나눈다.		
과제	• 자기 자신 칭찬하기		

8) 8회기 프로그램

프로그램 회차	8회	프로그램제목	바람을 위한 행동계획
목표	• WDEP에 의한 행동계획을 세운다. • 자신이 선택한 행동에 대해 책임을 진다.		
진행단계	진행과정		
도입	• 구성원들이 모일 때까지 명상음악을 들려주고 요가동작을 실시하며 분위기를 조성한다.		
전개	• W(Want): 진정한 바람을 통해 근본에 있는 욕구를 접근할 수 있다. • D(Doing): 내가 지금 하고 있는 행동은 무엇인가? 궁극적으로 나는 지금 어디로 가고 있는가? • E(Evaluation): 본인이 자신의 행동을 평가하도록 함으로써 동기를 부여할 수 있다. • P(Plan): 자신이 하고 있는 일이 지금 상황에서 자기가 원하는 바를 얻는 데 별로 도움이 안 되면 방향을 바꿔 새로운 계획을 세워본다. • 행동목록표: 자신의 욕구와 바람을 이룰 수 있는 효율적인 행동계획을 세운다. • 만족스티커 만들기: 세 가지 유형의 스티커를 만들어 자신의 행동 목록표에 붙인다.		
정리 및 소감	• 다과를 나누면서 오늘 수업을 평가하고 이야기를 나눈다.		
과제	• 행동목록표로 일과 평가해보기		

9) 9회기 프로그램

프로그램 회차	9회	프로그램제목	간, 즉, 구, 진
목표	• 균형 있는 욕구 충족을 위해 부족한 욕구를 알아본다. • 욕구 충족을 위한 행동을 계획 실천함으로서 적극적인 태도를 갖는다.		
진행단계	진행과정		
도입	• 구성원들이 모일 때까지 명상음악을 들려주고 요가 동작을 실시하며 분위기를 조성한다.		
전개	• 간: '간단하게 하라' 누구도 아니고 바로 내가 쉽게 할 수 있는 일을 계획하자 • 즉: '즉각적으로 하라' 지금 당장 할 수 있고 자주 되풀이 할 수 있는 것을 계획하자 • 구: '구체적으로 하라' 누구에게, 어디서나, 언제, 어떻게 할지를 구체적을 쓰자 • 진: '진지하게 하라' 정말로 하겠다는 것을 확실히 하자. 내가 존경하는 사람과 계약서를 쓰거나 약속을 하도록 하면 도움이 된다. • WDEP에 의한 간, 즉, 구, 진 행동계획표 • 내 생활에서 가장 잘 사용하는 변명 적어보기		
정리 및 소감	• 다과를 나누면서 오늘 수업을 평가하고 이야기를 나눈다.		
과제	• 행동목록표 재수정하기		

10) 10회기 프로그램

프로그램 회차	10회	프로그램제목	칭찬과 격려 그리고 지지
목표	• 행동목록표를 평가하며 서로 칭찬과 격려로 지지한다. • 욕구 충족의 긍정적인 경험을 하게 함으로서 자아존중감을 향상시킨다.		
진행단계	진행과정		
도입	• 구성원들이 모일 때까지 명상음악을 들려주고 요가동작을 실시하며 분위기를 조성한다.		
전개	• 원하는 것을 얻을 수 있는 계획세우기에 관해 설명한다. • 내가 원하는 것이 현실적으로 가능한 것인가에 대해 검토한다. • WDEP와 간즉구진에 대해 다시 검토한다. • WDEP 적용: 집이나 학교에서 생활하면서 갈등상황이나 화가 나는 상황이 생겼을 때 적용 연습하기		
정리 및 소감	• 다과를 나누면서 그동안 수업을 평가해 보고 자신의 행동을 어떻게 선택할 것인지에 대해 이야기를 나눈다.		

※ 박민숙(2005). 학대아동의 자아존중감 향상을 위한 현실요법프로그램의 효과성에 관한 연구.

2. 가출 청소년 대상 집단상담 프로그램

가. 정서조절 집단상담 프로그램

회기	프로그램 내용	목적	목표
1	• 들어가기: 　① 서약서 작성하기 　② 별칭짓기 　③ 특파원게임 　④ 너를 알고 싶어	• 프로그램의 목표, 내용, 진행과정을 이해하고 집단구성원 상호간의 관계를 형성함으로 프로그램에 대한 기대와 참여 동기를 갖게 한다.	• 치료관계형성
2	• 다양한 감정 인식하기: 　① 감정카드 게임 　② 찰흙으로 다양한 감정 인식하기	• 양가감정(긍정적 감정과 부정적 감정)을 인식하고, 양가감정을 이야기하며 이해하고 받아	• 양가감정 인식

	③ 찰흙으로 감정 표현해보기(행복/ 슬픔)	들이도록 한다.	
3	• 화난 경험 이야기하기: ① 당당한 행동 O, X퀴즈 ② 화나는 상황 경험해보며 역할극 하기 ③ 적절한 대안 찾기	• 화난 경험을 이야기하며 답답 한 마음을 표현해 본다.	• 분노감정 이해
4	• 속상한 내 맘 표현하기: ① 속상한 감정만큼 풍선 불기 ② 속상하게 한 사람을 풍선에 얼굴 그리기 ③ 풍선에게 하고 싶은 말하기 ④ 풍선에게 터트리기	• 속상한 마음을 느껴보고 표현 하는 과정을 통해 자신의 분노 감정을 이해하고 표출하도록 한다.	• 분노 감정 표출
5	• 가족과의 기억 표현하기: ① 눈감고 상대방 손 만지기 ② 가정에서 추웠던 기억 그림으로 그리기 ③ 가정에서 따뜻한 기억 이야기 하기	• 가족과의 힘들었던 기억과 즐 거웠던 기억을 통해 가족에 대 한 양가감정과 복잡한 심정을 정리할 수 있도록 한다.	• 우울감 감소
6	• 분노 표현 방법: ① 이완 훈련 ② 주장적 표현 훈련 ③ 주장적 표현 훈련 역할극	• 바람직한 화 표현 방법과 이완 훈련을 배우도록 한다.	• 공격성 감소
7	• 긍정적 상 만들기: ① 브로드웨이의 손 만들기 ② 친구가 본 긍정적인 모습 듣기 ③ 내가 칭찬하고 싶은 나 발견하기	• 타인의 피드백을 통해 긍정적 인 자아상을 만들도록 한다.	• 자아존중감 향상
8	• 소망 이야기하기: ① 소망 이야기하기 ② 칭찬세례 ③ 마무리하기	• 꿈과 희망을 통해 미래지향적 이 되도록 삶의 의미를 고취시 키도록 한다.	• 희망고취

※ 박은민(2008). 가정학대피해 가출 청소년을 위한 정서조절 집단상담 프로그램 개발.

나. 프로그램 세부 내용

1) 1회기 프로그램: 서로 알아가요, 친밀감, 응집성 형성

프로그램 초기 단계로 집단 참여자가 자연스럽게 자신을 표현하고 편안함을 느낄 수 있는 지지적 집단 환경을 조성한다. 집단상담 진행자는 자신을 소개하고 집단상담에 대한 설명을 하며 집단 구조화 작업을 실시한다. 가정학대 피해 가출 청소년은 학대 피해로 심리적 상처를 지니고 있어 치료적 동맹을 맺고 라포를 발달시키는 것이 중요하다. 하지만 대부분의 가정학대 피해 청소년은 집단상담 진행자와 관계를 맺으려고 애쓰지 않기 때문에 쉽지 않은 작업이다. 또한 이들은 같은 기관에서 생활하는 동료들과 집단에 같이 참여하였기 때문에, 자신을 노출하고 이야기하는 것이 쉽지 않아 집단 참여 동기가 낮을 수 있다. 그러므로 집단상담 진행자는 집단에서 비밀 유지가 매우 중요하며, 비밀 유지가 되어야만 자유롭게 자신의 문제를 이야기할 수 있고 자기공개를 통해 집단 내에서 문제 해결이 가능함을 주지시킨다.

2) 2회기 프로그램: 다양한 감정 인식하기

이 회기는 가정학대 피해 가출 청소년들이 자신의 마음속에 존재하는 다양한 감정들을 인식하여 자신의 혼란스러운 마음을 깨닫게 한다. 이 단계에서는 감정 카드 게임을 실시한다. 이를 통해 집단 참여자들은 자연스럽게 자신의 감정을 알아본다. 또한, 집단 참여자들은 찰흙을 활용하여 작업을 하며 자신의 감정을 탐색한다.

3) 3회기 프로그램: 화난 경험 이야기하기

이 회기는 집단 참여자가 화난 경험을 이야기하며 자신의 답답한 마음을 표현해 보도록 하는 데 목표를 두었다. 가정학대로 가출한 청소년들은 화를 바람직하게 표현하는 모습을 보지 못하였기 때문에, 화가 나거나 속상할 때 상대방에게 자신의 감정을 폭력으로 표현하지만, 이들은 자신의 행동이 잘못된 것인지 알지 못한다. 이런 특성을 보이는 가출 청소년들에게 자신의 행동을 반추하는 기회를 통해 화를 적절하게 표현할 수 있는 방법을 습득하는 것이 필요하다.

4) 4회기: 속상한 내 맘 이야기하기

본 회기는 부모 학대로 가출한 청소년들에게 답답함, 분노, 속상함, 미움, 그리움 등의 다양한 정서가 작용함을 알고 이들의 마음을 표현하는 과정을 통해 부담을 덜어주는 것이 목적이다.

집단 참여자는 자기감정을 직접적으로 표현하는 것이 어려우므로, 풍선매체를 통해 간접적으로 표현하게 한다. 풍선 매체를 통한 표현방식은 억압된 자신의 감정 표현을 쉽게 풀어낼 수 있는 방법이다.

5) 5회기: 가족과의 기억 표현하기

본 회기에서는 학대 부모에 대한 부정적인 감정을 인식하고 표현할 수 있도록 하는 것을 목표로 한다. 가정학대 피해 가출 청소년들은 학대 부모에게 원망과 분노도 갖지만, 그리움과 애틋함도 동시에 느낀다. 이 활동은 집단 참여자들의 억압된 자신의 마음을 표출할 수 있는 기회가 될 수 있다. 가족과 부모와의 관계에서 억압되고 힘들었던 기억만으로 마무리하기보다는, 따뜻하고 좋았던 추억을 나누면서 마음을 위로하는 것으로 마무리한다.

6) 6회기: 분노 표현 방법

집단 참여자가 분노 유발 상황에서 즉각적인 감정을 폭발하기보다는 대안 행동을 선택하고, 바람직한 방법으로 화를 표현하는 방법을 배운다. 여러 가지 분노 대처 방법을 제시한다. 이완 훈련은 호흡하기, 숫자 세기, 긴장된 근육 이완하기가 있다. 이러한 대안 행동은 집단 참여자로 하여금 분노 상황에서 평온함과 통제능력을 얻게 해준다. 또한 집단 참여자는 자신의 입장을 상대방에게 전달하는 주장적 표현 훈련을 연습한다.

7) 7회기: 긍정적 상 만들기

본 회기는 자신에 대한 긍정적인 측면들을 생각해보며, 상대의 피드백을 통해 긍정적인 자아상을 만들어 가는 것이 목표이다. 긍정적 피드백 활동은 집단 참여자의 입을 통해 듣는 활동으로 타인이 자신을 어떻게 지각하는지 확인하는 작업이다. 활동을 통해 새롭게 발견한 자신의 모습이나 마음에 드는 자신의 모습을 확인하고 점검하는 과정을 통해 괜찮은 자신의 모습을 찾고 자아존중감을 높일 수 있다.

8) 8회기: 가족과의 기억 표현하기

본 회기는 집단 참여자가 자신의 희망과 소망을 확인하는 과정을 통해 현재의 삶에 머무르기보다는 미래 지향적이 되는 데 목표를 둔다. 집단 참여자가 자신의 회복 과정을 탐색하면서 막연하고 희망 없이 지내는 무기력함에서 벗어나 긍정적이고 적극적인 삶을 살아갈 수 있다. 칭찬세례는 8회기 동안의 집단 만남을 통해 발견한 집단원의 긍정적인 측면을 이야기하면서 마무리하는 과정이다.

3. 피학대 아동 대상 독서치료 프로그램

가. 독서치료 프로그램

회기	프로그램	주제	활동내용		초점
			토의자료 및 내용	추후활동	
1	• 만나서 반가워	• 내 모습 알아보기	• 프로그램 목적과 진행 방법 소개. 나는 이런 사람 주제토의 및 활동		• 프로그램 목적 의식 동기유발

2	• 나는 어떨까	• 세상 모든 것은 더불어 살아가는 것	• 아기오리에게 길을 비켜주세요: 오리가족이 도시에 와서 둥지를 틀고 새끼들을 낳아 생활의 보금 자리를 마련하는 과정을 그린 것. • 내 귀는 짝짝이: 다르게 생긴 귀에 대한 이해를 찾는 내용.	• 자신의 과거, 현재 모습 그려보기, 생활 선 그리기	• 자기이해
3	• 존재의 소 중함/헤어 짐이 뭐야	• 존재와 헤어 짐에 대한 이해	• 내 몸의 멋진 친구: 내 몸의 이야 기를 듣고 주인공이 자기관리란 어떤 것인지 자연스럽게 터득할 수 있다는 내용	• 역할극-동화 내용 중 의미 있는 상황을 선택하여 상 황연기	• 자기표출
4	• 스스로 선택	• 바람직한 선 택 다루기	• 벼 이야기: 벼가 어떻게 성장하고 그 과정을 통해 기다림 노력을 이 해시키고 감사하는 마음을 갖는 내용. • 잠꾸러기 올빼미: 서로 다른 친구 들이 다른 환경의 친구를 사귀는 방법을 배운다는 내용.	• 즉흥 역할극	• 감정 관리
5	• 화가 날 때 어떻게	• 분노 감정, 문제해결 다 루기	• 내 뼈다귀야: 두 강아지가 먹이 하나를 서로 자기 것이라고 우기 면서 어떻게 문제를 해결하는지 알려주는 내용. • 사자와 생쥐: 사자와 생쥐가 서로 베풀어주므로 서로 도움을 주고 받는다는 내용.	• 그대로 멈춰 라. 가장 화 나는 일을 담 은 풍선 터트 리기	• 감정의 표 출 및 관 리
6	• 한 번 더 생각해봐	• 어려움 극복	• 어둠을 무서워하는 박쥐: 책 속에 서 무서움을 직면하며 두려움을 극복하는 과정을 그린 내용.	• 동화 역할극- 일기쓰기	• 대인관계
7	• 입장을 바 꿔봐	• 인내심, 성취감	• 곰은 왜 동굴로 갔을까?: 곰이 사 람이 되기 위해 어떤 것을 참고 인내하는지, 꿈을 실현하기 위해 서 어떻게 해야 하는지를 알려주 는 내용. • 일곱 마리의 눈 먼 생쥐: 부분만 보고서도 아는 척을 할 수 있지만 된 지혜는 전체를 보는 데서 나온 다는 교훈.	• 상황 설정으 로 즉흥 역할 극-원탁토의	• 대인관계

8	• 협력이 필요해	• 대인관계형성	• 부엉이와 보름달: 소망을 이루기 위해 간절히 바라고, 어려움도 이기려고 애쓰는 일임을 교훈. • 견우와 직녀: 혼자서도 할 수 없는 일도 여럿이 하면 할 수 있다.	• 상황극 그리기	• 신뢰성
9	• 지혜를 모으면	• 해결책 다루기	• 백조왕자, 부엉이, 곰 이야기: 인내심에 대한 내용으로 자신의 목표를 이루기 위해 어떤 대가를 치루어야 하는가? • 코끼리는 어떻게 착한 동물이 되었을까?: 우리 자신이 나도 모르게 남에게 해를 끼칠 수 있음을 알리는 내용.	• 상장 그리기	• 관계형성
10	• 친사회성	• 약속과 상호 믿음	• 쿠키 한입의 인생수업: 우리가 지키면 생활이 행복해지는 여러 삶의 가치를 알고 쿠키를 만들어보며 즐거움을 경험할 수 있다. • 아기돼지 삼형제: 기초가 튼튼해야 하고 그러기 위해서는 현재의 불편함도 참아야 한다.	• 동화의 전, 후 이야기 짓기	• 사회성
11	• 그래도 난 소중해	• 내가 가장 소중한 선물	• 뛰어라 메뚜기: 냉혹한 먹이사슬, 숙명적 굴레를 벗어나려는 메뚜기의 필사적 몸부림과 의지를 강하고 대담한 색의 그림으로 꾸민 그림책. • 우물과 족제비 앞의 약속: 약속의 중요성 강조한 내용.	돌려 그리기-주인공 시간선 그리기	자존감
12	종결	정리	활동에 대한 전체적 평가		생활의 적응

※ 정순동(2009). 독서치료 프로그램이 피학대아동의 사회적증진 및 문제행동 감소에 미치는 효과. 충북대학교대학원.

나. 프로그램 세부 내용

프로그램은 초기, 중기, 말기 3단계로 나누어 실시하였으며, 초기(1~3회기)에
는 프로그램 진행과 참여에 대한 전체적인 소개와 자기 가치와, 학대에 대한 이해
및 감정을 다루고, 중기에는(4~8회기) 부모의 이혼, 죽음을 경험하면서 아동이 가지
는 정서 등을 중심으로 책 속의 등장인물들의 동일시를 통해 자신의 우울, 수치심,
분노 등의 감정을 인식하여 노출하며 카타르시스와 통찰의 과정을 통해 자신의
감정을 다스리고 대처하는 방식을 다루었다. 말기(9~12회기)에는 치료에서 얻은 긍
정적인 정서를 자신의 생활 속에서 지속시킬 수 있도록 북돋아주며 종결하였다.

제5부

아동학대 예방을 위한 긍정훈육 방법

CHILD ABUSE

I 훈육의 개념 및 역사

1. 훈육의 개념

훈육은 오래된 개념이다. 훈육의 어원적 의미를 종합하면 훈육은 크게 교육, 발달의 의미와 복종, 훈련 및 통제의 의미를 가지고 있음을 알 수 있다(황은비, 2016). 부모는 아동의 성장에 가장 큰 영향을 주는 존재로 사회적으로 바람직하거나 필요하다고 인정하는 규범, 가치관, 사회적 역할 및 행동양식을 습득하게 하여 사회생활에 잘 적응할 수 있도록 양육할 책임을 지니고 있다. 이러한 과정에서 나타나는 훈육은 부모의 아동에 대한 통제(control)의 문제로 여겨져 왔다(이정경, 2018).

교육현장에서 훈육이라는 개념은 합의된 바는 없으나 훈육이라는 말은 보통 두 가지 의미로 이해된다. 첫째, 학생에게 가해지는 규제와 통제라는 의미다. 둘째, 학생 스스로 학교의 규범과 질서에 맞추어 자신의 행동을 자율적으로 규제한다는 의미이다(황은비, 2016).

넓은 의미의 훈육의 개념은 올바른 판단을 위한 어른의 가르침이며, 교육현장에서 이루어지는 훈육의 개념은 학생의 올바른 가치판단의 함양과 책임감 있는 삶의 준비를 위한 훈육 문제의 예방과 지도를 포함한 교육활동이다.

> • Aronfreed(1965)는 훈육이란 자녀에게 외적 통제를 행하는 것으로 부정적 반응과 긍정적 반응을 모두 포함하였음
> • Hurlock(1978)은 건전한 훈육이란 아동에게 세상은 질서 있는 방법으로 적용해야 하며 어떤 행동에 처벌이 따른다는 것과 적절한 복종이 필요하다는 것을 가르치는 것이라고 했음
> • 이봉선(1989)은 아동으로 하여금 자기통제를 할 수 있도록 하고 스스로 자기훈육을 하도록 도와주는 것이라고 하였음
> • 이두현(1999)은 훈육이란 아동의 감정을 무시하고 억압해서는 안 되며 자신의 세계를 더욱 잘 이해할 수 있도록 도와주면서 이를 통해 점차 사회화하도록 가르치는 것이라고 했음

2. 훈육과 훈육 문제의 개념

　　훈육은 크게 긍정적으로 보는 개념과 부정적으로 보는 개념이 있다. 이를 정리하자면, 긍정적인 개념의 훈육은 자기통제와 자기훈련을 강조하는 것이다. 부정적인 개념의 훈육은 외적인 권위에 의한 통제를 의미한다. 훈육은 아동의 감정을 적극적으로 반영할 때 가장 효과적이다.

　　훈육 문제는 다양한 이유에 의해서 발생한다. 훈육 문제는 통제력의 결핍이거나 통제력의 과잉 때문에 일어난다. 통제력 문제는 아동들의 합당한 요구가 실현이 되지 않을 때 발생한다. 부모와 교사들은 주로 통제력 결핍 행동에만 주목한다. 통제력 결핍의 행동에는 소리 지르기, 육체적 공격, 비꼬기 등이 있다. 통제력 과잉에는 회피하기, 소심함, 선택적 침묵 등이 있다.

3. 훈육의 중요가치

훈육이 정당성을 가지기 위해서는 올바른 목표와 더불어 타당한 가치를 가진다. 이러한 가치는 교사가 훈육을 함에 있어서 근거가 되며 올바른 훈육의 방향을 제시한다(황은비, 2016). 아동은 자신이 존중받는 경험과 타인을 존중하는 경험을 통하여 자기효능감과 자기조절능력 등의 발달을 이룬다. 또한 타인을 존중하는 경험을 통하여 타인 배려, 이해 등의 사회성 발달을 이룬다. 훈육은 유아교육기관에서 모든 교육 방법의 기본이 되며, 유아교육기관에서 유아의 생활에 밀접한 관련을 가지고 있다. 오늘날의 교육기관은 제2의 가정으로 볼 수 있을 정도로 아동들이 오랜 시간을 보내며 존중의 경험은 아동의 삶에 큰 영향을 끼친다(황은비, 2016). 이러한 특성으로 훈육은 존중을 기본으로 하며 아동의 권리나 자율성의 존중에만 치우친 단편적인 것이 아니라 교사의 권위와 함께 존중되어야 한다. 교사의 권위 존중 없이 훈육은 이루어질 수 없으며 교사의 권위가 배제된 교육은 교육이라 할 수 없고 단순한 지식의 습득에 지나지 않는다.

가. 아동권리

1) 아동권리의 변천

예전에는 집단의 이익을 중요시 여기고 권위에 대한 복종이 당연시되었다. 하지만 현대는 과거의 대가족에서 핵가족으로 변하며 어른의 권위가 약화되었다. 또한 집단보다는 개인의 가치를 추구하며 개개인이 권리를 가지며 권리를 행사할 수 있는 존재라는 인식이 높아졌다. 그리고 개인의 자유와 권리에 대한 인식과 갈망이 높아짐에 따라 아동의 인건에 대한 인식도 변화하였다. 오늘날 교육현장에서 훈육에 대한 문제를 겪게 되는 여러 이유 중 하나가 아동 권리에 대한 인식의 변화이다. 교사가 아동 권리에 대한 인식이 낮아서 잘못된 훈육을 하거나 양육자가 교사 간에 아동 권리에 대한 인식이 달라 훈육을 서로 다르게 해석하는 등의 문제가 생긴다(황은비, 2016). 아동권리 인식의 변화는 아동관의 변화에 따라 변화해 왔다.

황은비(2016)는 시대에 따른 아동관의 변화를 다음과 같이 정리하였다.

첫째, 고대의 아동관

- 아동을 마음이 없는 존재로 보는 관점임
- 아동은 사물을 인지하거나 지각할 수 있는 존재가 아니기 때문에 효과적인 학습의 야기나 효과적인 교육을 도모하는 것은 전혀 의미가 없는 일이라고 봄
- 어른들은 아이들의 생리적이고 기본적인 안전만 충족해주면 된다고 봄

둘째, 중세의 아동관

- 작은 성인으로 보는 관점으로 아동을 성인과 내면은 같으나 외면의 크기만 다른 존재로 보는 관점임
- 아동은 단지 성인에 비해 지식과 경험이 부족할 뿐이며 아동에게 적절한 지식과 경험이 부여되면 아동은 성인과 유사한 역할과 행동을 영위할 수 있는 존재로 봄
- 따라서 아동이 기술 습득이나 학습에서 적절한 성화를 보이지 못할 때 체벌을 주기도 함
- 아동은 틀에 맞게 빚어낼 수 있는 찰흙과 같은 존재로 봄
- 아동은 수동적인 존재에서 머무는 것뿐만 아니라 성인의 조작대상으로도 여겨짐
- 따라서 성인이 만들어놓은 틀에 부합되도록 훈육되고 길러졌으며 틀에 맞지 않는 경우 벌을 사용함

셋째, 근대의 아동관

- 중세의 르네상스에 의한 인간관의 변화에 따라 시작된 휴머니즘은 인간을 이어진 질서 안에서 만족하고 살아가는 존재가 아닌 스스로의 개성을 끊임없이 추구하는 역동적인 존재로 인간을 파악하였고 이는 사상적인 측면에서 리얼리즘으로 발전하게 됨
- 리얼리즘은 인간을 자연적 존재, 특히 식물의 성장과 같은 맥락에서 이해되어야 하는 존재로 보았는데 아동을 자연 속의 존재, 즉 동물이나 식물의 존재가 성장하는 과정 속에서 확인되는 자연적 특성에 기초하여 성장하는 존재로 비유함(김정래, 2002)
- 아동이 가진 자연성 또는 자연적 소질에 기초하여 아동을 이해하고자 하였고 교육자는 발달단계와 개인차를 고려하여 아동을 대하여야 한다고 봄

마지막, 현재의 아동관

- 아동은 필요한 재화를 공급받는 일은 물론이고 열악하고 유해한 환경 등으로부터 보호받아
  야 하며 이를 향유할 권리를 갖는다는 관점에서부터 아동은 자신의 자유로운 의사 결정을
  할 수 있을 뿐만 아니라 자신의 삶을 결정하는 데에 일체의 간섭을 받지 않고 참여할 수
  있는 권리를 가진 존재로 인식됨

4. 훈육의 역사

가. 외국에서의 훈육역사

- 과거의 훈육은 성인이 힘을 사용하여 아동들의 행동과 말을 직접 통제하는 것이었음
- 19세기의 훈육은 벌과 똑같은 의미였음
- 20세기 초에는 그와 같은 엄격한 처벌 때문에 아동들이 나쁜 행동을 계속한다고 보고 이
  점에서 진보주의 교육자들은 아동들이 배우고자 하는 것은 스스로 결정할 수 있는 자유를
  제공해야 한다고 주장함(남정걸, 1998)
- 오늘날 학교에서 이루어지는 훈육의 목적은 보다 진보적이며 인본주의적으로, 학생 개개인
  의 학습과 교육적 발전을 위한 도움의 목적이 강해짐(이정경, 2018)
- 권위자의 힘에 의한 직접적인 통제보다는 개개인의 자율성과 욕구를 존중하는 자기통제를
  통한 자기 훈육을 지향하고 있음
- 훈육이 단순한 행동통제의 목적을 벗어나 보다 광범위하고 유용하게 학생과 학교의 발전에
  이바지하는 것에 목적을 가지는 것임
- 훈육은 학생의 최선의 이익을 위한 성장·발달을 돕는 학습과 훈련의 과정이며 여러 사람에
  의해 인정된 도덕적인 행위와 도덕적인 개념들을 가르치는 교육행위이고, 더 나아가 학생이
  한 사회의 일원으로서 올바르게 성장하기 위한 행동양식을 갖추는 것이 목적임
- 교사가 훈육을 중시하는 까닭을 소극적 원인과 적극적 원인으로 나누어 정리함(김선혜,
  2003)
  - 소극적 원인은 훈육을 통한 질서와 안전의 유지로 인한 학습

- 적극적 원인은 훈육이 가지는 보다 진보적인 의미

  (정신적, 정서적, 사회적, 지적, 신체적, 심리 사회적 복지)

- 훈육의 목적은 시대, 문화, 아동관 등에 따라 많은 변화를 겪어옴
- 최근 훈육의 목적은 자기통제의 개념을 강조하고 있으며 아동들이 자신의 행동을 스스로 통제해야 한다는 정의에 의한 것임
- 전자는 권위에 의한 복종을, 후자는 자기통제를 강조함
- 과거에는 학교중심, 교사중심, 부모중심의 훈육이 상용되고 그것이 옳은 것으로 여겨졌지만 최근에는 아동중심 교육관이 자리 잡은 것을 의미함
- 아동은 자기 나름대로 성장하고 학습하는 데 자유가 필요하지만 무한적인 자유 속에서 자랄 수 없으므로 훈육을 필요로 하며, 좋은 훈육은 아동의 발달 수준에 비례하고 아동의 무분별한 행동으로부터 자신을 보호하며 건강한 자기 훈련을 위한 근거를 아동에게 제공하는 것임 (안순조, 2004)
- Peters(1966) 역시 인간이 타고난 선의가 있다고 해서 모두가 하고 싶은 대로 내버려두는 것은 비현실적인 것임, 자유를 누린 균등한 기회를 누리는 것과 무분별한 자유는 다름을 주장함
- Gordon(1989)은 일반적인 훈육이 내포하고 있는 '통제'라는 요소를 경계하며 교사들이 훈육을 함에 있어서 유아 주도적인 통제의 개념인 '영향력'을 행사할 것을 당부함
- 효과적인 훈육은 강요나 보상 또는 벌을 통해서는 이루어질 수 없고 학생 개인의 특성 안에서 개발되어야 한다고 여김
- 훈육의 목적을 학생의 올바른 성장과 행복한 삶을 위한 하나의 방법이라고 생각하였기 때문임
- Gordon(1989)이 말하는 학생의 올바른 성장과 행복한 삶이란 학생이 가진 개인적 자유를 만끽하며 스스로 선택과 결정을 하며 자신의 행동에 올바른 책임을 지는 것을 말함, 교사는 통제가 아닌 영향력을 내포한 훈육방식을 취하는 방법을 통하여 학생이 자기 훈육을 통한 주도적인 삶을 살 수 있도록 도움을 줄 수 있음
- 훈육의 궁극적인 목적은 학생들이 스스로 행동을 통제하고 지도할 수 있는 수준으로 이끌어 가는 데 있음, 즉 자기통제와 자기지도를 기대할 수 있도록 하는 것임
- Hahm & Guterman(2001)는 중세에는 아동기에 대한 정의나 아동기와 성인기를 구별하는 것도 존재하지 않았을 때부터 아동에 대해서는 일반적으로 엄격하고 잔인한 훈련과 지도로서 교육해야 하는 어른과 같은 아동으로 여겨졌다고 했음

나. 한국에서의 훈육역사(오현미, 2016)

- 한국전통문화가 위계적인 사회구조 부모의 권위, 가족화합들을 강조하는 유교적 가치관이 영유아 훈육태도에 부정적인 영향을 미침
- 유교적인 전통에 따른 가족 내의 위계적 질서는 성과 나이에 따른 불평등을 합리화하는 사회적 질서를 낳고 이러한 유교적 가치관은 한국인의 사고와 그리고 행동에 팽배해 한국사회에서 아동학대에 대한 정당한 수단으로 사용되어 옴(황인숙, 2002)
- 우리나라에서는 사회문화적으로 오래전부터 훈육차원에서 체벌이 당연하게 사용되어져 왔고 여전히 행해지고 있음(김우희, 2005)
- 훈육의 수위가 어느 정도인가에 따라 부모가 자식 교육을 위한 사랑을 표현하는 것처럼 부모의 감정이 개입되어져 무자비하게 행동하는 훈육이 아동학대 인지조차 인식하지 못함
- 우리나라 전통적인 유교사상의 영향으로 인해 부모에 대한 효도가 강조되어서 자녀에 대해서 부모의 처벌은 훈육과 징계로 인식되었기에 가부장적인 대가족 문화의 특징으로 가정에서 일어난 자녀양육에 대한 모든 결정권이 가장에게 있으므로, 자녀를 때리거나 불성실하게 양육하더라도 가정 내 개인적인 문제로 생각됨
- 과거에는 대가족제도로 전통적인 양육방식과 훈육태도의 방법을 대가족에서 자라면서 보고, 느끼고 관찰하고 보조자로 참여함
- 그러나 시대는 변화되고 오늘날 자녀에 대한 훈육은 전통적인 훈육법과 다르게 변하고 있음
- 전통적인 양육방식으로 인한 훈육태도가 올바른 가치관 형성보다는 현대 시대의 경쟁적 교육에 의해 아동학대의 위험률을 높일 수 있음
- 현대시대의 바쁜 맞벌이로 인하여 가장 소중한 자신의 아이에 대한 애착심이 과거 전통적 양육방식보다 줄어들며 양육에 대한 경험 부족으로 인해 영유아기에는 자연히 잘 자랄 것이고 영유아기부터 조기교육으로 영재교육을 실시하여 지적발달과 인지능력의 개발에 중점을 둠으로써 또래 경쟁에 이기도록 하는 것이 부모의 의무로 여겨짐
- 따라서 부모들은 아동의 양육과 훈육태도는 자녀의 진정한 인격적 성장에 대한 관심보다는 지적성취와 경쟁력에 치우쳐 영유아기에 경험되고 길러주어야 할 애정과 자아존중감, 자율성, 자기통제력, 주도성은 형성되지 못함(박성연, 2006)
- 부모의 엄한 표정과 단호한 양육태도로 훈육차원이라고 하지만 알고 보면 부모의 뜻대로 되지 않아서 아이에게 화를 내고 소리 지르며, 그 이상의 행동을 하며 훈육차원의 수단으로 체벌이 보편적으로 적용됨
- 긴 역사 동안 폭력을 권위적인 훈육의 수단으로 사용해 왔으며 지금도 사용하고 있음

- 가정 내에서 부모로부터 주로 발생되는 가장 큰 이유는 부모의 잘못된 인식 때문임
- 어떠한 행동을 취하기 전에 생각, 사상, 신념 등이 인식을 통해 행동을 결정하게 되므로 아동학대를 줄이기 위해서는 부모의 인식 변화가 매우 필요함
- 아동을 학대하는 부모 대부분이 특별한 정신 문제를 갖고 있지 않고 자녀에 대한 애정과 기대도 크기에 양육하면서 항상 부모들은 자녀를 양육하면서 훈육이 자녀에 대한 학대가 되지 않는지 되돌아봐야 함
- 부모가 우선 아이의 마음을 이해하려고 노력해야만 하고 아이의 발달단계를 이해해야 함
- 우리나라의 전통적인 문화습관으로 인해 생겨난 고정관념들 과 윤리적인 잣대의 불일치로 볼 수 있기 때문에 사회문화적인 인식을 바꿔야 함
- 체벌 및 여러 형태의 학대를 하지만 그러한 행동이 아동학대라는 인식을 하지 못하는 것으로 보임(김우희, 2004)

II 긍정훈육의 특징 및 방법

1. 긍정훈육의 개념과 목적

가. 긍정훈육의 개념

역사적으로 훈육에 대한 부모나 교사의 태도는 통제의 문제로 여겨져 왔다. 그리하여 아동들에 대한 훈육행위는 매우 엄격하였으며 역사가들은 19세기까지 대부분의 아동들이 크게 학대당했다고 밝히고 있다(Osborn & Osborn, 1989). 훈육에 있어서 복종이라는 개념은 학습해야 할 것을 구성하는 규칙에 따르는 것으로 해석한다(Hirst & Peters, 1970).

반면, 훈육을 자기통제를 발달시키는 훈련으로 정의하기도 한다(Chase, 1995). 이러한 정의는 Dewey(1916)가 주장하듯이 훈육이 긍정적임을 의미한다. 여러 학자들의 긍정적 의미의 훈육에 대한 정의를 살펴보면 다음과 같다.

- 긍정훈육이란 아동이 스스로 통제능력 및 삶의 기술을 발달시킬 수 있는 장기적 해결방안에 관한 것이며 자기존중, 공감, 권리 및 다른 사람에 대한 존중을 가르치는 것(Durrant, 2009)

- Hurlock(1964)은 훈육을 사람들에 의해 인정된 도덕적인 행위를 아동에게 가르치는 사회생활 방식으로 봄
- 좋은 훈육은 아동의 무분별한 행동으로부터 자신들을 보호하고 발달수준에 비례하며 아동에게 건강한 자기훈련을 위한 근거를 제공하는 것(안순조, 2005)
- 긍정훈육은 아들러와 드라이커스의 이론에 기초(Nelsen, 2010)
- 긍정훈육의 목적은 아동이 다른 사람들과 원만하게 관계를 맺으며, 책임감을 가지고 자기주도적으로 행동할 수 있도록 도와주는 것(황은비, 2016)
- Friedman(2015)은 부모들이 자녀에게 복종을 요구하면서 야단치고 고함치기 쉽지만 좋은 행동의 가치를 가르치지 못한다고 하였음

나. 긍정훈육의 목적(심태은, 2016)

긍정훈육의 목적에 대한 여러 학자의 정의는 다음과 같다.

- 단순히 아이들이 옳은 행동을 하도록 돕는 것만이 아니라 더욱 광범위하고 유용한 것임(심태은, 2016)
- 아동들을 다른 사람과 원만한 관계를 맺도록 도우며 자기주도적이고 책임감 있게 행동하도록 돕는 것(Nelsen, 2014)
- 아동들에게 문제해결력, 타인에 대한 관심, 학교, 가정, 사회에 대한 협력 등 중요한 사회적 삶의 기술을 발달시키는 것(Nelsen, 2014)

긍정훈육의 근본적인 목적은 자기훈육의 개발로 본다. 이러한 목적은 과거의 훈육에 대한 통제의 개념 변화에 따른 것이다. 즉, 긍정훈육은 사회의 구성원으로 사회화해 나가도록 하는 과정이며, 자신의 책임을 다하고 스스로 문제를 해결할 뿐만 아니라, 다른 사람들과 협력하여 살아가는 방식을 스스로 알게 하는 데에 그 목적이 있다.

2. 긍정훈육의 원칙

가. 가족에 대한 소속감을 가지게 할 것

- 자녀는 부모의 사랑을 느끼지 못할 때, 과도하게 관심을 받으려고 함
- 자녀들이 가족에 대한 소속감을 가지게 해야 함
- 형제들을 편애하지 않고 모두 아낌
- 자녀들은 부모의 관심과 주목을 받을 때 자존감이 높아짐

나. 부드럽지만 단호하게 대할 것

- 부모는 복종형, 우유부단형, 부드럽지만 단호형, 세 가지로 나뉨
- 부모는 자녀를 부드럽지만 단호하게 대하여야 함
- 자녀의 요청에 무조건 "Yes", 혹은 "No".라고 하기보다 자녀의 말과 행동의 이유가 무엇인지에 대해 알려고 노력함
- 부모는 문제의 해결책을 찾고 자녀의 점진적인 변화를 만들어야 함

다. 자녀가 서서히 그러나 스스로 바뀌도록 기다릴 것

- 자녀 스스로 말과 행동을 바꿀 수 있도록 기다리는 것이 중요함
- 부모는 자녀에게 말이나 행동을 하기 전에 미리 벌어질 일에 대해 고민을 해보는 것이 중요함
- 시간이 걸리는 방법이지만 자녀는 확실하게 바뀜
- 많은 부모가 자녀를 통제하기 위해 체벌을 사용함
- 체벌로는 체계적인 교육이 될 수 없음
- 긍정훈육은 사랑과 관심을 필요로 함

라. 부모가 말을 했다면 실천하도록 노력할 것

• 자녀에게 제한된 선택의 기회를 준 다음 예고한 대로 실천을 해야 함
• 이 방법은 앞으로 자녀가 부모의 말을 신뢰하게 만드는 힘을 가짐

마. 의사소통의 방법을 고민해 볼 것

• 우선 자녀의 감정에 공감을 하고, 부모의 입장을 솔직하게 표현하는 소통 방법을 훈련해야 함
• 자녀의 감정과 정서 지능을 발달시키기 위해서는 자녀의 감정에 관심을 가져야 함
• 자녀가 감정을 말로 표현하는 대신 행동으로 표현한다거나 화가 난 이유를 말하는 대신 분노를 한다면 그 감정에 이름을 붙여 자녀가 감정을 파악하도록 도와줄 수 있음
• 감정 단어를 사용하는 것은 감정을 가르치는 좋은 방법임

바. 부모일지라도 실수를 받아들일 것

• 부모라 할지라도 실수를 할 수 있음을 인정해야 함
• 실수를 숨기면 문제를 해결할 수 없고 얻는 교훈도 없음
• 실수를 인정하는 부모의 모습에 자녀는 감동받을 수 있음

사. 부모는 스스로의 삶을 살 것

• 대부분의 부모가 자녀에게 자신이 생각하는 이상적인 삶을 기대하고 있음
• 좋은 부모는 스스로의 삶을 사랑하며 자녀에게 당당한 모습을 보임
• 부족한 자신을 자녀에게서 보상받으려는 노력 대신 자녀를 그대로 인정하고 자녀의 삶에 대해 응원하는 멋진 부모가 되어야 함

아. 상보다는 격려를 할 것

- 올바른 행동을 하는 자녀를 칭찬하고 상을 주는 것보다 자신감이 부족한 자녀에게 격려하는 것이 더 중요함
- 칭찬과 상에 익숙해진 자녀는 실수를 두려워함
- 비록, 실수를 하고 실패를 할지라도 격려받는 자녀는 자신의 소중함과 가족에 대한 소속감을 갖게 됨

자. 자신의 행동에 신경을 쓸 것

- 부모는 자신의 말과 행동이 일치하도록 노력하면서 자녀에게 일관성을 보여주어야 함
- 자녀는 부모의 행동이 일치하지 않을 때 부모의 말을 무시함
- 말과 행동이 일치하지 않으면 부모는 대화를 통해 정확한 메시지를 전달할 수 없음

차. 약속을 삼가라

- 지킬 자신이 없는 약속을 하지 말 것
- 자녀는 지키지 못하는 약속을 하는 부모에게 신뢰를 갖지 못하며 그런 부모는 존경의 대상이 될 수 없음
- 현실적인 약속을 할 것

카. 안 될 때는 안 된다고 할 것

- 자녀에게 안 된다는 말을 하기 어려워하는 부모가 있음
- 부모는 용기를 가지고 안 된다고 말할 수 있어야 함
- 자녀는 부모의 생각을 바꾸기 위해 노력할 수 있지만 부모는 여기에 휘둘려서는 안 됨

3. 학급긍정훈육

가. 학급훈육에 대한 전문가들의 의견

- Comenius는 영아기 교육을 통한 바른 생활습관의 형성에 관한 필요성을 강조함
- Montessory는 영아기에 형성되는 태도나 습관은 다른 어떤 교육시기보다 빠르다고 보고 반복학습의 중요성에 대해 강조함
- Locke도 인간의 행동 중 많은 부분이 영유아기의 반복 활동을 통하여 발달한다고 주장함
- Dewy 역시 경험에 의한 일상생활 훈련의 반복활동을 강조함
- Freud는 5세를 전후로 형성된 성격은 향후의 삶에 중요한 영향을 주기 때문에 부모의 훈육이 지대한 영향을 끼친다고 보았음
- 올바른 생활 습관 형성을 위해서는 훈육이 필요하며, 사회적 갈등상황에서 영아들의 행동을 문제행동으로 보기보다 문제해결방법의 학습을 위해 필요한 기회를 보는 긍정적인 접근이 바람직함(Gloeckler & Cassell, 2012)

나. 학급긍정훈육을 위한 환경조성

긍정훈육을 위해서는 단순히 잘못된 행동을 다루는 것이 아니라 환경을 조성하여서 어떻게 문제행동을 피할 것인가에 대해 먼저 생각해보는 것이 필요하다. 아동들의 욕구를 충족시키도록 돕는 정서적, 물리적 환경을 조성함으로써 많은 문제행동의 원인을 예방할 수 있다(Fields & Fields, 2006). 훈육문제를 예방하는 환경조성에 대해 살펴보자.

첫째, 교사와 아동의 관계, 또래 간의 관계, 교사와 가족과의 지지적 관계를 구축해야 한다.

- 교사와의 지지적인 관계는 아동들의 자존감, 자신감 및 안정감에도 매우 중요하며 아동들과의 좋은 관계를 형성하려면 열심히 들어주고 자주 안아주고 대화를 할 때 손을 잡아주거나 교사의 사생활을 함께 나누어야 함

- 아동들이 또래와 긍정적인 관계를 구축할 수 있도록 아동들이 서로 상호작용할 시간을 충분히 주어야 하며 아동들의 가족과 지지적인 관계를 구축해야 함
- 아동들은 자신의 가족과 밀접한 관련을 맺고 있고 이들로부터 아동들에 대한 중요한 정보를 제공받을 수 있음

둘째, 아동들이 원하는 것을 존중한다는 것을 보여줌으로써 교사가 원하는 것을 아동들이 존중하도록 할 수 있다(Miller, 2014).

- 존중하는 상호작용은 아동들의 견해를 이해하기 위해 그들의 말을 경청하고 그들의 사고에 대해 솔직히 질문하는 것임

셋째, 아동들의 욕구와 차이를 존중한다.

- 아동들의 정서적 욕구에는 우정, 인정, 성공 등이 있는데 아동들은 친구들과 사이좋게 지내기 위한 노력을 통해 많은 것을 배우며 친구와 경쟁하기보다 자신이 과거에 했던 일들과 비교해보면서 각자 성취감을 맛볼 수 있고 계속해서 노력하도록 동기화할 수 있음
- 서로 배려하는 공동체를 촉진시키고 모든 사람이 성공을 맛보도록 하기 위해서는 협력하는 게임이나 경기 및 프로젝트를 준비해서 아동들이 서로 경쟁하지 말고 스스로 경쟁하도록 해야 함
- 아동들에게 광범위하고 다양한 교육 활동 중에서 선택할 수 있는 자유를 줌, 아동들이 스스로 선택하도록 하는 것은 자율성의 발달을 증진시킬 뿐만 아니라 교육과정을 아동에게 맞추는 데에도 매우 중요함

넷째, 교사의 태도는 긍정적 또는 부정적 행동을 조장하는 환경을 만들 수 있다(DeVries & Zan, 1994).

- 아동들이 현명한 결정을 할 것이라는 데 대한 신뢰 부족은 아동들을 과잉 통제하게 만들며 이러한 과잉통제로 인해 아동들은 자신의 개별적 욕구를 충족시키지 못하게 됨

다섯째, 아동들이 수용되는 행동에 대해 정확히 이해하는 것은 중요하다.

- 아동들이 지침을 따르지 않을 때 문제해결을 위해 정규적인 학급모임을 열어 스스로 규칙을 정하도록 하는 것이 필요함
- 학급모임은 집단이 공동체로 기능하는 데 도움을 주며 공통의 목표를 향해 아동들이 노력해 갈 때 자신의 느낌과 생각이 표현됨
- 이런 안정감은 학교생활에 긍정적인 영향을 주며 학습에 몰두하는 아동들의 능력을 향상시킴(Vance & Weaver, 2002)

다. 주체에 따른 학급훈육의 종류

교사에 따라서 학급의 분위기가 주도되며 훈육도 교사의 성격에 의해 많이 좌우된다. 훈육은 교사의 권위를 통해 아동을 통제하는 개념이다. 따라서 훈육에서 통제는 중요한 요소이다. 교사는 권위를 통해 훈육의 목적을 세우고, 대상에 따라 훈육을 실행하여야 한다.

아동을 통제하는 주체는 크게 세 가지다. 첫째는 자기통제이고, 둘째는 협력통제, 셋째는 지시통제이다.

1) 자기통제훈육(황은비, 2016)

- 아동 본인의 자기통제는 자신이 가진 도덕적인 관념과 폭넓은 사고에 의해 스스로 행동을 결정하고 조절하는 것임
- 자기통제가 올바른 가치판단과 책임감 있는 삶을 지향할 때, 자기훈육이 됨
- 자기훈육은 어른에 의한 훈육이 내면화됨과 동시에 자기조절력과 도덕적 사고가 발달하여 이루어지는 것임
- 자기훈육은 아동의 욕구와 행복을 민주적이고 효율적으로 통제할 수 있는 이상적인 방법임
- 자기훈육은 교사의 직접적인 개입으로 인한 행동교정이 이루어지는 것이 아니라 아동의 자기통제에 의해서 행동수정이 이루어지는 것이므로 자신의 행동을 스스로 결정할 수 있는 권리의 주체라는 인식과 함께 타인의 권리도 인식하게 하여 타인의 권리존중을 이해할 수 있는 계기가 마련됨

- 훈육의 기술로 넛지의 원리가 쓰일 수 있음, 넛지는 행동의 변화를 위해 주의를 환기시키고 타인의 선택을 유도하는 부드러운 개입을 뜻함
- 넛지의 개념은 교사가 직접적으로 지시하지는 않지만 교사의 권위가 계속 작용하고 있다는 점에서 자기통제에 의해 이루어지는 훈육과 관련이 있음
- 교사는 넛지를 사용하여 아동 스스로 자기통제에 의해 행동을 변화하게 할 수 있음
- 넛지는 아동의 자율성을 존중하는 방법이며 아동의 반항심, 좌절감을 생성하지는 않음, 이러한 넛지 기술은 전반적으로 훈육 부분에 활용할 수 있음
- 넛지 기술의 예로는 스토리텔링, 환경재구성, 규칙의 주지, 상황의 환기, 관련 유머, 암시 주기, 흥미 유도 등이 있음

2) 협력통제훈육(황은비, 2016)

- 학급 구성원에 의하여 결정된 규칙이나 공동의 목표를 이루기 위해 행해지는 통제는 학급 구성원의 협력에 의해 학급의 단위로 이루어지는 통제임
- 학급 구성원 간의 약속, 규칙, 공통의 목표 등을 지키기 위해서 학급공동체 간의 관심과 독려, 협력 등으로 통제가 이루어짐
- 자기통제와 구분되는 점은 자신이 지닌 도덕적 판단에 의해서 일어나는 자기통제와 달리 협력통제는 공동체에 의해서 결정된 가치를 따른다는 점
- Dreikurs(1964)는 인간은 누구나 사회 속에서 인정과 소속감을 추구하며 이를 참된 목표라 함
- 아동들은 학급에서 타인에게 인식되려는 욕구, 유의미한 존재가 되려는 욕구를 가지며 나아가 소속감을 느끼며 자신의 존재를 안정시키려고 함
- 학급 구성원 간의 협력뿐만 아니라 교사와 학급 구성원 간의 협력도 포함됨
- 교사는 학급 구성원의 적극적인 참여를 기반으로 한 협력통제를 통하여 훈육을 실행함

3) 지시통제훈육(황은비, 2016)

- 교사의 지시에 의해서 이루어지는 통제는 아동의 보호와 발달을 위하여 필요하며 즉각적인 아동의 행동 통제에 관여해야 할 때 사용될 수 있음
- 지시 통제를 사용한 후엔 사용하게 된 이유를 아동에게 자세히 설명해 주어야 함

라. 바람직한 학급훈육법

- 교사는 학생들의 요구를 모두 들어줄 필요는 없음
- 학급훈육은 모든 것을 허용하지는 않음
- 학급훈육은 부모와 교사 사이의 깊은 신뢰와 애정을 바탕으로 이루어져야 함
- 신뢰와 따뜻한 사랑이 바탕이 되지 않은 학급훈육은 부정적인 결과를 낼 수도 있음
- 학급훈육은 일관성이 있어야 함, 교사가 요구하는 도덕적 행위의 기준, 규범 등에 일관성이 없으면 학생은 혼란스러워 하며 교사의 눈치만 살피게 됨
- 교사가 모범을 보여야 함, 교사의 말과 행동이 일치하지 않으면 학생들은 교사의 훈육을 따르는 척하고 다른 곳에서 마음대로 행동을 함
- 칭찬을 아끼지 말아야 함, 칭찬은 아이의 바람직한 행동을 강화시키는 훌륭한 방법임, 학생들이 적절한 행동을 할 때마다 바로 칭찬해야 함
- 잘못된 행동에 대해 그것이 왜 잘못되었는지 부드럽지만 단호하게 설명하는 것이 좋음
- 빈 의자를 준비해 놓고 학생들이 잘못된 행동을 하였을 때 의자에 앉아 자신의 행동에 대해 반성하는 시간을 갖게 함
- 학생들이 몸짓이나 말을 할 때 건성으로 듣지 말고 작은 소리, 작은 동작에도 관심을 갖고 반응해주어야 함
- 저학년부터 책임감을 갖도록 자신의 옷을 정리하도록 하고 놀이시간, 활동, 행동의 제한 등에 있어 한계를 분명히 해야 함
- 교사는 학생들에게 항상 모범을 보여야 함

Ⅲ 사례별 긍정훈육법

1. 가정에서의 긍정훈육법

  1) 자녀가 주어진 용돈을 모두 써버리고 더 달라고 보채거나 필요한 장난감
    을 갖기 위해 부모의 돈을 훔쳤다면 어떻게 해야 할까?

- 용돈은 부모와 자식 간의 하나의 약속이기 때문에 지킬 필요가 있음
- 자녀가 용돈을 미리 써버려서 용돈이 필요하거나 힘들 수는 있지만 도와주면 안 됨
- 자녀가 도와달라고 해서 도와줘버리면 자녀의 낭비가 반복됨
- 부모는 부드럽지만 단호하게 이를 거절해야 함
- 절대로 화를 내거나 체벌을 통해 문제를 고칠 수 있다고 생각하면 안 되고 자녀의 상황에
  공감해야 함
- 용돈을 없애거나 줄이는 처벌도 현명하지 않음
- 만약 현재의 용돈이 생활하는 데 정말로 부족하다면 용돈을 현실적으로 책정해야 함
- 돈이 필요한 나머지 돈을 훔치는 경우가 있는데, 훔친 행동에 대해서는 단호하게 잘못되었
  다고 얘기하고 갖고 싶은 것이 있는데 기다리기가 힘들다고 말한다면 설거지나 청소 등 도
  와줄 수 있는 행동에 보상적 차원으로 용돈을 주는 방법이 있음
- 자녀가 긍정적인 방법으로 용돈을 모을 수 있도록 방법을 제시해주어야 함

2) 자녀가 분노를 조절하지 못하거나 폭력적인 방법으로 분노를 표출하면 어떻게 해야 할까?

- 자녀는 화를 내면 안 되는 것을 모르는 것이 아니라 자신도 모르게 분노를 표출하는 것이기 때문에 절대로 강압적으로 분노를 억누르려고 하면 안 됨
- 자녀가 분노할 땐, 기다려주었다가 차분해졌을 때 왜 화가 났는지 자녀의 입장에서 얘기를 들어보는 것이 중요함
- 만약 얘기할 상황이 아니라면 자리를 피하던지, 아이를 상황에서 벗어나게 해야 함
- 자녀 간 싸움이 일어났을 때, 화난 자녀를 달래려고 한쪽 편을 들면 절대로 안 됨
- 자녀의 얘기를 모두 듣고 나서 화난 이유에는 공감해주어야 하지만 화가 났다고 해서 폭력적인 방법을 선택하면 안 된다고 단호하게 얘기해야 함
- 시간이 지나서 자녀의 기분이 괜찮을 때, 예전에 있었던 일에 대해서 넌지시 얘기하며 반성할 수 있는 계기를 줌
- 자신의 입장과 감정을 차분하게 표현하는 것과 분노를 표출하는 것은 엄연히 다르다고 강조하며 자녀가 스스로 분노라는 수단으로 감정을 표현하는 것이 잘못되었다는 것을 자각하게 함
- 평소에 자녀에게 훈육을 할 때 부모 자신이 화를 내지는 않는지 스스로 반성해야 함

3) 자녀가 산만한 특성을 보이고 정신없이 바쁘게 행동할 때는 어떻게 해야 할까?

- ADHD의 특징이 나타난다고 해서 자녀에게 ADHD라는 용어를 쓰면 절대로 안 됨, 자녀가 낙인찍히게 됨
- 문제를 바로 해결하려고 하면 더 나쁜 상황에 빠질 수 있으니 인내심을 갖고 자녀가 처한 상황을 공감해줘야 함
- 보상이나 체벌의 유혹에 빠지면 안 됨
- 자녀가 갖고 있는 특성을 이해하려고 노력하고, 자녀의 기준에 눈높이를 맞춰야 함
- 자녀가 스스로 집중력을 갖고 행동할 수 있도록 충분히 시간을 주며, 자녀 옆에서 자녀가 해낼 수 있을 때까지 응원을 아끼지 않아야 함
- 간단한 과제부터 점차 복잡한 과제로 천천히 시작하는 것이 중요함
- 자녀의 성적에 연연하지 말고 자녀가 자존감을 가질 수 있도록 잘한 행동에 대해 끊임없이

칭찬하고 격려를 해야 함
- 부모는 자녀를 위해 자신의 시간을 내어줄 수 있는 여유가 있어야 함
- 대기만성형인 자녀가 있을 수 있기 때문에 당시 또래보다 뒤처지거나 부족하더라도 포기하지 말고 잘할 수 있는 부분부터 찾아서 점차 집중할 수 있는 방향으로 나아가야 함
- 자녀의 특별한 부분을 이해하고 수용할 수 있어야 함

4) 자녀가 부모를 포함해, 다른 사람에게 버릇없는 말과 행동을 계속할 때는 어떻게 해야 할까?

- 우선, 자녀가 마음속에 불만이 있어서 불만을 표출하기 위해 버릇없는 말과 행동을 하는지 아니면 컨디션이 안 좋거나 예민해서 버릇없는 말과 행동을 하는지 대화를 통해 파악해야 함
- 만약에 상대를 배려하는 부분이 부족해서 그런 말과 행동을 한다면 배려에 관한 덕목을 사례를 통해서 이해할 수 있도록 이야기해야 함
- 자녀가 버릇없이 말과 행동을 한다고 똑같이 되갚아주면 절대로 안 됨
- 자녀의 감정에 대해서 들은 다음 공감하려고 노력해야 함
- 부모에 대해 불만이 있다면, 얘기를 들어보고 잘못한 점에 대해서 사과를 해서 자녀가 열린 마음을 가질 수 있도록 해야 함
- 자녀의 말과 행동을 바꾸기 위해서는 부모 스스로 반성하고 기존의 대화 방식을 바꿀 필요가 있음
- 직접적인 명령화법보다는 에둘러서 표현함으로써 자녀의 마음을 상하게 하지 않으면서 원하는 상황으로 나아갈 수 있도록 노력해야 함
- 평소, 예의바른 행동을 할 때 칭찬을 많이 하고 버릇없는 행동을 할 때는 섭섭했다는 것을 I-message를 활용해서 표현을 함

5) 자녀가 목욕을 하기 싫어하거나 목욕 후에 욕조에서 나가기 싫어서 울거나 떼를 쓰면 어떻게 해야 할까?

- 어린 자녀들은 욕실에서 물놀이는 좋아하지만 목욕을 싫어하는 경우가 많음
- 이때, 강제로 목욕을 시키는 것은 부모와 자녀 모두 지치게 만듦
- 목욕을 규칙적으로 해서 습관을 들이는 것이 중요하지만, 그 전에 자녀에게 목욕을 몇 시에 하면 좋을지 질문을 통해 자녀 스스로 결정할 수 있게 해야 함
- 자녀의 의견이 없을 경우, 의견을 낼 때까지 인내심을 갖고 기다려야 함
- 목욕의 필요성에 대해서 책이나 동영상을 통해 자녀와 함께 토의하는 것도 좋음
- 그리고 언제, 몇 시에 목욕을 할 것인지 질문을 해서 스스로 선택할 수 있는 선택권을 줘야 함
- 자녀들이 약속한 목욕 시간에 목욕을 하기 싫다고 한다면 단호하면서도 부드러운 태도로 스스로 선택을 했고 해야 한다고 이해시켜야 함
- 만약 욕조에서 나가는 것을 거부하는 자녀가 있다면 스스로 시간을 정해서 약속 시간이 되었을 때 나갈 수 있도록 선택권을 주는 것도 방법임
- 욕조에서 나가지 않는다면 추워서 감기가 걸리거나 아플 수 있다는 교육을 해주는 것도 좋음
- 자녀에게도 존중받을 선택권이 있다는 것을 명심하고 올바른 선택을 할 수 있도록 지도해야 함

6) 밤에 오줌을 자주 싸는 자녀는 어떻게 해야 할까?

- 자녀가 밤에 오줌을 싸는 일에 대해 걱정이 되어 밤에 물을 못 마시게 한다거나 화장실을 가라고 재촉하지 않아야 함
- 자녀에게 스트레스나 수치심을 주지 말고 충분한 시간과 격려를 통해 자녀에게 배변할 수 있다는 자신감을 주어야 함
- 오줌을 쌌다면 꾸중하지 말고 침착하게 뒷정리를 하는 방법을 알려주며 별일 아니라는 듯이 처리해야 함
- 발달상의 문제이기 때문에 크게 괘의치 않고 스트레스를 주지 않아야 함
- 자녀에게 도움이 필요한지 스스로 해결 할 수 있는지에 대한 토의를 평소에 충분히 하여 자녀의 얘기를 주의 깊게 들어야 함
- 자녀가 오줌을 쌌을 때 짜증내지 말고 절대 잠자는 자녀를 깨우지 말아야 함
- 규칙적인 잠자리 습관을 만들어 주어 편안한 분위기에서 잘 수 있도록 배려를 해야 함
- 잔소리를 하여 상처를 주지 말고 감정을 공유하고 상처받았던 마음을 어루만져줘야 함

- 배변 훈련을 너무 일찍 하지 말고 자녀의 눈높이에서 훈련을 시작해야 함
- 자녀를 다른 자녀와 절대로 비교하면 안 되고 자녀의 현재 모습을 존중해야 함

7) 자녀가 친구를 괴롭히거나 괴롭힘을 당한다면 어떻게 해야 할까?

- 우선, 괴롭히는 행동은 선천적인 것이 아니라 후천적인 학습에서 일어나는 것임을 깨달아야 함
- 자녀가 TV나 게임을 통해 폭력적인 영상을 접하는 것은 아닌지 주시하고 폭력적인 환경에서 분리를 해줘야 함
- 부모가 혹시 자녀를 장난으로라도 괴롭힌다면 그것은 학대이며 그만두어야 함
- 폭력적으로 문제를 해결하는 잘못된 습관이 있다면 대화를 통해 고치고 비폭력적인 문제해결방법에 대해서 알려줘야 함
- 자녀가 다른 자녀를 때리거나 괴롭혔다면 자녀를 편들지 않고 부드럽지만 단호하게 잘못된 행동이라고 강조해야 함
- 남을 괴롭히는 행동은 이유가 어찌되었건 절대로 정당화될 수 없으며 결국 스스로를 망치는 일이라는 것을 인식시킴
- 만약 자녀가 학교에서 괴롭힘을 당하고 있다고 말한다면 자녀가 잘못된 것이 아니라 친구를 괴롭히는 행동이 옳지 못한 일임을 언급해야 함
- 부모는 자녀의 든든한 지원군이라는 사실을 늘 인식시켜 줘야 함
- 문제를 겪고 있다면 협박이 두렵더라도 부모를 비롯한 주변 어른들에게 털어놓을 수 있도록 격려를 해줘야 함
- 필요하다면, 태권도나 합기도 같은 것을 배워서 다른 친구가 자녀를 괴롭히지 않도록 스스로 노력하는 것도 중요함
- 가장 마지막 단계로 자녀와의 깊은 대화를 통해 자녀의 문제점이 무엇인지에 대해 조언을 해주는 것도 방법임

8) 어떤 일이던지 울음으로 해결하려는 자녀는 어떻게 해야 할까?

- 자녀가 울 때는 안아주며 달래줘야 하며 그 상황에서 문제를 해결하려고 해서는 안 됨
- 울음은 스트레스를 해소할 수 있는 지극히 자연스러운 반응이라는 것을 주지시켜 울음 자체가 잘못되었다는 인식을 주면 안 됨

- 자녀가 우는 이유는 다양하기 때문에 부모는 끈기를 갖고 원인을 파악해야 함
- 아이는 울음이 다양한 소통의 수단이지만 자녀는 아니기 때문에 서서히 변화시켜 줘야 함
- 자녀가 또래보다 어리더라도 있는 모습 그대로 받아들여야 하며 질문과 대화를 통해 공감하고 이해해야 함
- 자녀를 그 누구와도 비교하지 말아야 함
- 자녀가 감정을 울음이 아니라 말로 솔직하게 표현하는 방법을 익힐 수 있도록 시간을 충분히 주며 훈련시켜야 함
- 선천적으로 민감한 성격이면 보듬어주고 후천적인 이유라면 원인을 파악하여 개선시켜야 함
- 만약, 자녀가 스스로 해결책을 찾고 싶어 한다면 기회를 주고 부모의 도움을 바란다면 함께 하며 문제를 해결하도록 노력해야 함
- 평소에 자녀가 감정을 표현하는 연습을 통해 자신의 감정에 익숙해지도록 해야 함

9) 자녀가 부모의 말에 심하게 반항할 때는 어떻게 해야 할까?

- 자녀가 반항심이 많다는 것은 자기 주도적인 성격일 가능성이 높기 때문에 선택할 수 있는 권리를 더 부여해야 함
- 자녀가 반항을 많이 하는 경우에는 부모가 평소에 자녀를 너무 통제하려고 하지는 않았는지 되돌아볼 필요가 있음
- 자녀가 아직 어리다고 생각하지 말고 믿음을 가지고 지켜봐야 함
- 반항하는 자녀가 기분이 풀어질 때까지 기다렸다가 잠들기 전에 대화를 통해 자녀의 속마음을 알아보는 것도 좋은 방법임
- 반항한다고 해서 자녀를 체벌하면 절대로 안 됨
- 자녀의 말에 귀를 기울이고 스스로 과제를 해결할 수 있도록 배려해줘야 함
- 자녀의 말과 행동에 대한 부모의 솔직한 심정을 표현하는 것도 해결책이 될 수 있음
- 자녀 스스로 선택하고 책임질 수 있는 기회를 주고 잘 해냈을 때, 칭찬을 통해 자녀가 보람을 느끼게 해야 함
- 자녀가 옳지 않은 일을 알면서도 반항을 한다면 부드럽지만 단호하게 잘못된 행동이라는 점을 지적해야함

10) 하루 종일 스마트폰만 만지는 자녀는 어떻게 해야 할까?

- 스마트폰을 무조건 제한하는 것은 옳지 않으며 올바른 사용법을 교육하는 것이 중요함
- 부모가 스마트폰을 자주 만지는 경우가 많기 때문에, 스스로 스마트폰을 많이 만지지는 않는지 확인하고, 의식적으로 스마트폰 사용을 자제해야 함
- 자녀들이 독서나 운동 같은 다른 취미를 통해 스마트폰 사용을 점차적으로 줄여야 함
- 꼭 필요한 경우에만 쓸 수 있는 습관을 길러줘야 함
- 스마트폰을 너무 많이 사용할 때는 사용을 중단시킴
- 스마트폰의 올바른 사용법에 대해 부모와 자녀가 토의를 해보고 함께 규칙을 정하도록 함
- 대화를 통해 스마트폰의 사용 시간을 규칙으로 정하고 지키도록 지도함
- 습관적으로 스마트폰의 화면을 보는 습관을 고치기 위해서 스마트폰과 자녀를 공간적으로 분리시키는 것이 중요함
- 집에 오면 스마트폰을 잘 가지 않는 곳에다가 모으는 것도 좋은 방법임
- 스마트폰을 무조건 제한하는 것은 옳지 않으며 올바른 사용법을 교육하는 것이 중요함
- 특정 기기에 집착하는 것은 의사소통의 부재가 원인이 될 수 있음, 따라서 부모와 자녀가 자주 소통하는 것이 필요함

11) 자녀들끼리 서로 싸움이 자주 일어난다면 어떻게 해야 할까?

- 자녀들끼리 싸움이 일어났을 때, 한쪽의 편만 들면 절대로 안되고 생각하는 의자에 앉히는 방법으로 상황을 진정시켜야 함
- 장난감을 가지고 싸운다면 장난감을 압수하고, 자녀들끼리 싸움을 멈추고 같이 놀 수 있다면 돌려준다고 얘기를 하여 자녀들 간에 대화를 통해 갈등 해결 방법을 제시해야 함
- 평소에 자녀들을 비교하는 말을 하면 서로 사이가 나빠져서 싸움이 일어날 수 있기 때문에 비교하는 말을 하면 안 됨
- 자녀들이 모두 소중한 존재이고 서로 챙겨줘야 할 사이라는 것을 대화를 통해 강조함
- 가족끼리 함께 할 수 있는 취미활동을 통해 협동적인 분위기를 만들어야 함
- 부모는 대화를 통해 자녀의 마음을 공감하고 자녀의 속마음을 헤아려 줘야 함
- 자녀의 기분이 풀어졌다면 서로 입장을 바꾸어보는 역할극을 해보면서 상대방의 기분이 어떠했는지 체험해보는 활동을 가져보는 것도 좋은 방법임
- 첫째 자녀에게 책임을 물어 혼내면 상황을 악화시키기 때문에 모든 자녀를 공정하게 대해야 함

• I-message 대화법을 연습시켜서 서로 존중하고 배려할 수 있는 관계를 조성해야 함

12) 식사시간에 돌아다니고 밥을 혼자서 잘 먹지 않는 자녀에게 어떻게 식사
   지도를 해야 할까?

• 식사시간을 정해서 규칙적인 식사를 한다면 밥을 혼자서 먹는 데 도움이 될 것임
• 자녀가 싫어하는 음식이 있다면 양을 줄이고 좋아하는 음식은 양을 늘리는 것도 식사습관을
  만드는 데 좋은 방법임
• 간식을 너무 많이 먹으면 소화가 안 되어 식사에 집중할 수 없기 때문에 간식도 규칙적으로
  제공해야 함
• 식사시간이 억지로 음식을 먹는 시간이 아니라 즐거운 시간이 될 수 있도록 편안한 분위기
  를 조성해야 함
• 자녀가 식사시간에 자연스럽게 배가 고플 수 있게 운동을 규칙적으로 하는 것도 좋음
• 자녀가 먹는 음식에 대해서 일일이 간섭하는 것은 좋은 방법이 아님
• 자녀의 나이를 감안하여 빨리 먹지 못하거나 음식을 흘리더라도 인내심을 가지고 기다려줘
  야 함
• 자녀를 붙잡아 두기 위해 TV 앞에서 밥을 먹는 것은 안 되며 밥을 먹으며 대화를 나누는
  밥상머리 교육이 이루어질 수 있도록 해야 함
• 자녀를 요리에 참여시켜서 스스로 만든 음식을 먹어보게 하는 것도 좋은 방법임
• 종종 자녀가 음식 메뉴를 선택할 수 있는 권리를 준다면 적극적으로 식사에 참여할 것임

13) 평소에 자신이 화가 나거나 짜증이 나면 대수롭지 않게 욕을 하는 자녀
   가 있다면 어떻게 해야 할까?

• 욕을 하는 자녀가 있다면, 주변에서 배웠을 가능성이 높음, 부모가 평소에 자신도 모르게 자
  녀 앞에서 욕을 했다면 조심해야 함
• 친구들의 세계에서는 친밀감의 표시로 욕을 할 수도 있으나 때와 장소에 따라 욕을 가려야
  한다는 것을 교육해야 함
• 화가 났을 때 욕이 아니라 다른 방법으로 표현을 하는 것에 대해 토의를 해보는 것도 좋은
  방법임

- 욕을 했을 때 자신의 입과 귀로 욕을 말하고 듣기 때문에 스스로에게 좋지 못한 영향을 준다고 강조함
- 양파를 2개 놔두고 칭찬하기와 욕하기를 각각 실험한 자료를 보여주며 말의 힘을 알게 해 줌
- TV나 스마트폰을 통해 욕에 노출될 수 있기 때문에 보는 채널에 대해서 토의를 하고 자제할 수 있도록 교육해야 함
- 욕을 하는 습관은 한순간에 없애기 힘들기 때문에 지속적으로 관찰하며 욕을 줄이려는 시도를 할 때마다 칭찬과 격려를 해 줌
- 욕을 하는 자녀에게 화를 내거나 체벌을 해서 상처를 주면 안 되고 자녀의 행동이 잘못되었음을 단호하게 얘기해서 스스로 인지시켜야 함
- 욕을 한다는 것은 세보이고 싶다는 마음의 표현이기 때문에 욕이 아니라 내면의 힘을 기르도록 당부함

14) 습관적인 거짓말을 통해 위기를 모면하려는 자녀가 있다면 어떻게 해야 할까?

- 거짓말을 자주 하는 자녀는 부모의 잔소리나 비난이 두렵기 때문임, 잘못을 꾸짖기보다 항상 자녀를 존중하는 마음으로 대해야 함
- 사람은 누구나 실수할 수 있음을 주지시키고 거짓말은 더 큰 거짓말을 낳기 마련이라는 교훈을 동화나 이야기를 통해 알려줌
- 확인하는 질문을 하는 대신, 부탁하는 질문을 해야 함
- 거짓말을 확인하기 위해 대질질문을 하면 부모는 실망하고 자녀에게 상처를 줄 수 있음, 가끔은 모르는 척 넘어가는 것도 필요하고 시간이 지나면 그 일에 대해 얘기를 해 줌
- 거짓말은 자녀가 생각하는 목표와 현실과의 괴리에서 생겨나는 것임, 자녀에게 평소에 너무 스트레스를 주지 않았는지 반성해야 함
- 자녀가 거짓말을 했다가 사실을 다시 말한다면 자녀를 거짓말쟁이라는 궁지에 몰지 말고 칭찬을 많이 해줘서 자존감을 높여야 함
- 자녀에게도 밝히고 싶지 않은 친구끼리의 비밀이 있을 수 있으니, 모든 내용을 부모가 알아야 한다는 생각을 버려야 함
- 긍정, 지지, 격려를 통해 자녀를 밝은 분위기 속에 키우는 것이 거짓말하는 습관을 없애는 데 도움을 줄 수 있음

15) 낯선 사람을 보면 심하게 낯가림을 하고 부모 뒤에서 숨거나 울음을 그
치지 않는 자녀가 있다면 어떻게 해야 할까?

- 아기나 어린이들은 낯가림을 하는 시기가 있기 때문에 걱정을 너무 할 필요는 없으며 자연
스러운 현상임을 부모가 인지해야 함
- 평소에 자녀를 안전이라는 이름하에 너무 부모의 품 안에서만 키우려고 하지는 않았는지 생
각을 해 보고, 자녀가 부모 이외에 다른 아이들과 잘 어울릴 수 있는 환경을 조성해 줌
- 낯가림도 시간이 지나면 자연스럽게 사라질 수 있기 때문에 자녀의 낯가림이 사라질 때까지
충분한 시간을 주어 자녀가 편안함을 느낄 수 있도록 배려해줌
- 자녀가 좋아하는 장난감이나 베개 같은 것들을 같이 가져가서 안심할 수 있도록 해 줌
- 부모가 있을 때, 낯선 사람과 익숙해질 수 있게 시간을 주고 이후 부모가 없을 때도 잘 어울
릴 수 있는 시간을 연습을 통해 점점 늘림
- 자녀가 어린이집에 갈 때 울거나 심하게 매달린다고 안쓰러운 마음에 무조건 자녀를 안고
달래지 말고 바로 떠나는 것도 좋은 방법임, 자녀들은 의외로 부모가 없으면 바로 환경에
적응하기도 함
- 자녀가 울거나 매달려서 혼내거나 윽박지르면 더욱 상처를 주기 때문에 부드럽지만 단호하
게 얘기해야 함

16) 물건이나 돈을 습관적으로 훔치는 자녀가 있다면 어떻게 해야 할까?

- 자녀들은 사랑이 부족할 때, 물건이나 돈을 훔치는 습관이 생길 수 있기 때문에 평소에 자녀
들과 긍정적인 관계형성이 매우 중요함
- 귀중품 관리를 잘해서 물건이나 돈을 훔치는 일을 사전에 방지하는 것도 중요함, 경우에 따
라서 열쇠가 있어야 열리는 사물함을 사서 그 안에 보관하는 것도 필요함
- 자녀를 사랑하지만 잘못을 쉽게 용서해줘서는 안 됨, 잘못에 대한 책임을 자녀 스스로 져야
한다는 것을 알려야 함
- 꼭 필요한 물건이 있다면 평소에 주는 용돈보다 더 주는 융통성도 필요함
- 자녀가 물건이나 돈을 훔쳤다고 궁지에 몰아서는 안 되고 자녀가 반성할 수 있도록 유도해
야 함
- 가게에서 물건을 훔쳤다면 되돌려줄 수 있도록 하고 잘못에 대한 책임을 지고 용서를 받을
수 있는 기회를 주어야 함

- 자녀가 물건을 제자리에 돌려줄 수 있는 시간을 주고 잘못을 스스로 바로잡을 수 있는 기회를 줌
- 갖고 싶다고 해서 남의 물건을 함부로 가져가면 안 된다는 사실을 교육시켜야 함

2. 학급에서의 긍정훈육법

1) 학생에게 정중하게 요청을 하고 싶은데 잔소리라고 생각할까봐 걱정이다. 정중하게 하는 요청은 어떻게 하는 것일까?(아동학대예방을 위한 바람직한 훈육방법, 2006)

- "나를 좀 도와주겠니? 네 자리를 치워줄래?"라고 요청을 하고 학생이 그렇게 하겠다고 하면, "고맙구나, ○○이는 참 잘 도와주는 구나"라고 즉각적으로 칭찬을 해줘야 함
- 만약 정중하게 요청을 했는데 학생이 돕지 않는다면 약속을 왜 지키지 않는지 나무라지 말고 친절하게 한 번 더 요청을 해야 함
- "○○아, △△를 하기로 했는데 네가 잊어버린 것 같구나, 어서 하렴."
- 학생이 계속해서 약속을 실천하지 않는다면 정중한 요청보다 강력한 의사소통 기법인 'I-messsage'를 사용해야 함
- 정중한 요청을 하여 학생의 행동을 바꿀 수 없다면 부드럽지만 단호하게 'I-messsage'를 표현하면 효과적임
- "○○아! 네 자리를 청소하지 않으니, 주변이 지저분해져서 문제네. 다른 사람들이 지저분한 방 때문에 불쾌하고 내가 대신 치워야 하니 시간도 걸리고 피곤할 것 같아. 네가 무엇을 하고 나면 곧바로 정리하고 깨끗하게 청소한다면 우리 모두가 좋겠지?"
- 'I-messsage'를 할 때는 학생의 문제행동이나 상황을 그대로 말해야 하며 학생이 나쁜 것이 아니라 학생이 취하고 있는 행동에 문제가 있을 뿐이라는 것을 인식하게 해야 함
- 목소리를 높이지 말고 내가 심각하게 느끼고 있는 문제점을 얘기함, "화가 났다"보다는 "속상하다" 또는 "걱정된다" 같은 표현을 주면 학생이 위협감을 느끼지 않음

2) 학생에게 보상을 해주고 싶은데 보상에 대해서 구체적으로 모르겠다. 보상은 무엇을 뜻하며 어떻게 하는 것일까?(아동학대예방을 위한 바람직한 훈육방법, 2006)

- 학생의 긍정적인 행동에 대해서는 즉각적으로, 자주 보상해 주는 것이 중요한데 자녀가 특정 행동을 하고 보상을 받으면 긍정적인 행동이 강화되기 때문임
- 부정적인 행동에 대해서는 적극적으로 무시거나 전혀 관심을 보이면 안 됨
- 사회적 보상에는 미소, 안아주기, 등 두드려주기, 칭찬하기, 쓰다듬어 주기 등이 있음
- 활동적 보상에는 운동장에서 친구들과 놀기, 만화 영화 보여주기, 선생님과 공놀이 또는 카드놀이 하기 등이 있음
- 물질적 보상에는 아이스크림, 공, 돈, 책, 오락기, 옷, 학용품, 장난감 제공 등이 있음
- 구체적인 행동을 칭찬하는 것이 학생의 긍정적 행동을 강화시키는 데 더 효과적이며, 사회적 보상이 물질적 보상보다 더 효과적임
- 물질적 보상은 반드시 긍정적인 행동이 일어난 후에만 제공해야 함

3) 부정적 행동에 대한 벌에는 논리적 결과와 타임아웃이 있다. 논리적 결과와 타임아웃은 무엇이며 어떻게 하는 것일까?

- 학생을 지도할 때 항상 정중한 요청이 효과적인 것은 아님. 때에 따라서는 문제행동을 다루면서 동시에 책임감을 교육하기 위해 논리적 결과를 이용해야 함
- 학생이 그릇된 행동을 했을 때, 그와 관련하여 나타나는 결과에 대하여 논리적으로 수반되는 대가를 받도록 함
- 논리적 결과를 고의적인 보복행위와 구분하여야 함
- 논리적 결과는 아동의 그릇된 행동과 연관지어 논리적으로 받게 되는 결과이며, 책임감 있는 행동을 가르치기 위한 의도를 가짐
- 타임아웃이란 학생이 부정적인 행동을 했을 경우, 즐거운 상황에서 학생을 즉시 격리시켜, 조용하고 지루한 타임아웃 장소에 두어 바람직하지 못한 행동에 대하여 관심이나 그 밖의 보상을 받지 못하게 하는 것임
- 타임아웃 장소로 사용할 따분한 공간을 선정하는 데 무서운 장소는 사용하지 말아야 함
- 휴대용 타이머를 맞추어 학생이 들을 수 있는 곳에 둠
- 타이머가 울릴 때까지 아무런 관심을 주지 말고 타이머가 울린 후, 타임아웃 장소에 간 이유에 대하여 이야기를 나눔

4) 체벌을 대신한 실제적인 프로그램인 칭찬 통장과 칭찬 주인공, 칭찬 샤워
가 무엇인지 궁금하다.

- 칭찬 통장은 은행통장처럼 학생들 각각에게 칭찬 통장을 만들어 주는 것임
- 과제를 잘했거나 태도가 좋을 경우, 그리고 자연보호 활동을 열심히 한 경우 스티커 형식의
칭찬머니를 제공함
- 약속 어기기, 욕하기, 형제끼리 다투기 등의 잘못을 저지르면 스티커를 회수함
- 월말 또는 연말에 칭찬 통장 잔액이 많은 학생에게 잔액에 상응하는 물건을 구매할 수 있도
록 쿠폰을 만들어 줌
- 마이너스 통장이 된 학생은 벌칙을 수행하게 함
- 칭찬 주인공은 학급회의시간이나 밥상머리 교육을 통해 바르게 인사하기, 열심히 듣기, 감사
표현하기 등 사회기술 교육을 하고 연습을 한 후, 월말이 되면 학급회의시간에 칭찬 주인공
을 뽑아서 물질적, 사회적, 활동적 보상을 다양하게 활용하여 시상을 하는 활동임
- 칭찬 샤워는 서로의 말과 행동에 대해 칭찬할 점을 관찰한 뒤 종례시간이 되면 학급 전체가
자신이 관찰한 다른 구성원의 장점을 쪽지에 써서 전해 주는 활동임

5) 학교에 오기 싫어하는 저학년 학생이 있다면 어떻게 해야 할까?

- 학생이 학교에 오기 싫어하는 이유를 알아야 함, 분리불안을 겪고 있는 학생의 경우에는 원
인을 분석하고 해결해줘야 함
- 학생이 안정적인 마음을 가질 수 있도록 좋아하는 물건을 학교에 가져올 수 있도록 배려해
야 함
- 가능하다면 부모가 곁에 있어준다면 불안을 사라지게 하는 데 도움이 될 수 있음
- 힘들다고 자꾸 집으로 가면 안 좋은 습관이 생길 수 있기 때문에 가능하다면 교실이 아니더
라도 학교에 머물 수 있도록 하는 것이 중요함
- 떼를 쓴다고만 생각할 것이 아니라 전문적인 상담을 통해 학생의 내면에 있는 불안이 더 큰
문제로 커지지 않도록 신경을 써야 함
- 교사나 또래 학생간의 관계가 좋아지면 해결되는 경우가 있기 때문에 교실에 정을 붙일 수
있도록 환경을 조성해주는 것이 중요함
- 학생이 숙제 검사를 하거나 발표를 할 때 스트레스를 많이 받는다면 그런 일들이 반드시 잘
해야 하는 것은 아니며 최선을 다하는 자세가 중요하다는 얘기를 통해 학생에게 부담을 주
지 않는 방법이 있음

6) 툭하면 보건실에 가려고 하는 저학년 학생이 있다면 어떻게 지도해야 할까?

- 보건선생님과 상담을 통해 학생이 진짜 아픈지 아닌지 확인을 해보는 것도 좋은 방법임
- 저학년 학생의 경우, 자신에게 관심을 가져달라는 의미로 아프다고 말을 하거나 보건실을 가고 싶다고 하는 경우가 많기 때문에 학생의 상태에 대해 충분히 공감해 주는 것이 중요함
- 수업이 부담되거나 기분이 좋지 않아서 피하고 싶은 마음에 보건실에 가는 학생이 있다면 상담을 통해 학생의 입장을 충분히 이해한 후에 부드러운 말로 보건실은 그럴 때 가는 곳이 아니라는 것을 분명히 알려야 함
- 보건실이 신기해서 가는 경우도 있음, 이러한 경우에는 인내심을 가지고 보건실에 몇 번 보내주면 학생 스스로 자연스럽게 호기심이 줄어들어서 가지 않게 됨
- 보건실에 필요 이상으로 자주 간다면 부모님과의 상담을 통해 학생의 상황을 정확하게 체크하는 것이 중요함

7) 아무렇지 않게 거짓말을 하고 그 거짓말을 진짜로 믿는 저학년 학생이 있다면 어떻게 해야 할까?

- 저학년의 경우, 이야기를 꾸며 내는 것과 거짓말을 하는 것을 구분하지 못하는 경우가 있기 때문에 두 가지는 완전히 다르며 거짓말은 잘못된 행동이라는 것을 알려줘야 함
- 거짓말을 한 학생에게 너무 엄격하게 혼을 내면 겁을 먹은 학생이 상황을 모면하기 위해 거짓말을 계속 할 수 있음, 차분한 분위기 속에서 학생들이 진실을 말할 수 있는 분위기를 조성해야 함
- 학생이 진실을 말한다면 칭찬을 아끼지 말고 좋아지는 부분에 대해서 부모님에게 알려서 학생이 가정과 학교에서 점차 좋아질 수 있도록 노력해야 함
- 학생이 거짓말을 하면 그것을 무마하기 위해 점점 더 큰 거짓말을 해야 한다는 것을 전래동화나 이야기를 각색하여 학급 학생들에게 교육을 사전에 하는 것도 중요함
- 학생에게 상황을 재미있게 만들기 위해 유머로서의 거짓말과 상황을 모면하려는 충동적인 거짓말이 다르다는 것을 교육해야 함
- 거짓말이 습관으로 굳어지면 곤란하기 때문에 교사의 적절한 개입이 필요함
- 본인이 말하기 싫은 상황에 대해 거짓말을 하는 경우, 경우에 따라 넘어가는 것도 중요함

8) 우는 것으로 모든 일을 해결하려는 학생이 있다면 어떻게 해야 할까?

- 학생이 큰 소리로 운다고 당황해서, 학생의 요구조건을 모두 들어주면 안 됨
- 학생이 진정할 때까지 차분하게 기다렸다가 학생에게 우는 이유를 물어보고 공감하는 것이 중요함
- 우는 것에 반응하지 않고 대화를 통해 문제를 해결할 수 있는 환경을 조성하는 것이 좋음
- 학생의 감정을 따뜻하게 헤아려 주고 공감해줘야 함
- 울음 대신 할 수 있는 것에 어떤 것들이 있을지 이야기를 나누고 대안을 제시해서 선택할 수 있도록 함
- 가정과 연계해서 지도하는 것이 중요함
- 우는 것 자체가 잘못된 것은 아니지만 자신이 원하는 것을 얻기 위해서 우는 것은 옳지 않다는 것을 부드럽지만 단호하게 얘기해야 함
- 문제를 해결하려고 하지 말고 그냥 듣는 것만으로도 학생은 위로가 됨
- 교사의 지시대로 학생이 따라가지 않는다고 갑자기 화를 내거나 혼을 내면 역효과가 생김

9) 잠시도 가만히 있지 못하는 학생이 있다면 어떻게 해야 할까?

- 학생이 너무 흥분해서 정신 산만하게 행동을 한다면 혼내지 말고 시간을 주고 지켜보는 것도 하나의 방법임
- 시간이 지나서 차분해지면 부드럽지만 단호하게 학생의 잘못된 행동에 대해 얘기를 해서 반성할 수 있도록 함
- 에너지가 너무 넘치는 학생들은 산만한 행동을 보임, 쉬는 시간이나 점심시간을 활용해 운동욕구를 발산시켜 차분한 상태로 만드는 것이 중요함
- 산만한 행동을 하는 원인을 분석해야 함, 가정과 연계해서 지도한다면 좋은 결과를 얻을 수 있음
- 학습수준이 차이가 나면 수업이 재미가 없기 때문에 산만해질 수 있음, 학생의 수준에 맞는 활동을 구성하는 것이 중요함
- 관심을 받기 위해서 부정적인 행동을 하는 경우가 있음, 학생의 자존감과 자신감을 키울 수 있는 과제를 주고 그것을 해냈을 때 칭찬을 해주는 방법을 통해 긍정적인 방향으로 문제를 해결할 수 있음
- 산만한 학생이 또래들로부터 따돌림을 당할 수 있음, 교사는 산만한 학생이 낙인찍히지 않고 개선될 수 있도록 또래들이 배려하도록 지도해야 함

10) 학급에서 일어나는 일에 대해 교사의 말을 믿지 않는 부모가 있다면 어떻게 해야 할까?

- 학부모가 교사의 조언을 그대로 받아들일 수 있는 관계형성을 해야 함, 평소에 학생에 대해 연락이나 상담을 통해 가정과 정보를 공유하는 등 신뢰를 쌓아야 함
- 학생의 단점만 말하는 것이 아니라 장점을 얘기하는 등, 종합적인 정보를 제공하여 학생에 대해서 균형 잡힌 시각을 갖고 있음을 학부모가 이해해야 함
- 학생 지도에 대한 내용과 효과에 대한 의견을 나눠야 함, 해당 학생에 대한 효과적인 지도방법에 대해 서로 합의해야 함
- 교사는 일방적으로 학생에 대해 얘기하는 것이 아니라 학부모의 의견을 들어보는 것이 필요함
- 구체적인 기록이나 자료를 제시하면 문제 상황을 알리는 것이 중요함, 이때, 교사의 주관적인 판단은 지양해야 함
- 학생이 개선되는 점에 대해서 피드백을 가정에 주어서 학부모의 인식 변화와 학생의 행동 변화를 촉진해야 함

11) 여학생들끼리 교사 몰래 은밀하게 싸운다면 어떻게 해야 할까?

- 여학생들의 싸움은 남학생들과는 달리 겉으로 드러나지 않고 조용하고 은밀함
- 친한 친구에게 누구랑 놀지 말라고 하는 것을 관계적 공격성이라고 하는데, 이것도 폭력의 일종이라는 것을 교육함
- 친하게 지내던 학생들이 어느 날, 서로 서먹해진다면 관심을 가지고 지켜봐야 함
- 쉬는 시간이나 점심시간에 여학생들끼리 얼굴을 맞대고 속삭이는 것이 관계적 공격성으로 이어질 수 있다는 것을 인지해야 함
- 학생들은 아직 어리기 때문에 자신의 말과 행동이 어떻게 다른 학생에게 상처를 주는지 모를 수 있음
- 학생들이 상처받지 않도록 지속적으로 관심을 기울이는 것이 중요함
- 관계적 공격성은 집단 폭력 혹은 집단적 따돌림으로 이어질 수 있기 때문에 주의해야 함

12) 수업 분위기를 흐리는 학생이 있다면 어떻게 해야 할까?

- 수업 분위기를 흐리는 학생이 있다면 단호하게 대처해야 함, 대처가 되지 않을 경우 학급 전체의 분위기가 엉망이 될 수 있음
- 상담을 통해, 학생 스스로 했던 말과 행동을 되돌아보고 반성할 수 있는 시간을 가짐
- 질문을 무조건 많이 하는 것이 중요한 것이 아니라 수업과 관련 없는 질문은 지양해야 함을 지도해야 함
- 수업과 관련 있는 질문을 했을 때, 정적강화를 해주면 좋음
- 가정과 연계하여 학생의 말과 행동이 개선될 수 있도록 지속적으로 노력해야 함
- 교사는 학생에 대해 편견을 갖지 말고 이해하려는 태도를 지녀야 함
- 학생의 현재 행동에 초점을 맞추어 어떤 점이 문제인지 되짚어 주고 올바른 행동을 제시하여 학생이 스스로 선택할 수 있도록 해야 함
- 교사의 현명한 대처는 학생의 자존감을 떨어트리지 않으면서 말과 행동의 변화를 가져오게 함

 부록

CHILD ABUSE

◇ 비밀전학(아동보호전문기관 → 학교)

○ ○ 기 관

수신자   ○○학교장

(경유)

제 목   학대피해학생 비밀전학 협조 요청

1. 귀 교의 무궁한 발전을 기원합니다.

2. 본 기관은 아동복지법 제45조, 제46조에 의거하여 아동학대신고접수, 현장조사 및 응급구호, 학대피해아동 및 아동학대행위자를 위한 상담, 교육, 홍보, 사후관리 등의 업무를 수행하고 있는 아동보호전문기관입니다.

3. 귀 교에 재학중인 다음 학생이 아동학대범죄의 처벌 등에 관한 특례법에 의거 응급조치됨에 따라 아동이 학습권을 보장받을 수 있도록 초·중등교육법 시행령 제21조, 제73조, 제89조, 가정폭력범죄의 처벌 등에 관한 특례법 제18조(비밀엄수 등의 의무) 제3항, 아동복지법 제29조(피해아동 및 그 가족 등에 대한 지원) 제5항, 아동복지법 시행령 제26조의3(피해아동의 취학에 대한 지원)에 근거하여 비밀전학을 요청하오니 적극 협조하여 주시기 바랍니다.

학교명	학년 반	성명	전학사유	전학지정학교	비고
○○학교	○학년○반	○○○	아동학대로 인한 시설보호	수원시 장안구 조원동 소재 ○○학교	아동 개인정보에 대한 비밀유지 요청

4. 피해학생의 보호 및 지원을 위해 본 상황에 대한 비밀보장을 요청 드리며, 아동 및 가족에 대한 개인정보는 개인정보보호법에 의하여 수집 목적의 범위 내에서만 이용할 수 있음을 알려드리니 유의하시기 바랍니다.

붙임   아동학대 전문기관 상담소견서 1부.   끝.

○ ○ 기 관 장

담 당 ○○○   팀 장 ○○○   관 장 ○○○

협조자

시 행 ○○○(200 . .)   접 수 (. . .)

우   /

전 화   /전송   /E-mail   /공개

◇ 비밀전학(학교–내부결재)

○ ○ 학교

수신자 내부결재

(경유)

제 목 학대피해학생 비밀전학 건

1. ○○○기관-1234(20○○.○○.○○)호의 관련입니다.

2. 본교에 재학 중인 다음 학생이 아동학대범죄의 처벌 등에 관한 특례법에 의거 응급조치됨에 따라 아동이 학습권을 보장받을 수 있도록 ○○기관에서 비밀전학을 요청하여 온 바,

3. 초·중등교육법 시행령 제21조, 제73조, 제89조, 가정폭력범죄의 처벌 등에 관한 특례법 제18조(비밀엄수 등의 의무) 제3항, 아동복지법 제29조(피해아동 및 그 가족 등에 대한 지원) 제5항, 아동복지법 시행령 제26조의3(피해아동의 취학에 대한 지원)에 근거하여 비밀전학을 실시하고자 합니다.

학년 반	성명	전학일자	전학사유	전학지정학교	비고
○학년○반	○○○	20○○.○.○	아동학대로 인한 학생보호	수원시 장안구 조원동 소재 ○○학교	아동(학생) 개인정보에 대한 비밀유지

붙임 1. ○○기관 비밀전학 요청공문 1부.

2. 상담소견서 1부. 끝.

○ ○ 학 교 장

담 당 ○○○   교감 ○○○   교장○○○

협조자

시 행 ○○○(200 . .)   접 수 (. . .)

우   /

전 화   /전송   /E-mail   /공개

◇ 비밀전학(본교→전입교)

○ ○ ○ 학교

수신자   ○○○학교장

(경유)

제 목   학대피해학생 비밀전학 협조 요청

1. ○○기관-1234(20○○.○○.○○)호의 관련입니다.

2. ○○기관에서는 가정폭력 학대피해학생에 대하여 학생이 학습권을 보장받을 수 있도록 초·중등 교육법 시행령 제21조, 제73조, 제89조, 가정폭력범죄의 처벌 등에 관한 특례법 제18조(비밀엄 수 등의 의무) 제3항, 아동복지법 제29조(피해아동 및 그 가족 등에 대한 지원) 제5항, 아동복 지법 시행령 제26조의3(피해아동의 취학에 대한 지원)에 근거하여 비밀전학을 요청하여 온 바,

3. 본교에 재학중인 다음 학생을 귀교로 비밀전학 요청하오니 협조하여 주시기 바랍니다.

학년 반	성명	전학일자	전학사유	전학지정학교	비고
○학년○반	○○○	20○○.○.○	아동학대로 인한 학생보호	수원시 장안구 조원동 소재 ○○학교	아동 개인정보에 대한 비밀유지

4. 피해학생의 보호 및 지원을 위해 본 상황에 대한 비밀보장을 요청드리며, 아동 및 가족에 대한 개인정보는 개인정보보호법에 의하여 수집 목적의 범위 내에서만 이용할 수 있음을 알려드리니 유의하시기 바랍니다.

붙임   1. ○○기관 비밀전학 요청공문 1부.
　　　 2. 상담소견서 1부. 끝.

○ ○ 학 교 장

담 당 ○○○　　　　　　　　교감 ○○○　　　　　　　　　　　　　　　교장○○○
협조자
시 행 ○○○(200 . .)　　　　　　　　접 수 (　　. . .)
우　　　　　　　　　　　　　　　　　　　　　　　　　　　　　　　　　　　　/
전 화　　　　　　 /전송　　　　　/E-mail　　　　　　　　　　　　 /공개

◇ 출석 인정 협조 요청(기관→ 학교)

○ ○ ○ 기관

수신자 ○○학교장

(경유)

제 목 학생 출석 인정 협조 요청

1. 귀 교의 무궁한 발전을 기원합니다.

2. 본 기관은 아동복지법 제45조, 제46조에 의거하여 아동학대신고접수, 현장조사 및 응급구호, 학대피해학생 및 아동학대행위자를 위한 상담, 교육, 홍보, 사후관리 등의 업무를 수행하고 있는 아동보호전문기관입니다.

3. 본 기관 관리 사례 중, 귀 교에 재학 중인 아래 아동의 보호장소 변경과 관련하여 부득이하게 발생된 출결사항이 불이익을 받지 않도록 협조를 부탁드립니다.

   가. 학생명: ○○○ (○○년 ○○월 ○○일생)

   나. 보호기관명: 학대피해아동전용쉼터(경기도 수원시 소재)

   다. 쉼터 입소일: 20○○년 ○월 ○일

   라. 결석일: 20○○년 ○월 ○일 ~ 학생 출석 시까지

   마. 결석사유: 아동학대 발생에 따라 아동학대범죄의 처벌 등에 관한 특례법에 근거하여 학대피해아동전용쉼터에 응급조치하였음

   바. 요청사항: 아동 출석인정 및 본 상황에 대한 비밀보장

   사. 출석인정 근거

      1) 교육부 훈령 제195호(별지 제8호, 출결상황관리)

      2) 아동학대 예방 및 대처 요령(경기도교육청)

   아. 아동 및 가족에 대한 개인정보는 개인정보보호법에 의하여 수집 목적의 범위 내에서만 이용할 수 있음을 알려드리니 유의하시기 바랍니다. 끝.

○ ○ 기 관 장

담 당 ○○○	팀 장 ○○○	관 장 ○○○

협조자

시 행 ○○○(200 . .)   접 수 (. . .)

우   /

전 화   /전송   /E-mail   /공개

◇ 출석 인정(내부결재)

○ ○ 학교

수신자   내부결재

(경유)

제 목   학생 출석 인정 건

1. ○○기관-1234(20○○.○○.○○)호의 관련입니다.

2. ○○기관에서 본교에 재학 중인 아래 아동(학생)의 보호장소 변경과 관련하여 부득이하게 발생된 출결사항이 불이익을 받지 않도록 협조를 요청하여 온 바, 다음 학생을 출석인정으로 처리하고자 합니다.

   가. 학생명: ○○○ (○○년 ○○월 ○○일생)

   나. 보호기관명: 학대피해아동전용쉼터(경기도 ○○소재)

   다. 쉼터 입소일: 20○○년 ○월 ○일

   라. 결석일: 20○○년 ○월 ○일 ~ 학생 출석 시까지

   마. 결석사유: 아동학대 발생에 따라 아동학대범죄의 처벌 등에 관한 특례법에 근거하여 학대피해아동전용쉼터에 응급조치하였음

   바. 유의사항: 아동 출석인정 및 본 상황에 대한 비밀보장

   사. 출석인정 근거

      1) 교육부 훈령 제195호(별지 제8호, 출결상황관리)

      2) 아동학대 예방 및 대처 요령(경기도교육청)

붙임   ○○기관 요청공문 1부.   끝.

○ ○ 학교장

담 당 ○○○　　　　　　교감 ○○○　　　　　　　　　　　　　교장○○○
협조자
시 행 ○○○(200 . .)　　　　　　접 수 (　　. . .)
우　　　　　　　　　　　　　　　　　　　　　　　　　　　　　　　　　　/
전 화　　　　　/전송　　　　　/E-mail　　　　　　　　　　/공개

◇ 교류학습 요청 (기관 → 학대피해아동의 재학 학교)

기 관 명

수신자   ○○학교장

(경유)

제 목 피해학생 학교 간 교류학습 지원 협조 요청

1. 귀 교의 무궁한 발전을 기원합니다.

2. 본 기관은 아동복지법 제45조, 제46조에 의거하여 아동학대신고접수, 현장조사 및 응급구호, 학대피해학생 및 아동학대행위자를 위한 상담, 교육, 홍보, 사후관리 등의 업무를 수행하고 있는 아동보호전문기관입니다.

3. 20○○년 ○월 ○일 신고·접수된 학생(○○○)은 정신질환자인 모에 의해 신체적, 정신적 학대를 당하였고, 현재 친모의 정신과적 치료기간 동안 학생의 보호가 필요하게 됨에 따라 본 기관에서 운영하는 학대피해아동 전용쉼터에 입소 조치하였습니다. 이에 보호기간 동안 아동의 학습권을 보장하기 위해 아동복지법 제29조 제5항(피해아동 및 그 가족 등에 대한 지원) 및 동법 제26조의2(피해아동의 취학에 대한 지원)에 의거 피해학생의 교류학습을 다음과 같이 요청합니다.

   가. 학생명: 이○○ (○학년 ○반)

   나. 학생의 주소:

   다. 교류학습 요청학교: ○○학교

   라. 협조사항: 아동 교류학습 요청

   마. 근거: 아동복지법 제29조 제5항(피해아동 및 그 가족 등에 대한 지원), 제26조의2(피해아동의 취학에 대한 지원)

4. 피해학생의 보호 및 지원을 위해 본 상황에 대해 아동복지법 제26조의2, 4항에 근거하여 공개되지 않도록 관리, 감독하여야 하며, 아동 및 가족에 대한 개인정보는 개인정보보호법에 의하여 수집 목적의 범위 내에서만 이용할 수 있음을 알려드리니 유의하시기 바랍니다. 끝.

○ ○ 기 관 장

담 당 ○○○   팀 장 ○○○   관 장 ○○○
협조자
시 행 ○○○(200 . .)   접 수 (. . .)
우   /
전 화   /전송   /E-mail   /공개

◇ 학교 간 교류학습 위탁교육 공문 및 의뢰서

○ ○ 학교

수신자   ○○학교장

(경유)

제 목 학교 간 교류학습 위탁교육 의뢰
_____

1. 관련

　　가. 교육부 창의교수학습과-6924(2014.10.28.)호.

　　나. 경기도교육청 학생안전과-1421(2015.4.3.)호.

2. 본교에 재학 중인 다음 학생이 귀교에서 위탁교육을 받을 수 있도록 허락하여 주시기 바랍니다.

　　가. 학생명: ○○○ (○○년 ○○월 ○○일생)

　　나. 소속학교: ○○중학교 (경기도 ○○소재)

　　다. 위탁 기간: 20○○년 ○월 ○일 ~ 20○○년 ○월 ○일

　　라. 위탁 사유: 경기도교육청 학교장 허가 현장체험학습, 학교 간(도·농)교류학습 시행 지침에
　　　　따라 학교 간 위탁교육을 통한 아동학대 피해 학생 보호

　　마. 유의사항: 위탁학생에 대한 비밀보장

　　바. 출석인정 근거

　　　　1) 교육과학기술부 훈령 제205호(별지 제8호, 출결상황관리)

　　　　2) 아동학대 예방 및 대처 요령(경기도교육청)

붙임 위탁교육 의뢰서 1부. 끝.

○ ○ 학교장

담 당 ○○○　　　　　　교감 ○○○　　　　　　　　　　　　교장○○○
협조자
시 행 ○○○(200 . .)　　　　　　접 수 (　　. . .)
우　　　　　　　　　　　　　　　　　　　　　　　　　　　　　　　/
전 화　　　　/전송　　　/E-mail　　　　　　　　/공개

◇ 위탁교육 의뢰서

위탁교육 의뢰서

수 신: 학교장
참 조: 담당부장

학생 인적사항	학생명	생년월일	성별	전화번호
	소속학교	학교전화번호	학년 반	담임명
목적 또는 사유				
학생 관련 참고 사항				
위탁교육 기간	20 년 월 일 ~ 20 년 월 일 ( ) 일간			
담당 지도 교사				

위 학생을 귀교에 위탁 교육을 의뢰하오니 허락하여 주시기 바랍니다.

20   년   월   일

○○학교장 (직인)

◇ 아동학대 사안보고 양식

학생 사안 보고서(※ 내용 예시)

행복중학교/행복교육지원청	작성자: 직(책임교사, 장학사)		성명: 김 교 사 (서명)			
	보고자: 직(교장, 교육장)		성명: 이 교 장 [직인]			

발생일시	2017.00.00.(월) 00시 00분경		보고 일시	2017.00.00.(화) 00시 00분	
사 안 명	친부에 의한 아동학대		책임교사 연락처	031-123-1234, (핸드폰번호)	
발생장소	경기도 ○○시 ○○동 123번지 피해아동 집				

관련자	피해학생	학교	학년반	성명	성별	생활 근거지	비고
		행복중	1-3	최피해	여	○○시	
	가해행위자	관계	동거 여부	성명	성별	생활 근거지	
		피해학생의 부	동거	최가해	남	○○시	친부
	피해상황	○○병원 입원 치료 중, 타박상 및 손목 골절, 방임에 의한 정신적 피해					

사안 내용 및 경 위	〈사안 발생〉 피해아동이 친구와 놀다가 19:00분경 귀가. 술에 취해 자던 친부가 주먹과 가정 집기로 머리, 몸을 때리고 밀어서 손목이 골절됨. 학교 등교 후 담임교사와 보건교사가 학대 징후를 확인하고 상담을 통해 지속적인 학대행위가 있었음을 확인함. 친부에 대해서는 아동학대로 신고하고 피해아동은 아동보호전문기관과 협의를 통해 병원에 입원 조치함. 〈사안 인지 및 조치〉 • 2017.4.20.(금) 9:20경: 체육 시간에 목과 팔에 반창고를 붙인 피해아동에게 이유를 물어 보고 목과 팔에 난 상처를 확인함. • 2017.4.20.(금) 10:00경: 보건실에서 보건교사가 몸에 난 상처를 확인한 후 담임교사는 아동보호전문기관에 신고함. **부모가 가해 행위 의심자이므로 학부모에게는 연락하지 않음.** • 2017.4.20.(금) 13:00경: 피해아동이 두통을 호소하고 심한 두려움으로 어려움을 호소하여 아동보호전문기관에 연락하여 상의한 후 병원에 긴급 입원 조치함. • 2017.4.20.(금) 17:00경: 경찰과 아동보호전문기관에서 가정을 방문하여 친부를 조사함. • 2017.4.20.(금) 18:00경: **교육지원청으로 사안 보고함.** • 2017.4.21.(토) 19:40경: 피해아동 보호를 위해 친부와 격리 조치를 결정하고 아동보호 기관에서 보호함. • 2017.4.23.(월) 09:10경: **아동학대로 인한 출석 조치를 실시하고 담임교사 및 학교관리자에 대해서 비밀유지 의무 추가 고지** • 2017.4.23.(월) 15:00경: 피해아동 지원을 위한 점검 회의 실시(학교관리자, 상담교사, 담임교사) • 2017.4.25.(수) 08:30경: 피해아동 등교 후 가정으로 복귀함. • 2017.4.27.(금) 16:30 현재: 피해학생은 쓰러지며 왼팔 골절과 타박상으로 전치 5주의 진단을 받고 병원에서 치료중이며 친부는 경찰에 구속 조사받고 있는 중.	

조치 및 진행 상황	학교	• 피해아동에 대한 출석 조치 실시 • Wee센터 긴급 상담 10회 실시 • 교직원 및 전교생 아동학대 예방교육 실시 • 교육지원청으로 사안발생 보고
	학부모 (보호자)	• 친부는 경찰에 구속 조사받고 있는 중 • 친모는 피해아동 치료를 위하여 함께 상담 받기로 함
	교육청	
비고		

◇ 학부모 대상 아동학대(가정폭력) 교육 안내 가정통신문 예시

5. 아동학대 예방 교육 자료(교직원, 학생, 학부모)

가. 학동학대 예방을 위한 [교직원] 연수자료

■ 교직원예방교육: 연 1회 의무적으로 실시

■ 체벌, 욕설, 폭언 등은 교육적으로 정당화될 수 없는 아동학대!

구분	정의	비고(관련법률)
아동학대	아동(18세 미만)의 건강 또는 복지를 해치거나 정상적 발달을 저해할 수 있는 신체적·정신적·성적 폭력이나 가혹행위, 유기 및 방임	아동복지법 제3조
아동학대 범죄	상해, 폭행, 특수폭행, 폭행치사, 유기, 학대, 아동혹사. 체포, 감금, 협박, 약취, 유인 및 인신매매, 강간, 유사강간, 강제추행, 준강간, 준강제추행, 미성년자등에 대한 간음추행, 업무상위력 등에 의한 간음, 명예훼손, 출판물 등에 의한 명예 훼손, 모욕, 주거침입(주거·신체 수색)의 죄, 강요, 공갈, 재물손괴 등	아동학대범죄의 처벌등에 관한 특례법 제2조

■ 아동학대 발견 시 조치 요령

• 발견 즉시 112 신고
• 증거확보
	▶ • 피해학생 보호조치 및 학부모연락
	• 학교장 및 교육(지원)청 보고
	• 관련기관 연계 및 학적사항 지원
	  – 지역 아동보호전문기관
		▶ • 피해학생 회복 지원
		• 수사결과에 따른 조치
		  – 교원: 해임처분, 형사처벌
		  – 학부모: 형사처벌

- 신고의무 대상: 신체학대, 정서학대, 성학대, 방임 등을 대해 알게 된 경우나 그 의심이 있는 경우
- 신고 의무자(교사직군): 보육 교직원, 유치원 교직원 및 강사, 초·중등 교직원 및 강사, 전문상담교사 및 산학겸임교사, 학원 및 교습소 종사자 등 신고의무 위반시 500만원 과태료 부과

■ 비밀 엄수
- 아동학대와 관련된 직무상의 비밀 유지(취학 정보 등): 위반시 1년 이하의 징역이나 2년 이하의 자격정지 또는 500만원 이하의 벌금

■ 체벌과 교권에 대한 이해
- 초중등교육법 제18조의4 학교의 설립자·경영자와 학교의 장은 「헌법」과 국제인권조약

에 명시된 학생의 인권을 보장하여야 한다.
- 초중등교육법 제20조 ④ 교사는 법령에서 정하는 바에 따라 학생을 교육한다.
- 체벌은 위법적인 행위이며, 교권은 법률이 정한 바에 따라 학생을 가르칠 권리임
■ 체벌없는 인권친화적 생활 교육
- 학생·학부모와 함께하는 입체적인 생활 상담
- 학생·학부모·교원 의견 수렴을 통한 합리적인 학교규칙 제·개정
- 학생과 학부모가 공감할 수 있는 교육프로그램 운영
- 학생 인권교육 및 인권친화적 학교환경 조성

나. 아동학대 예방을 위한 [학생용] 교육자료

■ 아동학대가 뭐예요?

구분	정의	비고(관련법률)
아동학대	아동(18세 미만)의 건강 또는 복지를 해치거나 정상적 발달을 저해할 수 있는 신체적·정신적·성적 폭력이나 가혹행위, 유기 및 방임하는 행위를 말합니다.	아동복지법 제3조
아동학대 범죄	상해, 폭행, 특수폭행, 폭행치사, 유기, 학대, 아동혹사. 체포, 감금, 협박, 약취, 유인 및 인신매매, 강간, 유사강간, 강제추행, 준강간, 준강제추행, 미성년자등에 대한 간음추행, 업무상위력 등에 의한 간음, 명예훼손, 출판물 등에 의한 명예 훼손, 모욕, 주거침입(주거·신체 수색)의 죄, 강요, 공갈, 재물손괴 등을 말합니다.	아동학대범죄의 처벌등에 관한 특례법 제2조

■ 아동학대를 당하면 어떻게 해야 하나요?

신고		보호		회복
• 수사기관(112)에 신고하세요. • 증거확보	▶	• 담임선생님이나 다른 선생님께 말씀드리고 보호조치를 받으세요. • 지역 아동보호전문기관과 연계하여 보호조치를 받을 수 있습니다.	▶	• 아동보호 전문기관의 회복프로그램에 참여합니다.

■ 필요할 경우 선생님께 도움을 요청하세요.
- 모든 선생님은 아동학대 신고의무자입니다. 선생님께 도움을 요청하세요.
  - 신고의무자: 아동학대 발견 즉시 신고하여야 할 법적인 의무를 지닌 사람
  예) 보육 교직원, 유치원 교직원 및 강사, 초·중등 교직원 및 강사, 전문상담교사 및 산학겸임교사, 학원 및 교습소 종사자 등
- 신고의무를 위반하면?
  500만원 이하의 과태료가 부과됩니다.
■ 학교에서 실시하는 아동학대 예방 및 안전교육에 적극 참여합니다.
- 성폭력 및 아동학대 예방, 실종 · 유괴의 예방과 방지 등의 예방교육에 적극 참여하여 아동학대에 대한 대처법을 알아 둡니다.

다. 아동학대 예방을 위한 [학부모] 연수자료(가정통신)

■ 아동학대란?

구분	정의	비고(관련법률)
아동학대	아동(18세 미만)의 건강 또는 복지를 해치거나 정상적 발달을 저해할 수 있는 신체적·정신적·성적 폭력이나 가혹행위, 유기 및 방임	아동복지법 제3조
아동학대 범죄	상해, 폭행, 특수폭행, 폭행치사, 유기, 학대, 아동혹사. 체포, 감금, 협박, 약취, 유인 및 인신매매, 강간, 유사강간, 강제추행, 준강간, 준강제추행, 미성년자등에 대한 간음추행, 업무상위력 등에 의한 간음, 명예훼손, 출판물 등에 의한 명예 훼손, 모욕, 주거침입(주거·신체 수색)의 죄, 강요, 공갈, 재물손괴 등	아동학대범죄의 처벌등에 관한 특례법 제2조

■ 아동학대 발견 시 조치 요령

| • 발견 즉시 112 신고
• 증거확보 | ▶ | • 피해 자녀를 위한 보호 조치 요구
• 지역 아동보호전문기관 지원 요구 | ▶ | • 학교생활 적응을 위한 지원
• 수사결과에 따른 조치
 - 교원: 해임처분, 형사처벌
 - 학부모: 형사처벌 |

- ■ 학부모가 알아야 할 아동학대
  - 아동의 신체에 고통을 가하는 행위는 모두 아동학대입니다.
  - 치료가 필요한 아동을 방치하는 것(방임)은 아동학대입니다.
  - 아동의 학습권을 박탈하는 것 또한 아동학대입니다.
  - 아동의 복지나 정상적인 발달(건강)을 저해하는 것은 아동학대입니다.
    의식주 등 인간의 기본적인 생존에 필요한 복지를 저해하는 행위 등
- ■ 『아동학대범죄의 처벌 등에 관한 특례법』 안내
  - 아동학대치사(제4조): 무기 또는 5년 이상의 징역
  - 아동학대중상해(5조): 3년 이상의 징역
- ■ 아동학대 예방을 위한 노력
  - 자녀가 자율적인 인격체임을 인정하고 존중합시다. 존중받는 아이가 타인을 존중하고 책임 있는 생활을 합니다.
  - 자녀에게 문제가 있다면 언제든지 선생님과 상담을 하세요.
    ※ 학교 Wee클래스나 각 교육지원청 Wee센터 상담 신청
  - 가정에서의 폭력이나 부모님의 모습은 자녀에게 학습됩니다.
  - 부모님의 관심과 적극적인 신고가 아동학대를 예방할 수 있습니다.

아동복지법

[시행 2017.12.20.] [법률 제14887호, 2017.9.19., 일부개정]

제 1 장 총칙

제 1 조(목적) 이 법은 아동이 건강하게 출생하여 행복하고 안전하게 자랄 수 있도록 아동의 복지를 보장하는 것을 목적으로 한다.

제 2 조(기본이념) ① 아동은 자신 또는 부모의 성별, 연령, 종교, 사회적 신분, 재산, 장애유무, 출생지역, 인종 등에 따른 어떠한 종류의 차별도 받지 아니하고 자라나야 한다.

② 아동은 완전하고 조화로운 인격발달을 위하여 안정된 가정환경에서 행복하게 자라나야 한다.

③ 아동에 관한 모든 활동에 있어서 아동의 이익이 최우선적으로 고려되어야 한다.

④ 아동은 아동의 권리보장과 복지증진을 위하여 이 법에 따른 보호와 지원을 받을 권리를 가진다.

제 3 조(정의) 이 법에서 사용하는 용어의 뜻은 다음과 같다. 〈개정 2014. 1. 28.〉

1. "아동"이란 18세 미만인 사람을 말한다.

2. "아동복지"란 아동이 행복한 삶을 누릴 수 있는 기본적인 여건을 조성하고 조화롭게 성장·발달할 수 있도록 하기 위한 경제적·사회적·정서적 지원을 말한다.

3. "보호자"란 친권자, 후견인, 아동을 보호·양육·교육하거나 그러한 위무가 있는 자 또는 업무·고용 등의 관계로 사실상 아동을 보호·감독하는 자를 말한다.

4. "보호대상아동"이란 보호자가 없거나 보호자로부터 이탈된 아동 또는 보호자가 아동을 학대하는 경우 등 그 보호자가 아동을 양육하기에 적당하지 아니하거나 양육할 능력이 없는 경우의 아동을 말한다.

5. "지원대상아동"이란 아동이 조화롭고 건강하게 성장하는 데에 필요한 기초적인 조건이 갖추어지지 아니하여 사회적·경제적·정서적 지원이 필요한 아동을 말한다.

6. "가정위탁"이란 보호대상아동의 보호를 위하여 성범죄, 가정폭력, 아동학대, 정신질환 등의 전력이 없는 보건복지부령으로 정하는 기준에 적합한 가정에 보호대상아동을 일정 기간 위탁하는 것을 말한다.

7. "아동학대"란 보호자를 포함한 성인이 아동의 건강 또는 복지를 해치거나 정상적 발달을 저해할 수 있는 신체적·정신적·성적 폭력이나 가혹행위를 하는 것과 아동의 보호자가 아동을 유기하거나 방임하는 것을 말한다.

7의2. "아동학대관련범죄"란 다음 각 목의 어느 하나에 해당하는 죄를 말한다.

가. 「아동학대범죄의 처벌 등에 관한 특례법」 제2조 제4호에 따른 아동학대범죄

나. 아동에 대한 「형법」 제2편 제24장 살인의 죄 중 제250조부터 제255조까지의 죄

8. "피해아동"이란 아동학대로 인하여 피해를 입은 아동을 말한다.

9. 삭제 〈2016. 3. 22.〉

10. "아동복지시설"이란 제50조에 따라 설치된 시설을 말한다.

11. "아동복지시설 종사자"란 아동복지시설에서 아동의 상담·지도·치료·양육, 그 밖에 아동의 복지에 관한 업무를 담당하는 사람을 말한다.

제4조(국가와 지방자치단체의 책무) ① 국가와 지방자치단체는 아동의 안전·건강 및 복지 증진을 위하여 아동과 그 보호자 및 가정을 지원하기 위한 정책을 수립·시행하여야 한다.

② 국가와 지방자치단체는 보호대상아동 및 지원대상아동의 권익을 증진하기 위한 정책을 수립·시행하여야 한다.

③ 국가와 지방자치단체는 장애아동의 권익을 보호하기 위하여 필요한 시책을 강구하여야 한다.

④ 국가와 지방자치단체는 아동이 자신 또는 부모의 성별, 연령, 종교, 사회적 신분, 재산, 장애유무, 출생지역 또는 인종 등에 따른 어떠한 종류의 차별도 받지 아니하도록 필요한 시책을 강구하여야 한다.

⑤ 국가와 지방자치단체는 「아동의 권리에 관한 협약」에서 규정한 아동의 권리 및 복지 증진 등을 위하여 필요한 시책을 수립·시행하고, 이에 필요한 교육과 홍보를 하여야 한다.

⑥ 국가와 지방자치단체는 아동의 보호자가 아동을 행복하고 안전하게 양육하기 위하여 필요한 교육을 지원하여야 한다. 〈신설 2014. 1. 28.〉

제5조(보호자 등의 책무) ① 아동의 보호자는 아동을 가정에서 그의 성장시기에 맞추어 건강하고 안전하게 양육하여야 한다.

② 아동의 보호자는 아동에게 신체적 고통이나 폭언 등의 정신적 고통을 가하여서는 아

니 된다. 〈신설 2015. 3. 27.〉

③ 모든 국민은 아동의 권익과 안전을 존중하여야 하며, 아동을 건강하게 양육하여야 한다. 〈개정 2015. 3. 27.〉

제6조(어린이날 및 어린이주간) 어린이에 대한 사랑과 보호의 정신을 높임으로써 이들을 옳고 아름답고 슬기로우며 씩씩하게 자라나도록 하기 위하여 매년 5월 5일을 어린이날로 하며, 5월 1일부터 5월 7일까지를 어린이주간으로 한다.

제2장 아동복지정책의 수립 및 시행 등

제7조(아동정책기본계획의 수립) ① 보건복지부장관은 아동정책의 효율적인 추진을 위하여 5년마다 아동정책기본계획(이하 "기본계획"이라 한다)을 수립하여야 한다.

② 기본계획은 다음 각 호의 사항을 포함하여야 한다.

1. 이전의 기본계획에 관한 분석·평가

2. 아동정책에 관한 기본방향 및 추진목표

3. 주요 추진과제 및 추진방법

4. 재원조달방안

5. 그 밖에 아동정책을 시행하기 위하여 특히 필요하다고 인정되는 사항

③ 보건복지부장관은 기본계획을 수립할 때에는 미리 관계 중앙행정기관의 장과 협의하여야 한다.

④ 기본계획은 제10조에 따른 아동정책조정위원회의 심의를 거쳐 확정한다. 이 경우 보건복지부장관은 확정된 기본계획을 관계 중앙행정기관의 장 및 특별시장·광역시장·도지사·특별자치도지사(이하 "시·도지사"라 한다)에게 알려야 한다.

제8조(연도별 시행계획의 수립·시행 등) ① 보건복지부장관, 관계 중앙행정기관의 장 및 시·도지사는 매년 기본계획에 따라 연도별 아동정책시행계획(이하 "시행계획"이라 한다)을 수립·시행하여야 한다.

② 관계 중앙행정기관의 장 및 시·도지사는 다음 연도의 시행계획 및 전년도의 시행계획에 따른 추진실적을 대통령령으로 정하는 바에 따라 매년 보건복지부장관에게 제출하고, 보건복지부장관은 매년 시행계획에 따른 추진실적을 평가하여야 한다.

③ 시행계획의 수립·시행 및 추진실적의 평가 등에 필요한 사항은 대통령령으로 정한다.

제9조(계획수립의 협조) ① 보건복지부장관, 관계 중앙행정기관의 장 및 시·도지사는 기본계획 또는 시행계획의 수립·시행을 위하여 필요한 경우에는 관계 기관·단체나 그 밖의 민간기업체의 장에게 협조를 요청할 수 있다.

② 제1항에 따른 요청을 받은 자는 정당한 사유가 없는 한 이에 따라야 한다.

제10조(아동정책조정위원회) ① 아동의 권리증진과 건강한 출생 및 성장을 위하여 종합적인 아동정책을 수립하고 관계 부처의 의견을 조정하며 그 정책의 이행을 감독하고 평가하기 위하여 국무총리 소속으로 아동정책조정위원회(이하 "위원회"라 한다)를 둔다.

② 위원회는 다음 각 호의 사항을 심의·조정한다.

1. 기본계획의 수립에 관한 사항

2. 아동의 권익 및 복지 증진을 위한 기본방향에 관한 사항

3. 아동정책의 개선과 예산지원에 관한 사항

4. 아동 관련 국제조약의 이행 및 평가·조정에 관한 사항

5. 아동정책에 관한 관련 부처 간 협조에 관한 사항

6. 그 밖에 위원장이 부의하는 사항

③ 위원회는 위원장을 포함한 25명 이내의 위원으로 구성하되, 위원장은 국무총리가 되고 위원은 다음 각 호의 사람이 된다. 〈개정 2013. 3. 23., 2014. 11. 19., 2017. 7. 26.〉

1. 기획재정부장관·교육부장관·법무부장관·행정안전부장관·문화체육관광부장관·산업통상자원부장관·보건복지부장관·고용노동부장관·여성가족부장관

2. 아동 관련 단체의 장이나 아동에 대한 학식과 경험이 풍부한 사람 중 위원장이 위촉하는 15명 이내의 위원

④ 위원회는 제2항 제4호에 따른 국제조약의 이행확인을 위하여 필요한 업무를 관계 전문기관 또는 단체에게 위탁할 수 있다.

⑤ 위원회는 필요하다고 인정하는 때에는 관계 행정기관에 대하여 그 소속 직원의 출석·설명과 자료의 제출을 요구할 수 있다.

⑥ 제1항부터 제3항까지의 규정에서 정한 것 외에 위원회의 구성 및 운영 등에 필요한 사항은 대통령령으로 정한다.

제11조(아동종합실태조사) ① 보건복지부장관은 5년마다 아동의 양육 및 생활환경, 언어 및 인지 발달, 정서적·신체적 건강, 아동안전, 아동학대 등 아동의 종합실태를 조사하여 그 결과를 공표하고, 이를 기본계획과 시행계획에 반영하여야 한다. 다만, 보건복지부장관은 필요한 경우 보건복지부령으로 정하는 바에 따라 분야별 실태조사를 할 수 있다.

② 보건복지부장관은 제1항에 따른 실태조사를 위하여 관계 기관·법인·단체·시설의 장에게 필요한 자료의 제출 또는 의견의 진술을 요청할 수 있다. 이 경우 요청을 받은 자는 정당한 사유가 없으면 이에 협조하여야 한다. 〈신설 2016. 3. 22.〉

③ 제1항에 따른 아동종합실태조사의 내용과 방법 등에 필요한 사항은 보건복지부령으

로 정한다. 〈개정 2016. 3. 22.〉

제12조(아동복지심의위원회) ① 시·도지사, 시장·군수·구청장(자치구의 구청장을 말한다. 이하 같다)은 다음 각 호의 사항을 심의하기 위하여 그 소속으로 아동복지심의위원회(이하 "심의위원회"라 한다)를 각각 둔다.

1. 제8조에 따른 시행계획 수립 및 시행에 관한 사항

2. 제15조에 따른 보호조치에 관한 사항

3. 제16조에 따른 퇴소조치에 관한 사항

4. 제18조에 따른 친권행사의 제한이나 친권상실 선고 청구에 관한 사항

5. 제19조에 따른 아동의 후견인의 선임이나 변경 청구에 관한 사항

6. 지원대상아동의 선정과 그 지원에 관한 사항

7. 그 밖에 아동의 보호 및 지원서비스를 위하여 시·도지사 또는 시장·군수·구청장이 필요하다고 인정하는 사항

② 심의위원회의 조직·구성 및 운영 등에 필요한 사항은 대통령령으로 정하는 기준에 따라 해당 지방자치단체의 조례로 정한다.

③ 시·도지사, 시장·군수·구청장은 대통령령으로 정하는 바에 따라 심의위원회의 구성 및 운영 현황에 관한 사항을 연 1회 보건복지부장관에게 보고하여야 한다. 〈신설 2017. 9. 19.〉

제13조(아동복지전담공무원) ① 아동복지에 관한 업무를 담당하기 위하여 특별시·광역시·도·특별자치도(이하 "시·도"라 한다) 및 시·군·구(자치구를 말한다. 이하 같다)에 각각 아동복지전담공무원(이하 "전담공무원"이라 한다)을 둘 수 있다.

② 전담공무원은 「사회복지사업법」 제11조에 따른 사회복지사의 자격을 가진 사람으로 하고 그 임용 등에 필요한 사항은 해당 시·도 및 시·군·구의 조례로 정한다.

③ 전담공무원은 아동에 대한 상담 및 보호조치, 가정환경에 대한 조사, 아동복지시설에 대한 지도·감독, 아동범죄 예방을 위한 현장확인 및 지도·감독 등 지역 단위에서 아동의 복지증진을 위한 업무를 수행한다.

④ 관계 행정기관, 아동복지시설 및 아동복지단체(아동의 권리를 보장하고 복지증진을 목적으로 설립된 기관 및 단체를 말한다. 이하 같다)를 설치·운영하는 자는 전담공무원이 협조를 요청하는 경우 정당한 사유가 없는 한 이에 따라야 한다. 〈개정 2016. 3. 22.〉

제14조(아동위원) ① 시·군·구에 아동위원을 둔다.

② 아동위원은 그 관할 구역의 아동에 대하여 항상 그 생활상태 및 가정환경을 상세히 파악하고 아동복지에 필요한 원조와 지도를 행하며 전담공무원 및 관계 행정기관과 협

력하여야 한다.

③ 아동위원은 그 업무의 원활한 수행을 위하여 적절한 교육을 받을 수 있다.

④ 아동위원은 명예직으로 하되, 아동위원에 대하여는 수당을 지급할 수 있다.

⑤ 그 밖에 아동위원에 관한 사항은 해당 시·군·구의 조례로 정한다.

제 3 장 아동에 대한 보호서비스 및 아동학대의 예방 및 방지

제 1 절 아동보호서비스

제15조(보호조치) ① 시·도지사 또는 시장·군수·구청장은 그 관할 구역에서 보호대상아동을 발견하거나 보호자의 의뢰를 받은 때에는 아동의 최상의 이익을 위하여 대통령령으로 정하는 바에 따라 다음 각 호에 해당하는 보호조치를 하여야 한다. 〈개정 2014. 1. 28.〉

1. 전담공무원 또는 아동위원에게 보호대상아동 또는 그 보호자에 대한 상담·지도를 수행하게 하는 것

2. 보호자 또는 대리양육을 원하는 연고자에 대하여 그 가정에서 아동을 보호·양육할 수 있도록 필요한 조치를 하는 것

3. 아동의 보호를 희망하는 사람에게 가정위탁하는 것

4. 보호대상아동을 그 보호조치에 적합한 아동복지시설에 입소시키는 것

5. 약물 및 알콜 중독, 정서·행동·발달 장애, 성폭력·아동학대 피해 등으로 특수한 치료나 요양 등의 보호를 필요로 하는 아동을 전문치료기관 또는 요양소에 입원 또는 입소시키는 것

6. 「입양특례법」에 따른 입양과 관련하여 필요한 조치를 하는 것

② 시·도지사 또는 시장·군수·구청장은 제1항 제1호 및 제2호의 보호조치가 적합하지 아니한 보호대상아동에 대하여 제1항 제3호부터 제6호까지의 보호조치를 할 수 있다. 이 경우 가정위탁지원센터 또는 아동복지시설의 장은 해당 보호대상아동의 개별 보호·관리 계획을 세워 보호하여야 하며, 그 계획을 수립할 때 해당 보호대상아동의 보호자를 참여시킬 수 있다.

③ 시·도지사 또는 시장·군수·구청장은 제1항 제3호부터 제6호까지의 보호조치를 함에 있어서 해당 보호대상아동의 의사를 존중하여야 하며, 보호자가 있을 때에는 그 의견을 들어야 한다. 다만, 아동의 보호자가 「아동학대범죄의 처벌 등에 관한 특례법」 제2조 제5호의 아동학대행위자인 경우에는 그러하지 아니하다. 〈개정 2014. 1. 28.〉

④ 시·도지사 또는 시장·군수·구청장은 제1항 제3호부터 제6호까지의 보호조치를 할

때까지 필요하면 제52조 제1항 제2호에 따른 아동일시보호시설에 보호대상아동을 입소시켜 보호하거나, 적당하다고 인정하는 자에게 일시 위탁하여 보호하게 할 수 있다.

⑤ 시·도지사 또는 시장·군수·구청장은 그 관할 구역에서 약물 및 알콜 중독, 정서·행동·발달 장애 등의 문제를 일으킬 가능성이 있는 아동의 가정에 대하여 예방차원의 적절한 조치를 강구하여야 한다.

⑥ 누구든지 제1항에 따른 보호조치와 관련하여 그 대상이 되는 아동복지시설, 아동복지전담기관의 종사자를 신체적·정신적으로 위협하는 행위를 하여서는 아니 된다.

⑦ 시·도지사 또는 시장·군수·구청장은 아동의 가정위탁보호를 희망하는 사람에 대하여 범죄경력을 확인하여야 한다. 이 경우 본인의 동의를 받아 관계 기관의 장에게 범죄의 경력 조회를 요청하여야 한다.

⑧ 가정위탁지원센터의 장은 위탁아동, 가정위탁보호를 희망하는 사람, 위탁아동의 부모 등의 신원확인 등의 조치를 시·도지사 또는 시장·군수·구청장에게 협조 요청할 수 있으며, 요청을 받은 시·도지사 또는 시장·군수·구청장은 정당한 사유가 없는 한 이에 응하여야 한다.

⑨ 제7항에 따른 범죄경력 조회 및 제8항에 따른 신원확인의 요청 절차·범위 등에 필요한 사항은 대통령령으로 정한다.

제16조(보호대상아동의 퇴소조치 등) ① 제15조 제1항 제3호부터 제5호까지의 보호조치 중인 보호대상아동의 연령이 18세에 달하였거나, 보호 목적이 달성되었다고 인정되면 해당 시·도지사, 시장·군수·구청장은 대통령령으로 정하는 절차와 방법에 따라 그 보호 중인 아동의 보호조치를 종료하거나 해당 시설에서 퇴소시켜야 한다. 〈개정 2016. 3. 22.〉

② 제1항에도 불구하고 제15조에 따라 보호조치 중인 아동이 다음 각 호의 어느 하나에 해당하면 시·도지사, 시장·군수·구청장 또는 아동복지시설의 장은 해당 아동의 보호기간을 연장할 수 있다.

1. 「고등교육법」 제2조에 따른 대학 이하의 학교(대학원은 제외한다)에 재학 중인 경우
2. 제52조 제1항 제1호의 아동양육시설 또는 「근로자직업능력 개발법」 제2조 제3호에 따른 직업능력개발훈련시설에서 직업 관련 교육·훈련을 받고 있는 경우
3. 그 밖에 각종 아동복지시설에서 해당 아동을 계속하여 보호·양육할 필요가 있다고 대통령령으로 정하는 경우

제17조(금지행위) 누구든지 다음 각 호의 어느 하나에 해당하는 행위를 하여서는 아니 된다. 〈개정 2014. 1. 28.〉

1. 아동을 매매하는 행위

2. 아동에게 음란한 행위를 시키거나 이를 매개하는 행위 또는 아동에게 성적 수치심을
주는 성희롱 등의 성적 학대행위

3. 아동의 신체에 손상을 주거나 신체의 건강 및 발달을 해치는 신체적 학대행위

4. 삭제 〈2014. 1. 28.〉

5. 아동의 정신건강 및 발달에 해를 끼치는 정서적 학대행위

6. 자신의 보호·감독을 받는 아동을 유기하거나 의식주를 포함한 기본적 보호·양육·치
료 및 교육을 소홀히 하는 방임행위

7. 장애를 가진 아동을 공중에 관람시키는 행위

8. 아동에게 구걸을 시키거나 아동을 이용하여 구걸하는 행위

9. 공중의 오락 또는 흥행을 목적으로 아동의 건강 또는 안전에 유해한 곡예를 시키는
행위 또는 이를 위하여 아동을 제3자에게 인도하는 행위

10. 정당한 권한을 가진 알선기관 외의 자가 아동의 양육을 알선하고 금품을 취득하거나
금품을 요구 또는 약속하는 행위

11. 아동을 위하여 증여 또는 급여된 금품을 그 목적 외의 용도로 사용하는 행위

제18조(친권상실 선고의 청구 등) ① 시·도지사, 시장·군수·구청장 또는 검사는 아동의
친권자가 그 친권을 남용하거나 현저한 비행이나 아동학대, 그 밖에 친권을 행사할 수
없는 중대한 사유가 있는 것을 발견한 경우 아동의 복지를 위하여 필요하다고 인정할
때에는 법원에 친권행사의 제한 또는 친권상실의 선고를 청구하여야 한다.

② 아동복지시설의 장 및 「초·중등교육법」에 따른 학교의 장(이하 "학교의 장"이라 한
다)은 제1항의 사유에 해당하는 경우 시·도지사, 시장·군수·구청장 또는 검사에게 법
원에 친권행사의 제한 또는 친권상실의 선고를 청구하도록 요청할 수 있다. 〈개정 2016.
3. 22.〉

③ 시·도지사, 시장·군수·구청장 또는 검사는 제1항 및 제2항에 따라 친권행사의 제한
또는 친권상실의 선고 청구를 할 경우 해당 아동의 의견을 존중하여야 한다.

④ 시·도지사, 시장·군수·구청장 또는 검사는 제2항에 따라 친권행사의 제한 또는 친
권상실의 선고 청구를 요청받은 경우에는 요청받은 날부터 30일 내에 청구 여부를 결정
한 후 해당 요청기관에 청구 또는 미청구 요지 및 이유를 서면으로 알려야 한다.

⑤ 제4항에 따라 처리결과를 통보받은 아동복지시설의 장 및 학교의 장은 그 처리결과
에 대하여 이의가 있을 경우 통보받은 날부터 30일 내에 직접 법원에 친권행사의 제한
또는 친권상실의 선고를 청구할 수 있다.

〈개정 2014. 1. 28., 2016. 3. 22.〉

제19조(아동의 후견인의 선임 청구 등) ① 시·도지사, 시장·군수·구청장, 아동복지시설의 장 및 학교의 장은 친권자 또는 후견인이 없는 아동을 발견한 경우 그 복지를 위하여 필요하다고 인정할 때에는 법원에 후견인의 선임을 청구하여야 한다. 〈개정 2016. 3. 22.〉

② 시·도지사, 시장·군수·구청장, 아동복지시설의 장, 학교의 장 또는 검사는 후견인이 해당 아동을 학대하는 등 현저한 비행을 저지른 경우에는 후견인 변경을 법원에 청구하여야 한다. 〈개정 2016. 3. 22.〉

③ 제1항에 따른 후견인의 선임 및 제2항에 따른 후견인의 변경 청구를 할 때에는 해당 아동의 의견을 존중하여야 한다.

④ 아동복지시설에 입소 중인 보호대상아동에 대하여는 「보호시설에 있는 미성년자의 후견직무에 관한 법률」을 적용한다.

제20조(아동의 후견인 선임) ① 법원은 제19조 제1항 및 제2항에 따른 청구에 따라 후견인을 선임하거나 변경할 경우 「민법」 제932조 및 제935조에도 불구하고 해당 아동의 후견에 적합한 사람을 후견인으로 선임할 수 있다.

② 법원은 후견인이 없는 아동에 대하여 제1항에 따라 후견인을 선임하기 전까지 시·도지사, 시장·군수·구청장, 아동보호전문기관의 장 및 가정위탁지원센터의 장으로 하여금 임시로 그 아동의 후견인 역할을 하게 할 수 있다. 이 경우 해당 아동의 의견을 존중하여야 한다.

〈개정 2016. 3. 22.〉

제21조(보조인의 선임 등) ① 법원의 심리과정에서 변호사, 법정대리인, 직계 친족, 형제자매, 아동보호전문기관의 상담원은 학대아동사건의 심리에 있어서 보조인이 될 수 있다. 다만, 변호사가 아닌 경우에는 법원의 허가를 받아야 한다.

② 법원은 피해아동을 증인으로 신문하는 경우 검사, 피해아동과 그 보호자 또는 아동보호전문기관의 신청이 있는 경우에는 피해아동과 신뢰관계에 있는 사람의 동석을 허가할 수 있다.

③ 수사기관이 피해아동을 조사하는 경우에도 제1항 및 제2항과 같다.

제 2 절 아동학대의 예방 및 방지

제22조(아동학대의 예방과 방지 의무) ① 국가와 지방자치단체는 아동학대의 예방과 방지를 위하여 다음 각 호의 조치를 취하여야 한다.

1. 아동학대의 예방과 방지를 위한 각종 정책의 수립 및 시행

2. 아동학대의 예방과 방지를 위한 연구·교육·홍보 및 아동학대 실태조사

3. 아동학대에 관한 신고체제의 구축·운영

4. 피해아동의 보호와 치료 및 피해아동의 가정에 대한 지원

5. 그 밖에 대통령령으로 정하는 아동학대의 예방과 방지를 위한 사항

② 지방자치단체는 아동학대를 예방하고 수시로 신고를 받을 수 있도록 긴급전화를 설치하여야 한다. 이 경우 그 설치·운영 등에 필요한 사항은 대통령령으로 정한다. 〈개정 2014. 1. 28.〉

③ 삭제 〈2015. 3. 27.〉

④ 삭제 〈2015. 3. 27.〉

제22조의2(피해아동 등에 대한 신분조회 등 조치) 아동보호전문기관의 장은 피해아동의 보호, 치료 등을 수행함에 있어서 피해아동, 그 보호자 또는 아동학대행위자에 대한 다음 각 호의 조치를 관계 중앙행정기관의 장, 시·도지사 또는 시장·군수·구청장에게 협조 요청할 수 있으며, 요청을 받은 관계 중앙행정기관의 장, 시·도지사 또는 시장·군수·구청장은 정당한 사유가 없으면 이에 따라야 한다.

1. 「출입국관리법」에 따른 외국인등록 사실증명의 열람 및 발급

2. 「가족관계의 등록 등에 관한 법률」 제15조 제1항 제1호부터 제4호까지에 따른 증명서의 발급

3. 「주민등록법」에 따른 주민등록표 등본·초본의 열람 및 발급

4. 「국민기초생활 보장법」에 따른 수급자 여부의 확인

5. 「장애인복지법」에 따른 장애인등록증의 열람 및 발급

[본조신설 2015. 3. 27.]

제23조(아동학대예방의 날) ① 아동의 건강한 성장을 도모하고, 범국민적으로 아동학대의 예방과 방지에 관한 관심을 높이기 위하여 매년 11월 19일을 아동학대예방의 날로 지정하고, 아동학대예방의 날부터 1주일을 아동학대예방주간으로 한다.

② 국가와 지방자치단체는 아동학대예방의 날의 취지에 맞는 행사와 홍보를 실시하도록 노력하여야 한다.

제24조(홍보영향의 제작·배포·송출) ① 보건복지부장관은 아동학대의 예방과 방지, 위반행위자의 계도를 위한 교육 등에 관한 홍보영상을 제작하여 「방송법」 제2조 제23호의 방송편성책임자에게 배포하여야 한다.

② 보건복지부장관은 「방송법」 제2조 제3호 가목의 지상파방송사업자에게 같은 법 제73

조 제4항에 따라 대통령령으로 정하는 비상업적 공익광고 편성비율의 범위에서 제1항의 홍보영상을 채널별로 송출하도록 요청할 수 있다.

③ 제2항에 따른 지상파방송사업자는 제1항의 홍보영상 외에 독자적인 홍보영상을 제작하여 송출할 수 있다. 이 경우 보건복지부장관에게 필요한 협조 및 지원을 요청할 수 있다.

제25조 삭제 〈2014. 1.28〉

제26조(아동학대 신고의무자에 대한 교육) ① 관계 중앙행정기관의 장은 「아동학대범죄의 처벌 등에 관한 특례법」 제10조 제2항 각 호의 어느 하나에 해당하는 사람(이하 "아동학대 신고의무자"라 한다)의 자격 취득 과정이나 보수교육 과정에 아동학대 예방 및 신고의무와 관련된 교육 내용을 포함하도록 하여야 한다. 〈개정 2014. 1. 28., 2015. 3. 27.〉

② 관계 중앙행정기관의 장 및 시·도지사는 아동학대 신고의무자에게 본인이 아동학대 신고의무자라는 사실을 고지할 수 있고, 아동학대 예방 및 신고의무와 관련한 교육(이하 이 조에서 "신고의무 교육"이라 한다)을 실시할 수 있다. 〈신설 2015. 3. 27.〉

③ 아동학대 신고의무자가 소속된 다음 각 호의 기관의 장은 소속 아동학대 신고의무자에게 신고의무 교육을 실시하고, 그 결과를 관계 중앙행정기관의 장에게 제출하여야 한다. 〈신설 2015. 3. 27.〉

1. 「영유아보육법」에 따른 어린이집

2. 「유아교육법」에 따른 유치원

3. 「초·중등교육법」에 따른 학교

4. 그 밖에 대통령령으로 정하는 기관

④ 제1항부터 제3항까지에 따른 교육 내용·시간 및 방법 등 그 밖에 필요한 사항은 대통령령으로 정한다. 〈개정 2015. 3. 27.〉

제27조 삭제 〈2014. 1. 28〉

제27조의2(아동학대 등의 통보) ① 사법경찰관리는 아동 사망 및 상해사건, 가정폭력 사건 등에 관한 직무를 행하는 경우 아동학대가 있었다고 의심할 만한 사유가 있는 때에는 아동보호전문기관에 그 사실을 통보하여야 한다.

② 사법경찰관 또는 보호관찰관은 「아동학대범죄의 처벌 등에 관한 특례법」 제14조 제1항에 따라 임시조치의 청구를 신청하였을 때에는 아동보호전문기관에 그 사실을 통보하여야 한다.

③ 제1항 및 제2항의 통보를 받은 아동보호전문기관은 피해아동 보호조치 등 필요한 조

치를 하여야 한다.

[본조신설 2014. 1. 28.]

제27조의3(피해아동 응급조치에 대한 거부금지) 「아동학대범죄의 처벌 등에 관한 특례법」 제12조 제1항 제3호 또는 제4호에 따라 사법경찰관리 또는 아동보호전문기관의 직원이 피해아동을 인도하는 경우에는 아동학대 관련 보호시설이나 의료기관은 정당한 사유 없이 이를 거부하여서는 아니 된다.

[본조신설 2014. 1. 28.]

제28조(사후관리 등) ① 아동보호전문기관의 장은 아동학대가 종료된 이후에도 가정방문, 전화상담 등을 통하여 아동학대의 재발 여부를 확인하여야 한다.

② 아동보호전문기관의 장은 아동학대가 종료된 이후에도 아동학대의 재발 방지 등을 위하여 필요하다고 인정하는 경우 피해아동 및 보호자를 포함한 피해아동의 가족에게 필요한 지원을 제공할 수 있다.

③ 아동보호전문기관이 제1항 및 제2항에 따라 업무를 수행하는 경우 보호자는 정당한 사유 없이 이를 거부하거나 방해하여서는 아니 된다. 〈신설 2016. 3. 22.〉

제28조의2(국가아동학대정보시스템) ① 보건복지부장관은 아동학대 관련 정보를 공유하고 아동학대를 예방하기 위하여 대통령령으로 정하는 바에 따라 국가아동학대정보시스템을 구축·운영하여야 한다. 〈개정 2016. 3. 22.〉

② 보건복지부장관은 피해아동, 그 가족 및 학대행위자에 관한 정보와 아동학대예방사업에 관한 정보를 제1항에 따른 국가아동학대정보시스템에 입력·관리하여야 한다. 이 경우 보건복지부장관은 관계 중앙행정기관의 장, 시·도지사, 시장·군수·구청장, 아동보호전문기관 등에 필요한 자료를 요청할 수 있다. 〈개정 2016. 3. 22.〉

③ 보건복지부장관은 중앙아동보호전문기관에게 제1항에 따른 국가아동학대정보시스템 운영을 위탁할 수 있다. 〈개정 2016. 3. 22.〉

[본조신설 2014. 1. 28.]

[제목개정 2016. 3. 22.]

제29조(피해아동 및 그 가조 등에 대한 지원) ① 아동보호전문기관의 장은 아동의 안전 확보와 재학대 방지, 건전한 가정기능의 유지 등을 위하여 피해아동 및 보호자를 포함한 피해아동의 가족에게 상담, 교육 및 의료적·심리적 치료 등의 필요한 지원을 제공하여야 한다.

② 아동보호전문기관의 장은 제1항의 지원을 위하여 관계 기관에 협조를 요청할 수 있다.

③ 보호자를 포함한 피해아동의 가족은 아동보호전문기관이 제1항에 따라 제공하는 지

원에 성실하게 참여하여야 한다.

④ 아동보호전문기관의 장은 제1항의 지원 여부의 결정 및 지원의 제공 등 모든 과정에서 피해아동의 이익을 최우선으로 고려하여야 한다.

⑤ 국가와 지방자치단체는 「초·중등교육법」 제2조 각 호의 학교에 재학 중인 피해아동 및 피해아동의 가족이 주소지 외의 지역에서 취학(입학·재입학·전학·편입학을 포함한다. 이하 같다)할 필요가 있을 때에는 그 취학이 원활하게 이루어 질 수 있도록 지원하여야 한다.

〈신설 2014. 1. 28.〉

⑥ 제5항에 따른 취학에 필요한 사항은 대통령령으로 정한다. 〈신설 2014. 1. 28.〉

제29조의2(아동학대행위자에 대한 상담·교육 등의 권고) 아동보호전문기관의 장은 아동학대행위자에 대하여 상담·교육 및 심리적 치료 등 필요한 지원을 받을 것을 권고할 수 있다. 이 경우 아동학대행위자는 정당한 사유가 없으면 상담·교육 및 심리적 치료 등에 성실히 참여하여야 한다. 〈개정 2016. 3. 22.〉

[본조신설 2014. 1. 28.]

제29조의3(아동관련기관의 취업제한 등) ① 아동학대관련범죄로 형 또는 치료감호를 선고받아 확정된 사람(이하 "아동학대관련범죄전력자"라 한다)은 그 확정된 때부터 형 또는 치료감호의 전부 또는 일부의 집행이 종료(종료된 것으로 보는 경우를 포함한다)되거나 집행을 받지 아니하기로 확정된 후 10년까지의 기간 동안 다음 각 호에 해당하는 시설 또는 기관(이하 "아동관련기관"이라 한다)을 운영하거나 아동관련기관에 취업 또는 사실상 노무를 제공할 수 없다. 〈개정 2016. 1. 19., 2016. 3. 22., 2016. 5. 29., 2017. 9. 19.〉

1. 제37조에 따른 취약계층 아동 통합서비스 수행기관, 제45조의 아동보호전문기관, 제48조의 가정위탁지원센터 및 제52조의 아동복지시설

2. 「가정폭력방지 및 피해자보호 등에 관한 법률」 제4조의6의 긴급전화센터, 같은 법 제5조의 가정폭력 관련 상담소 및 같은 법 제7조의2의 가정폭력피해자 보호시설

3. 「건강가정기본법」 제35조의 건강가정지원센터

4. 「다문화가족지원법」 제12조의 다문화가족지원센터

5. 「성매매방지 및 피해자보호 등에 관한 법률」 제5조의 성매매피해자등을 위한 지원시설 및 같은 법 제10조의 성매매피해상담소

6. 「성폭력방지 및 피해자보호 등에 관한 법률」 제10조의 성폭력피해상담소 및 같은 법 제12조의 성폭력피해자보호시설 및 같은 법 제18조의 성폭력피해자통합지원센터

7. 「영유아보육법」 제2조 제3호의 어린이집

8. 「유아교육법」 제2조 제2호의 유치원

9. 「의료법」 제3조의 의료기관(같은 법 제2조의 의료인에 한정한다)

10. 「장애인복지법」 제58조의 장애인복지시설

11. 「정신건강증진 및 정신질환자 복지서비스 지원에 관한 법률」 제3조에 따른 정신건강복지센터, 정신건강증진시설, 정신요양시설 및 정신재활시설

12. 「주택법」 제2조 제3호의 공동주택의 관리사무소(경비업무 종사자에 한정한다)

13. 「청소년기본법」 제3조에 따른 청소년시설, 청소년단체

14. 「청소년활동진흥법」 제2조 제2호의 청소년활동시설

15. 「청소년복지 지원법」 제29조 제1항의 청소년상담복지센터, 같은 법 제30조의 이주배경청소년지원센터 및 같은 법 제31조 각 호의 청소년쉼터, 청소년자립지원관, 청소년치료재활센터

16. 「청소년 보호법」 제35조의 청소년 보호·재활센터

17. 「체육시설의 설치·이용에 관한 법률」 제2조 제1호의 체육시설 중 아동의 이용이 제한되지 아니하는 체육시설로서 문화체육관광부장관이 지정하는 체육시설

18. 「초·중등교육법」 제2조 각 호의 학교 및 같은 법 제28조에 따라 학습부진아 등에 대한 교육을 실시하는 기관

19. 「학원의 설립·운영 및 과외교습에 관한 법률」 제2조 제1호의 학원 및 같은 조 제2호의 교습소 중 아동의 이용이 제한되지 아니하는 학원과 교습소로서 교육부장관이 지정하는 학원·교습소

20. 「한부모가족지원법」 제19조의 한부모가족복지시설

21. 아동보호전문기관 또는 학대피해아동쉼터를 운영하는 법인

22. 「보호소년 등의 처우에 관한 법률」에 따른 소년원 및 소년분류심사원

② 제1항 각 호(제12호 및 제22호는 제외한다)의 아동관련기관의 설치 또는 설립인가·신고를 관할하는 지방자치단체의 장, 교육감 또는 교육장은 아동관련기관을 운영하려는 자에 대하여 본인의 동의를 받아 관계 기관의 장에게 아동학대관련범죄 전력 조회를 요청하여야 한다. 〈개정 2017. 9. 19.〉

③ 아동관련기관의 장은 그 기관에 취업 중이거나 사실상 노무를 제공 중인 사람 또는 취업하려 하거나 사실상 노무를 제공하려는 사람에 대하여 아동학대관련범죄 전력을 확인하여야 한다. 이 경우 본인의 동의를 받아 관계 기관의 장에게 아동학대관련범죄 전력 조회를 요청하여야 한다.

④ 제2항 및 제3항에 따라 아동학대관련범죄 전력 조회를 요청받은 관계 기관의 장은 정당한 사유가 없으면 이에 따라야 한다.

⑤ 제2항 및 제3항에 따른 아동학대관련범죄 전력 조회의 요청 절차·범위 등에 관한 사항은 대통령령으로 정한다.

[본조신설 2014. 1. 28.]

[단순위헌, 2017헌마130, 2018. 6. 28. 아동복지법(2017. 9. 19. 법률 제14887호로 개정된 것) 제29조의3 제1항 제18호 중 '「초·중등교육법」 제2조 각 호의 학교' 가운데 '아동학대관련범죄로 형을 선고받아 확정된 사람'에 관한 부분은 헌법에 위반된다.]

[단순위헌, 2017헌마130, 2018. 6. 28. 아동복지법(2014. 1. 28. 법률 제12361호로 개정된 것) 제29조의3 제1항 제17호 중 '아동학대관련범죄로 형을 선고받아 확정된 사람'에 관한 부분은 헌법에 위반된다.]

제29조의4(아동학대관련범죄전력자 취업의 점검·확인) ① 보건복지부장관 또는 관계 중앙행정기관의 장은 아동학대관련범죄전력자가 제29조의3 제1항을 위반하여 다음 각 호의 아동관련기관에 취업 또는 사실상 노무를 제공하고 있는지를 직접 또는 관계 기관 조회 등의 방법으로 연 1회 이상 점검·확인하여야 한다. 〈개정 2017. 9. 19.〉

1. 교육부장관: 제29조의3 제1항 제8호·제18호·제19호에 따른 아동관련기관

2. 문화체육관광부장관: 제29조의3 제1항 제17호에 따른 아동관련기관

3. 보건복지부장관: 제29조의3 제1항 제1호·제7호·제9호·제10호·제11호에 따른 아동관련기관

4. 여성가족부장관: 제29조의3 제1항 제2호·제3호·제4호·제5호·제6호·제13호·제14호·제15호·제16호·제20호에 따른 아동관련기관

5. 국토교통부장관: 제29조의3 제1항 제12호에 따른 아동관련기관

6. 법무부장관: 제29조의3 제1항 제22호에 따른 아동관련기관

② 보건복지부장관 또는 관계 중앙행정기관의 장은 제1항에 따른 점검·확인을 위하여 필요한 경우에는 아동관련기관의 장 또는 그 감독기관에 관련 자료의 제출을 요구할 수 있다.

③ 보건복지부장관 또는 관계 중앙행정기관의 장은 제1항에 따른 점검·확인 결과를 대통령령으로 정하는 바에 따라 인터넷 홈페이지 등을 이용하여 공개하여야 한다.

[본조신설 2014. 1. 28.]

제29조의5(취업자의 해임요구 등) ① 제29조의4 제1항 각 호의 중앙행정기관의 장은 제29조의3 제1항을 위반하여 취업하거나 사실상 노무를 제공하는 사람에 대하여 아동관련기

관의 장에게 그의 해임을 요구하여야 한다.

② 제29조의4 제1항 각 호의 중앙행정기관의 장은 아동관련기관의 장에게 제29조의3 제1항을 위반하여 운영 중인 아동관련기관의 폐쇄를 요구하여야 한다.

③ 제29조의4 제1항 각 호의 중앙행정기관의 장은 아동관련기관의 장이 제2항에 따른 폐쇄요구를 정당한 사유 없이 거부하거나 1개월 이내에 요구사항을 이행하지 아니하는 경우에는 대통령령으로 정하는 바에 따라 해당 아동관련기관을 폐쇄하거나 그 등록·허가 등을 취소하거나 관계 행정기관의 장에게 이를 요구할 수 있다.

[본조신설 2014. 1. 28.]

제 4 장   아동에 대한 지원서비스

제 1 절   아동 안전 및 건강지원

제30조(안전기준의 설정) 국가는 대통령령으로 정하는 바에 따라 아동복지시설과 아동용품에 대한 안전기준을 정하고 아동용품을 제작·설치·관리하는 자에게 이를 준수하도록 하여야 한다.

제31조(아동의 안전에 대한 교육) ① 아동복지시설의 장, 「영유아보육법」에 따른 어린이집의 원장, 「유아교육법」에 따른 유치원의 원장 및 「초·중등교육법」에 따른 학교의 장은 교육대상 아동의 연령을 고려하여 대통령령으로 정하는 바에 따라 매년 다음 각 호의 사항에 관한 교육계획을 수립하여 교육을 실시하여야 한다.

〈개정 2015. 12. 29.〉

1. 성폭력 및 아동학대 예방

2. 실종·유괴의 예방과 방지

3. 감염병 및 약물의 오남용 예방 등 보건위생관리

4. 재난대비 안전

5. 교통안전

② 아동복지시설의 장, 「영유아보육법」에 따른 어린이집의 원장은 제1항에 따른 교육계획 및 교육실시 결과를 관할 시장·군수·구청장에게 매년 1회 보고하여야 한다.

③ 「유아교육법」에 따른 유치원의 원장 및 「초·중등교육법」에 따른 학교의 장은 제1항에 따른 교육계획 및 교육실시 결과를 대통령령으로 정하는 바에 따라 관할 교육감에게 매년 1회 보고하여야 한다.

제32조(아동보호구역에서의 영상정보처리기기 설치 등) ① 국가와 지방자치단체는 유괴 등 범죄의 위험으로부터 아동을 보호하기 위하여 필요하다고 인정하는 경우에는 다음 각

호의 어느 하나에 해당되는 시설의 주변구역을 아동보호구역으로 지정하여 범죄의 예방을 위한 순찰 및 아동지도 업무 등 필요한 조치를 할 수 있다.

〈개정 2012. 10. 22.〉

1. 「도시공원 및 녹지 등에 관한 법률」 제15조에 따른 도시공원

2. 「영유아보육법」 제10조에 따른 어린이집

3. 「초·중등교육법」 제38조 따른 초등학교 및 같은 법 제55조에 따른 특수학교

4. 「유아교육법」 제2조에 따른 유치원

② 제1항에 따른 아동보호구역의 지정 기준 및 절차 등에 필요한 사항은 대통령령으로 정한다.

③ 국가와 지방자치단체는 제1항에 따라 지정된 아동보호구역에 「개인정보 보호법」 제2조 제7호에 따른 영상정보처리기기를 설치하여야 한다. 〈신설 2012. 10. 22.〉

④ 이 법에서 정한 것 외에 영상정보처리기기의 설치 등에 관한 사항은 「개인정보 보호법」에 따른다.

〈개정 2012. 10. 22.〉

[제목개정 2012. 10. 22.]

제33조(아동안전 보호인력의 배치 등) ① 국가와 지방자치단체는 실종 및 유괴 등 아동에 대한 범죄의 예방을 위하여 순찰활동 및 아동지도 업무 등을 수행하는 아동안전 보호인력을 배치·활용할 수 있다.

② 제1항에 따라 순찰활동 및 아동지도 업무 등을 수행하는 아동안전 보호인력은 그 권한을 표시하는 증표를 지니고 이를 관계인에게 내보여야 한다.

③ 국가와 지방자치단체는 아동안전 보호인력으로 배치하고자 하는 사람에 대하여 본인의 동의를 받아 범죄경력을 확인하여야 한다.

④ 제1항에 따른 아동안전 보호인력의 업무범위·활용 및 제2항에 따른 범죄경력 확인의 절차·범위 등에 필요한 사항은 대통령령으로 정한다.

제34조(아동긴급보호소 지정 및 운영) ① 경찰청장은 유괴 등의 위험에 처한 아동을 보호하기 위하여 아동긴급보호소를 지정·운영할 수 있다.

② 경찰청장은 제1항에 따른 아동긴급보호소의 지정을 원하는 자에 대하여 본인의 동의를 받아 범죄경력을 확인하여야 한다.

③ 제1항에 따른 아동긴급보호소의 지정 및 운영, 제2항에 따른 범죄경력 확인의 절차·범위 등에 필요한 사항은 대통령령으로 정한다

제35조(건강한 심신의 보존) ① 아동의 보호자는 아동의 건강 유지와 향상을 위하여 최선

의 주의와 노력을 하여야 한다.

② 국가와 지방자치단체는 아동의 건강 증진과 체력 향상을 위하여 다음 각 호에 해당하는 사항을 지원하여야 한다.

1. 신체적 건강 증진에 관한 사항

2. 자살 및 각종 중독의 예방 등 정신적 건강 증진에 관한 사항

3. 급식지원 등을 통한 결식예방 및 영양개선에 관한 사항

4. 비만 방지 등 체력 및 여가 증진에 관한 사항

③ 국가와 지방자치단체는 아동의 신체적·정신적 문제를 미리 발견하여 아동이 제때에 상담과 치료를 받을 수 있는 기반을 마련하여야 한다.

④ 제2항 및 제3항에 따른 지원서비스의 구체적인 내용은 대통령령으로 정한다. 다만, 제2항 제3호에 따른 급식지원의 지원 기준·방법 및 절차 등에 필요한 사항은 대통령령으로 정하는 기준에 따라 해당 지방자치단체의 조례로 정한다.

제36조(보건소) 보건소는 이 법에 따라 다음 각 호의 업무를 행한다.

1. 아동의 전염병 예방조치

2. 아동의 건강상담, 신체검사와 보건위생에 관한 지도

3. 아동의 영양개선

제 2 절 취약계층 아동 통합서비스지원 및 자립지원 등

제37조(취약계층 아동에 대한 통합서비스지원) ① 국가와 지방자치단체는 아동의 건강한 성장과 발달을 도모하기 위하여 대통령령으로 정하는 바에 따라 아동의 성장 및 복지 여건이 취약한 가정을 선정하여 그 가정의 지원대상아동과 가족을 대상으로 보건, 복지, 보호, 교육, 치료 등을 종합적으로 지원하는 통합서비스를 실시한다.

② 제1항에 따른 통합서비스지원의 대상 선정, 통합서비스의 내용 및 수행기관·수행인력 등에 필요한 사항은 대통령령으로 정한다.

③ 보건복지부장관은 통합서비스지원사업의 운영지원에 관한 업무를 법인, 단체 등에 위탁할 수 있다.

제38조(자립지원) ① 국가와 지방자치단체는 보호대상아동의 위탁보호 종료 또는 아동복지시설 퇴소 이후의 자립을 지원하기 위하여 다음 각 호에 해당하는 조치를 시행하여야 한다.

1. 자립에 필요한 주거·생활·교육·취업 등의 지원

2. 자립에 필요한 자산의 형성 및 관리 지원(이하 "자산형성지원"이라 한다)

3. 자립에 관한 실태조사 및 연구

4. 사후관리체계 구축 및 운영

5. 그 밖에 자립지원에 필요하다고 대통령령으로 정하는 사항

② 제1항에 따른 자립지원의 절차와 방법, 지원이 필요한 아동의 범위 등에 필요한 사항은 대통령령으로 정한다.

제39조(자립지원계획의 수립 등) ① 가정위탁지원센터의 장 및 아동복지시설의 장은 보호하고 있는 15세 이상의 아동을 대상으로 매년 개별 아동에 대한 자립지원계획을 수립하고, 그 계획을 수행하는 종사자를 대상으로 자립지원에 관한 교육을 실시하여야 한다.

② 제1항에 따른 자립지원계획의 수립·시행 등에 필요한 사항은 보건복지부령으로 정한다.

제40조(자립지원전담기관의 설치·운영 등) 국가와 지방자치단체는 자립지원 관련 데이터베이스 구축 및 운영, 자립지원 프로그램의 개발 및 보급, 사례관리 등의 업무를 전담할 기관을 설치·운영하거나, 그 운영의 전부 또는 일부를 법인, 단체 등에 위탁할 수 있다.

제41조(아동자립지원추진협의회) ① 보건복지부장관은 지원대상아동의 자립지원 정책을 효율적으로 수행하기 위하여 관계 행정기관의 공무원으로 구성되는 아동자립지원추진협의회를 둘 수 있다.

② 제1항에 따른 아동자립지원추진협의회의 구체적인 구성·운영 등에 필요한 사항은 대통령령으로 정한다.

제42조(자산형성지원사업) ① 국가와 지방자치단체는 아동이 건전한 사회인으로 성장·발전할 수 있도록 자산형성지원사업을 실시할 수 있다.

② 제1항에 따른 자산형성지원사업을 하여야 할 아동의 범위와 해당 아동의 선정·관리 등에 필요한 사항은 보건복지부령으로 정한다.

제43조(자산형성지원사업 관련 업무) ① 보건복지부장관은 제42조에 따른 자산형성지원사업을 효율적으로 추진하기 위하여 자산형성지원사업 운영업무 및 금융자산관리업무를 하여야 한다.

② 제1항에 따른 자산형성지원사업의 운영업무는 다음 각 호와 같다.

1. 자산형성지원사업 대상 아동의 관리

2. 자산형성지원사업의 후원자 발굴 및 관리

3. 자산형성지원사업에 관한 교육 및 홍보

4. 자산형성지원사업에 관한 조사·연구 및 평가

5. 그 밖에 자산형성지원사업과 관련하여 보건복지부령으로 정하는 사항

③ 제1항에 따른 금융자산관리업무는 다음 각 호와 같다.

1. 자산형성지원사업을 위한 금융상품의 개발 및 관리

2. 자산형성지원사업을 위한 금융상품의 운영에 관한 사항

제44조(자산형성지원사업 관련 업무의 위탁) ① 보건복지부장관은 제43조 제2항에 따른 자산형성지원사업의 운영업무를 「사회복지사업법」에 따른 사회복지법인 등 대통령령으로 정하는 법인 또는 단체에 위탁할 수 있다.

② 보건복지부장관은 제43조 제3항에 따른 금융자산관리업무를 「은행법」에 따른 은행, 「우체국예금·보험에 관한 법률」에 따른 체신관서, 「농업협동조합법」에 따른 농업협동조합중앙회, 「수산업협동조합법」에 따른 수산업협동조합중앙회 또는 「중소기업은행법」에 따른 중소기업은행에 위탁할 수 있다.

제5장   아동복지시설 〈개정 2016. 3.22.〉

제45조(아동보호전문기관의 설치 등) ① 국가는 아동학대예방사업을 활성화하고 지역 간 연계체계를 구축하기 위하여 중앙아동보호전문기관을 둔다.

② 지방자치단체는 학대받은 아동의 발견, 보호, 치료에 대한 신속처리 및 아동학대예방을 담당하는 지역아동보호전문기관을 시·도 및 시·군·구에 1개소 이상 두어야 한다. 다만, 시·도지사는 관할 구역의 아동 수 및 지리적 요건을 고려하여 조례로 정하는 바에 따라 둘 이상의 시·군·구를 통합하여 하나의 지역아동보호전문기관을 설치·운영할 수 있다. 〈개정 2014. 1. 28.〉

③ 제2항 단서에 따라 지역아동보호전문기관을 통합하여 설치·운영하는 경우 시·도지사는 지역아동보호전문기관의 설치·운영에 필요한 비용을 관할 구역의 아동의 수 등을 고려하여 시장·군수·구청장에게 공동으로 부담하게 할 수 있다.

④ 보건복지부장관, 시·도지사 및 시장·군수·구청장은 아동학대예방사업을 목적으로 하는 비영리법인을 지정하여 제1항에 따른 중앙아동보호전문기관 및 제2항에 따른 지역아동보호전문기관의 운영을 위탁할 수 있다.

⑤ 아동보호전문기관의 설치기준과 운영, 상담원 등 직원의 자격과 배치기준, 제4항에 따른 지정의 요건 등에 필요한 사항은 대통령령으로 정한다.

제46조(아동보호전문기관의 업무) ① 중앙아동보호전문기관은 다음 각 호의 업무를 수행한다. 〈개정 2014. 1. 28.〉

1. 지역아동보호전문기관에 대한 지원

2. 아동학대예방사업과 관련된 연구 및 자료 발간

3. 효율적인 아동학대예방사업을 위한 연계체제 구축

4. 아동학대예방사업을 위한 프로그램 개발 및 평가

5. 상담원 직무교육, 아동학대예방 관련 교육 및 홍보

6. 아동보호전문기관 전산시스템 구축 및 운영

6의2. 제28조의2제3항에 따라 위탁받은 아동학대정보시스템의 운영

7. 그 밖에 대통령령으로 정하는 아동학대예방사업과 관련된 업무

② 지역아동보호전문기관은 다음 각 호의 업무를 수행한다. 〈개정 2014. 1. 28., 2016. 3. 22.〉

1. 아동학대 신고접수, 현장조사 및 응급보호

2. 피해아동 상담·조사를 위한 진술녹화실 설치·운영

3. 피해아동, 피해아동의 가족 및 아동학대행위자를 위한 상담·치료 및 교육

4. 아동학대예방 교육 및 홍보

5. 피해아동 가정의 사후관리

6. 아동학대사례전문위원회 설치·운영 및 자체사례회의 운영

7. 그 밖에 대통령령으로 정하는 아동학대예방사업과 관련된 업무

제47조(아동보호전문기관의 성과평가 등) ① 보건복지부장관은 아동보호전문기관의 업무 실적에 대하여 3년마다 성과평가를 실시하여야 한다.

② 성과평가 및 평가결과의 활용 등에 필요한 사항은 대통령령으로 정한다.

제48조(가정위탁지원센터의 설치 등) ① 국가는 가정위탁사업을 활성화하고 지역 간 연계 체계를 구축하기 위하여 중앙가정위탁지원센터를 둔다.

② 지방자치단체는 보호대상아동에 대한 가정위탁사업을 활성화하기 위하여 시·도 및 시·군·구에 지역가정위탁지원센터를 둔다. 다만, 시·도지사는 조례로 정하는 바에 따라 둘 이상의 시·군·구를 통합하여 하나의 지역가정위탁지원센터를 설치·운영할 수 있다.

③ 제2항 단서에 따라 지역가정위탁지원센터를 통합하여 설치·운영하는 경우 시·도지 사는 지역가정위탁지원센터의 설치·운영에 필요한 비용을 관할 구역의 아동의 수 등을 고려하여 시장·군수·구청장에게 공동으로 부담하게 할 수 있다.

④ 보건복지부장관, 시·도지사 및 시장·군수·구청장은 가정위탁지원을 목적으로 하는 비영리법인을 지정하여 제1항 및 제2항에 따른 중앙가정위탁지원센터 및 지역가정위탁 지원센터의 운영을 위탁할 수 있다.

⑤ 가정위탁지원센터의 설치기준과 운영, 상담원 등 직원의 자격과 배치기준, 제4항에 따른 지정의 요건 등에 필요한 사항은 대통령령으로 정한다.

제49조(가정위탁지원센터의 업무) ① 중앙가정위탁지원센터는 다음 각 호의 업무를 수행한다.

1. 지역가정위탁지원센터에 대한 지원

2. 효과적인 가정위탁사업을 위한 연계체계 구축

3. 가정위탁사업과 관련된 연구 및 자료발간

4. 가정위탁사업을 위한 프로그램의 개발 및 평가

5. 상담원에 대한 교육 등 가정위탁에 관한 교육 및 홍보

6. 가정위탁사업을 위한 정보기반 구축 및 정보제공

7. 그 밖에 대통령령으로 정하는 가정위탁사업과 관련된 업무

② 지역가정위탁지원센터는 다음 각 호의 업무를 수행한다.

1. 가정위탁사업의 홍보 및 가정위탁을 하고자 하는 가정의 발굴

2. 가정위탁을 하고자 하는 가정에 대한 조사 및 가정위탁 대상 아동에 대한 상담

3. 가정위탁을 하고자 하는 사람과 위탁가정 부모에 대한 교육

4. 위탁가정의 사례관리

5. 친부모 가정으로의 복귀 지원

6. 가정위탁 아동의 자립계획 및 사례 관리

7. 관할 구역 내 가정위탁 관련 정보 제공

8. 그 밖에 대통령령으로 정하는 가정위탁과 관련된 업무

제50조(아동복지시설의 설치) ① 국가 또는 지방자치단체는 아동복지시설을 설치할 수 있다.

② 국가 또는 지방자치단체 외의 자는 관할 시장·군수·구청장에게 신고하고 아동복지시설을 설치할 수 있다.

③ 아동복지시설의 시설기준 및 설치 등에 필요한 사항은 보건복지부령으로 정한다.

제51조(휴업·폐업 등의 신고) ① 제50조 제2항에 따라 신고한 아동복지시설을 폐업 또는 휴업하거나 그 운영을 재개하고자 하는 자는 보건복지부령으로 정하는 바에 따라 미리 시장·군수·구청장에게 신고하여야 한다.

〈개정 2016. 3. 22.〉

② 아동복지시설의 장은 아동복지시설이 폐업 또는 휴업하는 경우에는 대통령령으로 정하는 바에 따라 해당 아동복지시설을 이용하는 아동이 다른 아동복지시설로 옮길 수 있도록 하는 등 보호대상아동의 권익을 보호하기 위한 조치를 취하여야 한다. 〈신설 2016. 3. 22.〉

③ 시장·군수·구청장은 제1항에 따라 아동복지시설의 폐업 또는 휴업의 신고를 받은

경우 아동복지시설의 장이 제2항에 따른 보호대상아동의 권익을 보호하기 위한 조치를 취하였는지 여부를 확인하는 등 보건복지부령으로 정하는 조치를 하여야 한다. 〈신설 2016. 3. 22.〉

제52조(아동복지시설의 종류) ① 아동복지시설의 종류는 다음과 같다. 〈개정 2016. 3. 22.〉

1. 아동양육시설: 보호대상아동을 입소시켜 보호, 양육 및 취업훈련, 자립지원 서비스 등을 제공하는 것을 목적으로 하는 시설

2. 아동일시보호시설: 보호대상아동을 일시보호하고 아동에 대한 향후의 양육대책수립 및 보호조치를 행하는 것을 목적으로 하는 시설

3. 아동보호치료시설: 아동에게 보호 및 치료 서비스를 제공하는 다음 각 목의 시설

가. 불량행위를 하거나 불량행위를 할 우려가 있는 아동으로서 보호자가 없거나 친권자나 후견인이 입소를 신청한 아동 또는 가정법원, 지방법원소년부지원에서 보호위탁된 19세 미만인 사람을 입소시켜 치료와 선도를 통하여 건전한 사회인으로 육성하는 것을 목적으로 하는 시설

나. 정서적·행동적 장애로 인하여 어려움을 겪고 있는 아동 또는 학대로 인하여 부모로부터 일시 격리되어 치료받을 필요가 있는 아동을 보호·치료하는 시설

4. 공동생활가정: 보호대상아동에게 가정과 같은 주거여건과 보호, 양육, 자립지원 서비스를 제공하는 것을 목적으로 하는 시설

5. 자립지원시설: 아동복지시설에서 퇴소한 사람에게 취업준비기간 또는 취업 후 일정기간 동안 보호함으로써 자립을 지원하는 것을 목적으로 하는 시설

6. 아동상담소: 아동과 그 가족의 문제에 관한 상담, 치료, 예방 및 연구 등을 목적으로 하는 시설

7. 아동전용시설: 어린이공원, 어린이놀이터, 아동회관, 체육·연극·영화·과학실험전시시설, 아동휴게숙박시설, 야영장 등 아동에게 건전한 놀이·오락, 그 밖의 각종 편의를 제공하여 심신의 건강유지와 복지증진에 필요한 서비스를 제공하는 것을 목적으로 하는 시설

8. 지역아동센터: 지역사회 아동의 보호·교육, 건전한 놀이와 오락의 제공, 보호자와 지역사회의 연계 등 아동의 건전육성을 위하여 종합적인 아동복지서비스를 제공하는 시설

9. 제45조에 따른 아동보호전문기관

10. 제48조에 따른 가정위탁지원센터

② 제1항에 따른 아동복지시설은 통합하여 설치할 수 있다.

③ 제1항에 따른 아동복지시설은 각 시설 고유의 목적 사업을 해치지 아니하고 각 시설별 설치기준 및 운영기준을 충족하는 경우 다음 각 호의 사업을 추가로 실시할 수 있다.

1. 아동가정지원사업: 지역사회아동의 건전한 발달을 위하여 아동, 가정, 지역주민에게 상담, 조언 및 정보를 제공하여 주는 사업

2. 아동주간보호사업: 부득이한 사유로 가정에서 낮 동안 보호를 받을 수 없는 아동을 대상으로 개별적인 보호와 교육을 통하여 아동의 건전한 성장을 도모하는 사업

3. 아동전문상담사업: 학교부적응아동 등을 대상으로 올바른 인격형성을 위한 상담, 치료 및 학교폭력예방을 실시하는 사업

4. 학대아동보호사업: 학대아동의 발견, 보호, 치료 및 아동학대의 예방 등을 전문적으로 실시하는 사업

5. 공동생활가정사업: 보호대상아동에게 가정과 같은 주거여건과 보호를 제공하는 것을 목적으로 하는 사업

6. 방과 후 아동지도사업: 저소득층 아동을 대상으로 방과 후 개별적인 보호와 교육을 통하여 건전한 인격형성을 목적으로 하는 사업

제53조(아동전용시설의 설치) ① 국가와 지방자치단체는 아동이 항상 이용할 수 있는 아동전용시설을 설치하도록 노력하여야 한다.

② 아동이 이용할 수 있는 문화·오락 시설, 교통시설, 그 밖의 서비스시설 등을 설치·운영하는 자는 대통령령으로 정하는 바에 따라 아동의 이용편의를 고려한 편익설비를 갖추고 아동에 대한 입장료와 이용료 등을 감면할 수 있다.

③ 아동전용시설의 설치기준 등에 필요한 사항은 보건복지부령으로 정한다.

제53조의2(학대피해아동쉼터의 지정) 시장·군수·구청장은 제52조 제1항 제4호에 따른 공동생활가정 중에서 피해아동에 대한 보호, 치료, 양육 서비스 등을 제공하는 학대피해아동쉼터를 지정할 수 있다.

[본조신설 2016. 3. 22.]

제54조(아동복지시설의 종사자) ① 아동복지시설에는 필요한 전문인력을 배치하여야 한다.

② 아동복지시설 종사자의 직종과 수, 그 자격 및 배치기준은 대통령령으로 정한다.

제55조(아동복지시설 종사자의 교육훈련) ① 시·도지사 또는 시장·군수·구청장은 아동복지시설 종사자의 양성 및 자질향상을 위한 교육·훈련을 실시하여야 한다.

② 시·도지사 또는 시장·군수·구청장은 제1항의 교육훈련을 대학(전문대학을 포함한

다) 또는 아동복지단체나 그 밖의 교육훈련시설(이하 "교육훈련시설"이라 한다)에 위탁하여 실시할 수 있다.

제56조(시설의 개선, 사업의 정지, 시설의 폐쇄 등) ① 보건복지부장관, 시·도지사 또는 시장·군수·구청장은 아동복지시설과 교육훈련시설(대학 및 전문대학은 제외한다)이 다음 각 호의 어느 하나에 해당하는 경우에는 소관에 따라 그 시설의 개선, 6개월 이내의 사업의 정지, 위탁의 취소 또는 해당 시설의 장의 교체를 명하거나 시설의 폐쇄를 명할 수 있다. 〈개정 2014. 1. 28., 2016. 3. 22.〉

1. 시설이 설치기준에 미달하게 된 경우
2. 사회복지법인 또는 비영리법인이 설치·운영하는 시설로서 그 사회복지법인이나 비영리법인의 설립허가가 취소된 경우
3. 설치목적의 달성이나 그 밖의 사유로 계속하여 운영될 필요가 없다고 인정할 때
4. 보호대상아동에 대한 아동학대행위가 확인된 경우
5. 거짓이나 그 밖의 부정한 방법으로 경비의 지원을 받은 경우
6. 아동복지시설의 사업정지기간 중에 사업을 한 경우
7. 그 밖에 이 법 또는 이 법에 따른 명령을 위반한 경우

② 보건복지부장관, 시·도지사 또는 시장·군수·구청장은 아동복지시설과 교육훈련시설(대학 및 전문대학은 제외한다)이 제1항에 따라 사업 정지, 위탁 취소 또는 시설 폐쇄되는 경우에는 해당 시설을 이용하는 아동을 다른 시설로 옮기도록 하는 등 보호대상아동의 권익을 보호하기 위하여 필요한 조치를 하여야 한다. 〈신설 2016. 3. 22.〉

③ 제1항에 따른 시설의 개선, 사업의 정지, 위탁의 취소 또는 해당 시설의 장의 교체나 시설의 폐쇄 처분의 기준은 위반행위의 유형 및 그 사유와 위반의 정도 등을 고려하여 대통령령으로 정한다. 〈개정 2016. 3. 22.〉

제57조(아동복지시설의 장의 의무) 아동복지시설의 장은 보호아동의 권리를 최대한 보장하여야 하며, 친권자가 있는 경우 보호아동의 가정복귀를 위하여 적절한 상담과 지도를 병행하여야 한다. 〈개정 2016. 3. 22.〉
[제목개정 2016. 3. 22.]

제58조(아동복지단체의 육성) 국가 및 지방자치단체는 아동복지단체를 지도·육성할 수 있다.

제 6 장 보칙

제59조(비용 보조) 국가 또는 지방자치단체는 대통령령으로 정하는 바에 따라 다음 각 호의 어느 하나에 해당하는 비용의 전부 또는 일부를 보조할 수 있다. 〈개정 2015. 3. 27.〉

1. 아동복지시설의 설치 및 운영과 프로그램의 운용에 필요한 비용 또는 수탁보호 중인 아동의 양육 및 보호관리에 필요한 비용

2. 보호대상아동의 대리양육이나 가정위탁 보호에 따른 비용

3. 아동복지사업의 지도, 감독, 계몽 및 홍보에 필요한 비용

4. 삭제 〈2016. 3. 22.〉

4의2. 제26조에 따른 신고의무 교육에 소요되는 비용

5. 제37조에 따른 취약계층 아동에 대한 통합서비스지원에 필요한 비용

6. 제38조에 따른 보호대상아동의 자립지원에 필요한 비용

7. 제42조에 따른 자산형성지원사업에 필요한 비용

8. 제58조에 따른 아동복지단체의 지도·육성에 필요한 비용

제60조(비용 징수) 시·도지사, 시장·군수·구청장 또는 아동복지시설의 장은 제15조 제1항 제3호부터 제5호까지 및 같은 조 제4항 및 제5항에 따른 보호조치에 필요한 비용의 전부 또는 일부를 대통령령으로 정하는 바에 따라 각각 그 아동의 부양의무자로부터 징수할 수 있다.

제61조(보조금의 반환명령) 국가 또는 지방자치단체는 아동복지시설의 장 등 보호수탁자, 가정위탁지원센터의 장, 대리양육자 및 아동복지단체의 장이 다음 각 호의 어느 하나에 해당하는 경우에는 이미 교부한 보조금의 전부 또는 일부의 반환을 명할 수 있다. 〈개정 2016. 3. 22.〉

1. 보조금의 교부조건을 위반한 경우

2. 거짓이나 그 밖의 부정한 방법으로 보조금의 교부를 받은 경우

3. 아동복지시설의 경영에 관하여 개인의 영리를 도모하는 행위를 한 경우

4. 보조금의 사용잔액이 있는 경우

5. 이 법 또는 이 법에 따른 명령을 위반한 경우

제62조(국유·공유 재산의 대부 등) ① 국가 또는 지방자치단체는 아동복지시설의 설치·운영을 위하여 필요하다고 인정하는 경우 「국유재산법」 및 「공유재산 및 물품 관리법」에도 불구하고 국유·공유 재산을 무상으로 대부하거나 사용·수익하게 할 수 있다.

② 제1항에 따른 국유·공유 재산의 대부·사용·수익의 내용 및 조건에 관하여는 해당

재산을 사용·수익하고자 하는 자와 해당 재산의 중앙관서의 장 또는 지방자치단체의 장 간의 계약에 의한다.

제63조(면세) 아동복지시설에서 그 보호아동을 위하여 사용하는 건물 및 토지, 시설설치 및 운영에 소요되는 비용에 대하여는 「조세특례제한법」, 그 밖의 관계 법령에서 정하는 바에 따라 조세, 그 밖의 공과금을 면제할 수 있다.

제64조(압류 금지) 이 법에 따라 지급된 금품과 이를 받을 권리는 압류하지 못한다.

제65조(비밀 유지의 의무) 아동복지사업을 포함하여 아동복지업무에 종사하였거나 종사하는 자는 그 직무상 알게 된 비밀을 누설하여서는 아니된다. 〈개정 2016. 3. 22.〉

제66조(조사 등) ① 보건복지부장관, 시·도지사 또는 시장·군수·구청장은 필요하다고 인정할 때에는 관계 공무원이나 전담공무원으로 하여금 아동복지시설과 아동의 주소·거소, 아동의 고용장소 또는 제17조의 금지행위를 위반할 우려가 있는 장소에 출입하여 아동 또는 관계인에 대하여 필요한 조사를 하거나 질문을 하게 할 수 있다.

② 제1항의 경우 관계 공무원 또는 전담공무원은 그 권한을 표시하는 증표를 지니고 이를 관계인에게 내보여야 한다.

제67조(청문) 보건복지부장관, 시·도지사 또는 시장·군수·구청장은 제56조에 따른 위탁의 취소 또는 시설의 폐쇄명령을 하고자 하는 경우에는 청문을 하여야 한다.

제68조(권한의 위임) 이 법에 따른 보건복지부장관의 권한은 그 일부를 대통령령으로 정하는 바에 따라 시·도지사 또는 시장·군수·구청장에게, 시·도지사의 권한은 그 일부를 대통령령으로 정하는 바에 따라 시장·군수·구청장에게 위임할 수 있다. 다만, 제26조, 제29조의4, 제29조의5, 제75조에 따른 교육부장관, 문화체육관광부장관, 여성가족부장관, 국토교통부장관, 소방청장의 권한은 그 일부를 대통령령으로 정하는 바에 따라 시·도지사, 시장·군수·구청장 또는 교육감·교육장에게 위임할 수 있다.

〈개정 2015. 3. 27., 2017. 7. 26.〉

[전문개정 2014. 1. 28.]

제69조(유사명칭의 사용금지) 이 법에 따른 아동복지시설이 아니면 아동복지시설이라는 명칭을 사용하지 못한다. 〈개정 2016. 3. 22.〉

제70조(벌칙 적용에서의 공무원 의제) 아동복지시설의 장과 그 종사자는 「형법」 제129조부터 제132조까지를 적용할 때에는 공무원으로 본다. 〈개정 2016. 3. 22.〉

제 7 장 벌칙

제71조(벌칙) ① 제17조를 위반한 자는 다음 각 호의 구분에 따라 처벌한다. 〈개정 2012.

12. 18., 2014. 1. 28.⟩

1. 제1호(「아동·청소년의 성보호에 관한 법률」 제12조에 따른 매매는 제외한다)에 해당하는 행위를 한 자는 10년 이하의 징역에 처한다.

1의2. 제2호에 해당하는 행위를 한 자는 10년 이하의 징역 또는 5천만원 이하의 벌금에 처한다.

2. 제3호부터 제8호까지의 규정에 해당하는 행위를 한 자는 5년 이하의 징역 또는 3천만원 이하의 벌금에 처한다.

3. 제10호 또는 제11호에 해당하는 행위를 한 자는 3년 이하의 징역 또는 2천만원 이하의 벌금에 처한다.

4. 제9호에 해당하는 행위를 한 자는 1년 이하의 징역 또는 500만원 이하의 벌금에 처한다.

② 다음 각 호의 어느 하나에 해당하는 자는 1년 이하의 징역 또는 500만원 이하의 벌금에 처한다.

⟨개정 2014. 1. 28., 2016. 3. 22.⟩

1. 정당한 사유 없이 제51조 제2항에 따라 다른 아동복지시설로 옮기는 권익보호조치를 하지 아니한 사람

2. 삭제 ⟨2014. 1. 28.⟩

3. 제50조 제2항에 따른 신고를 하지 아니하고 아동복지시설을 설치한 자

4. 거짓으로 서류를 작성하여 제54조 제1항에 따른 아동복지시설 전문인력의 자격을 인정받은 자

5. 제56조에 따른 사업의 정지, 위탁의 취소 또는 시설의 폐쇄명령을 받고도 그 시설을 운영하거나 사업을 한 자

6. 제65조를 위반하여 비밀을 누설한 자

7. 제66조 제1항에 따른 조사를 거부·방해 또는 기피하거나 질문에 대하여 답변을 거부·기피 또는 거짓 답변을 하거나, 아동에게 답변을 거부·기피 또는 거짓 답변을 하게 하거나 그 답변을 방해한 자

제72조(상습범) 상습적으로 제71조 제1항 각 호의 죄를 범한 자는 그 죄에 정한 형의 2분의 1까지 가중한다.

제73조(미수범) 제71조 제1항 제1호의 미수범은 처벌한다.

제74조(양벌규정) 법인의 대표자나 법인 또는 개인의 대리인, 사용인, 그 밖의 종업원이 그 법인 또는 개인의 업무에 관하여 제71조의 위반행위를 하면 그 행위자를 벌하는 외

에 그 법인 또는 개인에게도 해당 조문의 벌금형을 과(科)한다. 다만, 법인 또는 개인이 그 위반행위를 방지하기 위하여 해당 업무에 관하여 상당한 주의와 감독을 게을리하지 아니한 경우에는 그러하지 아니하다.

제75조(과태료) ① 다음 각 호의 어느 하나에 해당하는 자에게는 1천만원 이하의 과태료를 부과한다. 〈신설 2014. 1. 28.〉

1. 제27조의3을 위반하여 피해아동의 인수를 거부한 아동학대 관련 보호시설의 장

2. 제29조의5 제1항에 따른 해임요구를 정당한 사유 없이 거부하거나 1개월 이내에 이행하지 아니한 아동관련기관의 장

② 아동관련기관의 장이 제29조의3 제3항을 위반하여 아동학대관련범죄 전력을 확인하지 아니하는 경우에는 500만원 이하의 과태료를 부과한다. 〈신설 2014. 1. 28.〉

③ 다음 각 호의 어느 하나에 해당하는 자에게는 300만원 이하의 과태료를 부과한다. 〈개정 2012. 10. 22., 2014. 1. 28., 2015. 3. 27., 2016. 3. 22.〉

1. 삭제 〈2014. 1. 28.〉

1의2. 제26조 제3항을 위반하여 신고의무 교육을 실시하지 아니한 자

2. 제31조를 위반하여 교육을 실시하지 아니한 자

3. 제51조를 위반하여 아동복지시설의 휴업·폐업 또는 운영 재개 신고를 하지 아니한 자

4. 제69조를 위반하여 아동복지시설이라는 명칭을 사용한 자

④ 제1항부터 제3항까지에 따른 과태료는 대통령령으로 정하는 바에 따라 교육부장관, 문화체육관광부장관, 보건복지부장관, 여성가족부장관, 국토교통부장관, 시·도지사, 특별시·광역시·특별자치도 및 도의 교육감 또는 시장·군수·구청장이 부과·징수한다.

〈개정 2012. 10. 22., 2014. 1. 28.〉

참고문헌

강문성(2001). 새로운 환경의 등장과 적응, 단국대학교 대학원 석사학위논문.

교육부·보건복지부(2016). 유치원·어린이집 아동학대 조기발견 및 관리대응 매뉴얼.

김미숙, 김정숙(2012). 아동청소년 학교폭력 실태와 정책과제. 67-77. 보건복지포럼.

김미화(2010). 아들러 집단상담이 초등학생의 교우관계와 학급응집력에 미치는 효과. 광주대학교 교육대학원. 석사학위논문.

김민경(2010). 아동복지론, 형설출판사.

김서호(2007). 아동학대의 실태와 대책방안에 관한 연구. 호서대학교 대학원. 석사학위논문.

김선혜(2003). 초등학교 학급훈육모형 개발연구. 한국교원대학교. 박사학위논문.

김성준(2006). 신체 학대를 받은 아동을 위한 개인 인지행동치료 프로그램의 효과. 아주대학교 대학원 석사학위논문.

김소희(2018). 아동학대 예방을 위한 부모성찰 프로그램 효과연구. 서울여자대학교 대학원. 석사학위논문.

김수진(2017). 아동학대 및 아동학대 예방 부모교육에 대한 아버지의 인식 이화여자대학교 대학원 석사학위논문.

김순숙(2014). 보육교사의 영유아학대 예방을 위한 코칭프로그램 개발. 남서울대학교 대학원. 석사학위논문.

김순화, 송기상(2011). 영재 교육을 위한 전뇌 이론 기반 협동학습의 정의적 효과 분석. 영재교육연구, 21(2), 255-268.

김영은(2015). 아동학대 예방을 위한 예비유아교사 인성교육프로그램 개발 및 효과. 가천대학교 대학원. 박사학위논문.

김우희(2004). 미취학 아동부모의 피양육경험과 아동학대 인식간의 관계연구. 계명대학교 교육대학원. 석사학위논문.

김윤덕(2020). 아동기 학대와 방임경험이 학교생활적응에 미치는 영향: 우울의 매개효과. 호남대학교 일반대학원 석사학위논문.

김정미(2009). 아동학대 유형별 위험정도의 차이에 관한 연구. 중앙대학교 사회개발대학원.

김지연(2015). 아동·청소년·가족 보호체계 개선방안 연구. 1−356. 한국청소년정책연구원 연구보고서.

김지연(2018). 아동학대 생존자의 외상 후 성장을 위한 인지행동치료 프로그램의 개발 및 효과. 명지대학교 대학원 박사학위 논문.

김현식(2017). 아동학대 증가에 따른 법령체계 개선 방안에 관한 연구. 영남대학교 대학원. 박사학위논문.

김형모(2014). 한국 아동보호체계의 성과와 과제. 한국아동복지학 46호.

노충래 역(2002). 학대와 방임피해 아동의 치료. 학지사.

노혜련(2015). 아동복지론. 학지사.

대구광역시교육청(2015). 유치원 학부모 대상 아동학대 예방교육 자료.

대구광역시교육청(2015). 중고등학교 학부모 대상 아동학대 예방교육 자료.

대구광역시교육청(2015). 초등학교 학부모 대상 아동학대 예방교육 자료.

대구광역시교육청(2015). 특수학교 학부모 대상 아동학대 예방교육 자료.

라영선(2009). 아동기 정서적 학대와 복합 PTSD 경향성의 관계: 용서의 조절효과를 중심으로. 중앙대학교 대학원 석사학위 논문.

문영희(2010). 아동학대방지와 학대피해아동의 보호방안에 관한 연구. 동국대학교 대학원. 박사학위논문.

박민숙(2005). 학대아동의 자아존중감 향상을 위한 현실요법프로그램의 효과성에 관한 연구. 동국대학교대학원. 석사학위논문.

박세경 외(2005). OECD 국가와 한국의 아동보호체계 비교연구. 한국보건사회연구원.

박숙인(2007). 아동학대의 원인과 예방 대책에 관한 교육적 대안. 강원대학교 교육대학원 석사학위논문.

박예진 역(2016). 아들러의 긍정훈육법. 학지사.

박은민(2008). 가정학대피해 가출 청소년을 위한 정서조절 집단상담 프로그램 개발. 숙명여자대학교대학원. 박사학위논문.

박은희(2020). 아동학대 피해자 보호에 관한 법적 연구. 동아대학교 대학원 박사학위논문.

박일태(2020). 미혼모를 위한 아동학대 예방 프로그램 개발 및 평가. 고려대학교 대학원. 박사학위논문.

박현선 외(2004). 아동학대 가해부모를 위한 치료프로그램 개발, 8(4) 649-670.

배선윤(2002). 아동학대의 실태와 예방대책에 관한 연구. 동국대학교 불교대학원. 석사학위논문.

백중열(2001). 미술교육이 어린이들의 전뇌 (腦) 교육에 미치는 영향에 대한 연구. 한국초등교육, 12(1), 163-175.

백혜미(2011). 아동학대에 대한 부모의 인식에 관한 연구. 동아대학교 사회복지 대학원 석사학위 논문.

법무부(2016). 아동학대 예방 법교육 교재.

보건복지부 중앙아동보호전문기관(2006). 아동학대예방을 위한 바람직한 훈육방법.

보건복지부 중앙아동보호전문기관(2016). '2015 전국아동학대현황보고서'.

보건복지부 중앙아동보호전문기관(2017). '2016 전국아동학대현황보고서'.

서수정(2002). 정서적 학대 예방을 위한 부모교육 프로그램 개발 및 효과 검증: 안정애착 현성을 중심으로. 이화여자대학교 대학원. 박사학위논문.

서울초등상담연구회(2016). 초등상담백과. 지식프레임.

손혜진(2013). 아동학대 유형에 대한 보육교사의 인식과 문제. 서울신학대학교 대학원 석사학위논문.

신연호(1994). 아동학대의 실태와 대책에 관한 연구. 청주대학교 행정대학원 석사학위논문.

심태은(2016). 유아를 위한 가정연계 긍정훈육 프로그램 개발 및 적용. 강릉원주대학교 대학원. 박사학위논문.

안순조(2005). 어머니 훈육방식별 유아의 정서지능 연구. 동아대학교 대학원. 박사학위논문.

양명자(2015). 보육교사의 아동학대 인식이 신고의무 태도에 미치는 영향, 서울기독대학교 대학원 석사학위논문.

양미례(2016). 유아교육기관에서의 아동권리 및 아동학대에 대한 유아교사의 인식. 덕성여자대학교 교육대학원 석사학위논문.

양소남(2012). 영국의 아동사례관리체계. 한국케어매니지먼트연구, 7, 25-47.

양영임, 우남희(2005). 아동권리 보호를 위한 외국의 아동정책 연구. 아동권리연구, 9(4), 661-690. 아동권리학회.

여희영(2010). 학교 차원의 긍정적 행동지원이 대안학교 중등 학생들의 문제 행동. 삶의 질, 학교 분위기에 미치는 영향. 이화여자대학교 대학원. 석사학위논문.

오정수, 노익중(2014). 아동복지론. 학지사.

오정윤(2000). Adler의 생활양식 프로그램 활용을 통한 사회부적응 성인의 상담사례 연구. 계명대학교 대학원. 석사학위논문.

오현미(2016). 영유아 부모의 어린시절 훈육경험 및 훈육태도가 아동학대 인식에 미치는 영향. 서울기독대학교대학원 사회복지학과. 석사학위논문.

오현주(2006). 유아교사의 아동학대와 신고제도에 대한 인식연구. 연세대학교 대학원 석사학위논문.

유수양(2016). 치유되지 않는 상처, 아동학대와 상처받은 뇌. 군자출판사.

유희정(2012). 외상 후 성장에 영향을 미치는 변인들 간의 구조적 관계. 부산대학교박사학위 논문.

윤수경(2020). 가정외보호 학대피해아동의 가족재결합 및 재분리보호에 관한 실증 연구. 서울대학교 대학원 박사학위논문.

윤혜미(1998). 미국의 아동학대 방지법과 정책방향. 제18회 한국아동학대방지협회 세미나.

이 슬(2016). 어린이집에서의 아동학대 예방 및 대책에 관한 연구. 순천향대학교 대학원 석사학위논문.

이국재(2001). 부모특성에 따른 아동학대 유형에 대한 비교 연구. 목원대학교 산업정보대학원 석사학위논문.

이두현(1999). 부자의 훈육방식과 유아의 감성지능의 관계. 전북대학교 교육대학원. 석사학위논문.

이민지(2017). 유아교사의 아동인권감수성 향상을 위한 아동인권 교사교육 프로그램 개발. 덕성여자대학교 대학원. 석사학위논문.

이배근(1998). 아동학대방지법 제정과 아동학대 예방 대책. 한국복지재단.

이봉선(1989). 부모의 훈육방식과 아동의 도덕 판단력 및 그 관계에 관한 연구. 성신여자대학교 대학원. 석사학위논문.

이선향(2015). 아동학대 체계의 개선에 관한 연구. 한신대학교 대학원. 석사학위논문.

이연악(2020). 피학대 아동 보호체계 개선방안: 공공성 강화를 중심으로. 부산대학교 대학원 석사학위논문.

이영웅(2011). 정서적 학대경험, 부정적 자기개념, 수치심이 사회적 불안에 미치는 영향. 계명대학교 대학원 석사학위논문.

이장호, 강수정(2011). 집단상담의 기초. 박영사.

이정경(2018). 그림책을 활용한 긍정훈육 활동이 만 2세반 영아의 정서조절능력과 또래 상호작용에 미치는 영향. 강릉원주대학교 교육대학원. 석사학위논문.

이정아(2019). 아동학대 부모의 상담 후 변화경험에 관한 근거이론 연구. 한남대학교 대학원 박사학위논문.

이현순(2013). 어린이집 아동학대 영향요인에 관한 연구: 전국 어린이집 보육교사의 인식을 중심으로. 건국대학교 대학원 박사학위논문.

이현희(2003). 아동학대 및 개선방안에 대한 교사의 인식연구. 중앙대학교 사회개발대학원 석사학위 논문.

임현순(2011). 뇌전위 비대칭과 BIS.BAS 척도를 통한 유아들의 정서·행동 특성 연구. 서울벤처정보대학원대학교. 박사학위논문.

장희승(2002). 우리나라 아동학대 관련법과 보호체계 탐색. 숙명여자대학교 대학원, 석사학위논문.

전세희(2020). 아동학대 신고의무자에 대한 보육교사와 장애통합교사의 인식. 중앙대학교 교육대학원 석사학위논문.

정순동(2009). 독서치료 프로그램이 피학대아동의 사회적증진 및 문제행동 감소에 미치는 효과. 충북대학교대학원. 석사학위논문.

정윤숙(2017). 한국의 아동학대 예방·지원에 대한 분석. 전남대학교 대학원, 석사학위논문.

정철우(2014). 전전두엽 뉴로피드백 SMR ·Low β 파 프로토콜에 따른 유아, 사춘기, 대학생의 뇌기능 지수 차이 연구. 서울불교대학원대학교. 석사학위논문.

조주연(1998). 학습 및 기억에 대한 인지과학적 발견의 교육적 적용. 초등교육연구, 12(2), 5－27.

중앙아동보호전문기관 홈페이지(www.korea1391.org)

지주예(2002). 아동학대 가해 부모의 특성에 관한 연구. 이화여자대학교 대학원 석사학위논문.

진승아(2005). 아동학대 경험 및 대처방식에 대한 탐색적 연구. 목포대학교 대학원 석사학위논문.

최수진(2005). 아동학대 예방교육에 관한 연구: 유아 교육기관을 중심으로. 동국대학교 대학원 석사학위논문.

최윤옥(2008). 현실요법을 적용한 집단상담 프로그램이 피학대 아동의 자아존중감, 내적 통제성, 대인관계 증진에 미치는 효과. 계명대학교 대학원. 석사학위논문.

최정석 외(2009). 병적 도박 환자에서의 회백질 부피 변화 분석 : 화소 기반 형태분석 방법을 이용한 예비 연구. 생물정신의학, 16(3), 190–197.

최지혜(2008). 건강가정지원센터 실무자의 아동학대 인식연구. 이화여자대학교 대학원 석사학위논문.

최희경(2006). 아동학대, 공격성 및 아동기 비행간의 관계: 모녀를 중심으로. 관동대학교 대학원 석사학위논문.

한명숙(2003). 참여활동을 통한 아동학대예방교육(PAPCM)의 필요성 및 활성화 방안에 관한 연구: '굿 네이버스'인천지부의 PAPCM 운영사례를 중심으로. 성산효도대학 원대학교 석사학위논문.

한미현(2006). 한국사회의 아동학대 개념 규정 및 아동학대 실태. 백석대학교 교육대학 원 석사학위논문.

황은비(2016). 유아교육에서 훈육의 정당성 연구. 부산교육대학교 대학원. 석사학위 논문.

황인숙(2002). 부모의 아동관과 처벌과의 관계성 탐색. 중앙대학교 대학원. 석사학위 논문.

Andersen, S. L., Tomada, A., Vincow, E. S., Valente, E., Polcari, A., & Teicher, M. H. (2008). Preliminary evidence for sensitive periods in the effect of child–hood sexual abuse on regional brain development. The Journal of neuro–psychiatry and clinical neurosciences, 20(3), 292–301.

Anderson, C. M., Teicher, M. H., Polcari, A., & Renshaw, P. F. (2002). Abnormal T2 relaxation time in the cerebellar vermis of adults sexually abused in childhood:: potential role of the vermis in stress–enhanced risk for drug abuse. Psychoneuroendocrinology, 27(1), 231–244.

Aronfreed, J. & Rever (1965). Internalized behavior suppression & The timing of social punishment. J. of Personality & Social Psychology, 1, 3–16.

Aupperle, R. L., Allard, C. B., Grimes, E. M., Simmons, A. N., Flagan, T., Behroozina, M., ... & Paulus, M. P. (2012). Dorsolateral prefrontal cortex activation during emotional anticipation and neuropsychological perform–ance in posttraumatic stress disorder. Archives of General Psychiatry, 69(4), 360–371.

Aupperle, R. L., Melrose, A. J., Stein, M. B., & Paulus, M. P. (2012). Executive function and PTSD: disengaging from trauma. Neuropharmacology, 62(2), 686−694.

Betts, T., & Boden, S. (1992). Diagnosis, management and prognosis of a group of 128 patients with non−epileptic attack disorder. Part I. Seizure, 1(1), 19−26.

Bowman, E. S. (1993). Etiology and clinical course of pseudoseizures: relationship to trauma, depression, and dissociation. Psychosomatics, 34(4), 333−342.

Bremner, J. D., Randall, P., Vermetten, E., Staib, L., Bronen, R. A., Mazure, C., & Charney, D. S. (1997). Magnetic resonance imaging−based measurement of hippocampal volume in posttraumatic stress disorder related to childhood physical and sexual abuse—a preliminary report. Biological psychiatry, 41(1), 23−32.

Bremner, J. D., Vythilingam, M., Vermetten, E., Southwick, S. M., McGlashan, T., Staib, L. H., ... & Charney, D. S. (2003). Neural correlates of declarative memory for emotionally valenced words in women with posttraumatic stress disorder related to early childhood sexual abuse. Biological psychiatry, 53(10), 879−889.

Carrion, V. G., Weems, C. F., Eliez, S., Patwardhan, A., Brown, W., Ray, R. D., & Reiss, A. L. (2001). Attenuation of frontal asymmetry in pediatric post−traumatic stress disorder. Biological psychiatry, 50(12), 943−951.

Choi, J., Jeong, B., Polcari, A., Rohan, M. L., & Teicher, M. H. (2012). Reduced fractional anisotropy in the visual limbic pathway of young adults witnessing domestic violence in childhood. Neuroimage, 59(2), 1071−1079.

Davidson, R. J., Putnam, K.M., & Larson, C. L. (2000). Dysfunction in the neural circuitry of emotion regulation − a possible prelude to violence. Science, 289, 591−594.

De Lanerolle, N. C., Kim, J. H., Robbins, R. J., & Spencer, D. D. (1989). Hippocampal interneuron loss and plasticity in human temporal lobe epilepsy. Brain research, 495(2), 387−395.

DeVries, R., & Zan, B (1994). 도덕 교실, 도덕적 인 아이들: 초기 교육에서 구성주의 분위기 조성 (47권). Teachers College Press.

Diamond, M., & Hopson, J. (1998). Magic trees of the mind: How th nurture your child's intelligence. creativity, and healthy emotions from birth through adolescence. New York: Dutton.

Dreikurs, R., & Soltz, V (1964). Children: the challenge. New York: Hawthorn Books. Inc.

Driessen, M., Herrmann, J., Stahl, K., Zwaan, M., Meier, S., Hill, A., ... & Petersen, D. (2000). Magnetic resonance imaging volumes of the hippocampus and the amygdala in women with borderline personality disorder and early traumatization. Archives of general psychiatry, 57(12), 1115−1122.

Fennema−Notestine, C., Stein, M. B., Kennedy, C. M., Archibald, S. L., & Jernigan, T. L. (2002). Brain morphometry in female victims of intimate partner violence with and without posttraumatic stress disorder. Biological psychiatry, 52(11), 1089−1101.

Fields, M. V., & Fields, D (2006). Constructive guidance and discipline: preschool and primary education. 4th ed. 아동생활지도: 구성주의적 접근.(이희영, 허승희 공역). 파주: 21세기사.

Fonzo, G. A., Simmons, A. N., Thorp, S. R., Norman, S. B., Paulus, M. P., & Stein, M. B. (2010). Exaggerated and disconnected insular−amygdalar blood oxygenation level−dependent response to threat−related emotional faces in women with intimate−partner violence posttraumatic stress disorder. Biological psychiatry, 68(5), 433−441.

Furtwengler, W J. & Konnert, W (1982). Improving school discipline: An admin−istrator's guide. Boston: Allyn and Bacon.

Goleman, D. (2006). Emotional intelligence. Bantam.

Gordon, T (1989). Discipline that work. 강재태·박은주(역). (2010). 부모역할훈련. 서울: 양철북.

Heath, R. G. (1973). Fastigial nucleus connections to the septal region in monkey and cat: a demonstration with evoked potentials of a bilateral pathway. Biological psychiatry.

Henriques, J. B., & Davidson, R. J. (1991). Left frontal hypoactivation in depression. Journal of abnormal psychology, 100(4), 535.

Hoffman, M. l (1984). The measurement of empathy. In Izard, C. E.(Ed.), Measuring emotions in infants and children, 279−296.

Hurlock, E, B (1987). Child Development (6th de.). New York: McGraw – Hill.

Ito, Y., Teicher, M. H., Glod, C. A., & Ackerman, E. (1998). Preliminary evidence for aberrant cortical development in abused children: A quantitative EEG study. The Journal of Neuropsychiatry and Clinical Neurosciences, 10(3), 298 – 307.

Ito, Y., Teicher, M. H., Glod, C. A., Harper, D., Magnus, E., & Gelbard, H. A. (1993). Increased prevalence of electrophysiological abnormalities in chil – dren with psychological, physical, and sexual abuse. Journal of neuro – psychiatry and clinical neurosciences, 5(4), 401 – 401.

LeDoux, J. E. (2000). Emotion circuits in the brain. Annual review of neuro – science, 23(1), 155 – 184.

MacLean, P. D. (1990). The triune brain in evoluton: Role in paleocerebral functions. New York: Plenum.

Miller, M. (2014). Positive Parenting: How Establish Discipline Through Positive Parenting: A Simple Guide to Dischpline Children Through Positive Parenting. USA: Speedy Publishing.

NAPCAN 홈페이지(http://napcan.org.au)

Navalta, C. P., Polcari, A., Webster, D. M., Boghossian, A., & Teicher, M. H. (2006). Effects of childhood sexual abuse on neuropsychological and cog – nitive function in college women. The Journal of Neuropsychiatry and Clinical Neurosciences, 18(1), 45 – 53.

Nelsen, J., Lott. L. & Glenn, H. S (2014). Positive Discipline in the Classroom. 학급 긍정훈육법: 친절하며 단호한 교사의 비법. (김성환, 강소현, 정유진 공역). 서울: 에듀니티.

Ney, P. G., Fung, T., & Wickett, A. R. (1994). The worst combinations of child abuse and neglect. Child abuse & neglect, 18(9), 705 – 714.

Ochsner, K. N., & Gross, J. J. (2007). The neural architecture of emotion regulation. Handbook of emotion regulation, 1(1), 87 – 109.

Peters, R. S (1966). Ethics and Education. 이홍우·조영태(역). (2003). 윤리학과 교육. 수정판. 서울: 교육과학사.

Seedat, S., Videen, J. S., Kennedy, C. M., & Stein, M. B. (2005). Single voxel proton magnetic resonance spectroscopy in women with and without in –

timate partner violence—related posttraumatic stress disorder. Psychiatry Research: Neuroimaging, 139(3), 249—258.

Sousa, D. A. (2011). How the brain learns(4th Ed). Corwin Press.

Stein, M. B., Koverola, C., Hanna, C., Torchia, M. G., & McClarty, B. (1997). Hippocampal volume in women victimized by childhood sexual abuse. Psychological medicine, 27(4), 951—959.

Teicher, M. H. (1995). Evoked Potential Evidence for Right Brain Activity Dunng the Recall of Traumatic Memories. Neurosciences, 7(169—I), 75.

Teicher, M. H., Dumont, N. L., Ito, Y., Vaituzis, C., Giedd, J. N., & Andersen, S. L. (2004). Childhood neglect is associated with reduced corpus callosum area. Biological psychiatry, 56(2), 80—85.

Teicher, M. H., Glod, C. A., Surrey, J., & Swett, C. (1993). Early childhood abuse and limbic system ratings in adult psychiatric outpatients. The Journal of Neuropsychiatry and Clinical Neurosciences, 5(3), 301—306.

Teicher, M. H., Ito, Y., Glod, C. A., Andersen, S. L., Dumont, N., & Ackerman, E. (1997). Preliminary evidence for abnormal cortical development in physi— cally and sexually abused children using EEG coherence and MRI. Annals of the New York Academy of Sciences, 821(1), 160—175.

Teicher, M. H., Lowen, S. B., Polcari, A., Foley, M., & McGreenery, C. E. (2004). Novel strategy for the analysis of CPT data provides new insight into the effects of methylphenidate on attentional states in children with ADHD. Journal of child and adolescent psychopharmacology, 14(2), 219—232.

Tomoda, A. (2012). Iyasarenai Kizu: Jido—Gyakutai to Kizu Tsuiteiku No. Shidan to Chiryo Sha.

Tomoda, A., Sheu, Y. S., Rabi, K., Suzuki, H., Navalta, C. P., Polcari, A., & Teicher, M. H. (2011). Exposure to parental verbal abuse is associated with increased gray matter volume in superior temporal gyrus. Neuroimage, 54, S280—S286.

van Harmelen, A. L., van Tol, M. J., van der Wee, N. J., Veltman, D. J., Aleman, A., Spinhoven, P., ... & Elzinga, B. M. (2010). Reduced medial prefrontal cortex volume in adults reporting childhood emotional maltreatment. Biological psychiatry, 68(9), 832—838.

Vance, E., & Weaver, P. J. (2002). 클래스 모임: 문제를 함께 해결하는 어린 아이들. NAEYC, PO Box 932569, Atlanta, GA 31193−2569.

Vissing, Y. M., Straus, M. A., Gelles, R. J., & Harrop, J. W. (1991). Verbal aggression by parents and psychosocial problems of children. Child abuse & neglect, 15(3), 223−238.

공저자 약력

신 재 한

국제뇌교육종합대학원대학교 뇌교육학과 학과장
경북대학교 교육학 박사(교육공학)
한국교육개발원 연구위원
한국교육과정평가원 교수학습센터 운영위원
인성교육연구원 원장
교육부 연구사

논문
- 뇌과학적 고찰을 통한 뇌교육 기반 인성교육 방향 탐색
- 뇌교육 기반 인성놀이 프로그램이 초등학생의 인성지수에 미치는 효과
- 뇌교육 기반 인성계발 통합프로그램이 아동의 자아존중감 및 사회성에 미치는 영향
- 뇌교육 기반 인성교육과정이 청소년의 인성지수에 미치는 영향
- 에너지집중력 스톤을 활용한 자석놀이가 초등학생의 집중력과 두뇌활용능력에 미치는 영향
- 테니스 운동 경력자와 비경력자의 뇌파와 두뇌활용능력의 차이 분석
- 두뇌활용능력의 이론 및 원리 탐색

학술연구
- 인성교육 평가 모형 및 지표 개발 연구
- 2015개정 교육과정 및 교과서 개발 연구
- 학교폭력 예방을 위한 학교장 연수프로그램-개발 연구
- 진로캠프 프로그램 개발 연구
- 집중력 향상 프로그램 개발 연구

저서
- 인성교육의 이론과 실제
- 뇌기반 자기주도학습의 이론과 실제
- 교육 프로그램 개발의 이론과 실제
- 창의인성교육을 위한 수업 설계 전략
- 융합교육의 이론과 실제
- 자유학기제의 이론과 실제
- 구조중심 협동학습 전략
- 수업컨설팅의 이론과 실제

이 재 준

대구교육대학교 영재교육 석사
국제뇌교육종합대학원대학교 뇌교육학과 박사과정 수료
대구교육대학교안동부설초등학교 교사

아동학대 예방 및 대응의 이론과 실제

초판발행	2022년 5월 16일
지은이	신재한·이재준
펴낸이	노 현
편 집	김민조
기획/마케팅	오치웅
표지디자인	이영경
제 작	고철민·조영환
펴낸곳	㈜ 피와이메이트
	서울특별시 금천구 가산디지털2로 53, 210호(가산동, 한라시그마밸리)
	등록 2014. 2. 12. 제2018-000080호
전 화	02)733-6771
f a x	02)736-4818
e-mail	pys@pybook.co.kr
homepage	www.pybook.co.kr
ISBN	979-11-6519-271-6 93330

* 파본은 구입하신 곳에서 교환해 드립니다. 본서의 무단복제행위를 금합니다.
* 저자와 협의하여 인지첩부를 생략합니다.

정 가   21,000원

박영스토리는 박영사와 함께하는 브랜드입니다.